新装版

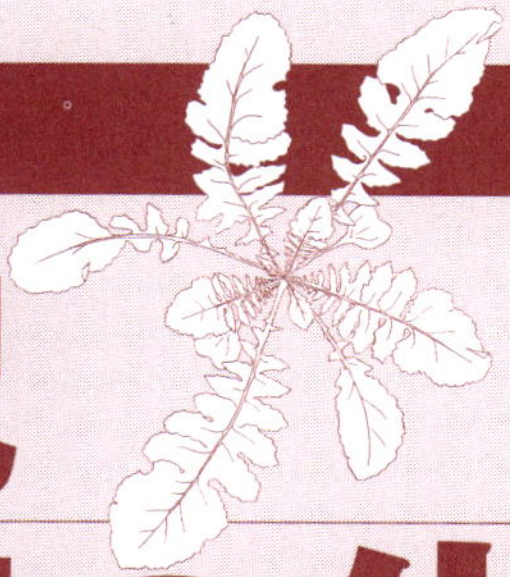

図説 野菜の生育

本物の姿を知る

藤井平司──著

農文協

まえがき

栽培の原理、原論を追求するために《人と食》のテーマを、わたしは、生涯の仕事としている。その概略は、一九七五年に〈環境科学総合研究会〉で発表した。内容的には〝作物の形態と作柄操作によって《食べもの》をつくるという天然農法の可能性と必然性について〟である。

この本では〝野菜の形態と作柄操作〟を、野菜の生育原理や栽培の原論やらを具体的に解説した。その各論を理解するために、個々の野菜を線画にして一〇〇枚ほど使用した。

この本で使った絵の特徴は、机上での作図ではなく、畑で生育している野菜（動き）が素材であることだ。だから、生育中のチャンスをとらえること〝この時に、野菜はこんな姿〟が、絵になることである。そして、この生育中の絵は、そのチャンスを誰もが知っていて、その通りである、と納得できるものでなければならない。ここでは特殊な場合の絵は意味がないのだ。つまり、図鑑や図集などとは、初手から目的がちがうのである。

とかく近代の日本人は、前、後、横の三面図を描いて、アタマの中で全形をまとめる、という文化的なクセがある。この方法では〝ななめに見たときの角度に、どうしても空白が残る〟と指摘する人もいる。このことは、一枚の絵を描くについて、わたしも体験した。もちろんこうしたイラストは、写真では、全形をまとめることはできないものである。野菜の生育形態は、野菜の生きざまであるからだ。

だから、生きざまとしての形態は、環境に適応して、生きるためのカタチが多様に存在する。それは、一個体においても部分的にはカタチはちがう。すなわち、形態は《種》においても《個》においても、一つではない。

風土の変化は、生きものに微妙な影響をする。植物（作物）は、その土地柄に合った新しい変種を生みだす。だがすべて、基本構造における共通性は変わらない。それで、どんな場所にも、その場の適応型が存在する。

それは進化の過程ではなく、形態の変化である。つまり、形態は、環境との複雑な相互作用のなかで仕上がった姿である。そしてそれが、本来的な能力として、それぞれの作物（野菜）にそなわっている。これを知るには生活体験のなかからつかみとるべきものであり、また、それを熟知し合うことが栽培の前提になる。根を知って根を生かし、葉の形を観察して、葉の機能を生かす、ということである。

また、この本では、従来の分類とはちがった組み方で、野菜の品目を並べている。それは、以前から栽培学的な見地により「地理生態的な原則に立って形態的、生理的特性を総合した自然分類があまりなされていない」（芦沢正和氏・一九六二年）といわれているにもかかわらず、いっこうにそれらしきものが出てこないので、ここに〝土地柄による生態系〟を重視して《自然分類》を試みたものである。

いま、この本が、野菜のもつ多種多様なバラエティーを《形の追究》として、同時に日常、もっと もっと、野菜の生きざまを知るための教材ともなれば幸いである。

さいごに、農文協の書籍編集部をはじめ、多くの人のご援助と激励によって、わたしはここまでがんばることができた。末筆ながら、皆様がたに、わたしは心からお礼を申し上げる。

一九七八年九月二十日

藤井　平司

図説　野菜の生育・目次

第三編　光と水を受けて

第一編　水にはぐくまれて

第一章　セリのなかまたち

◎野菜つくりの起点

水辺で競り合い満ちて生育するセリの〝なかま〟たち——窪地で生活する人間、そして水を求めて寄りあう多くの〝生きもの〟たち——みな、水にはぐくまれて生息している。

この共存の姿こそ、生物たちにおける《集団の原形》であろう。

すなわち〝水にはぐくまれて窪地に生きる〟生物たちの《食《は》み合い》関係は、めいめいの「種」が、生産と生活が一体となった自給自足（豊かさ）の態勢である。

人間のばあい、食べものの確実生産を願って、食べものの側（ここでは野菜）が四季の変化（寒暖、風雨、乾湿）に対応して、その激変とたたかいながら生育する（耐える）なかで、野菜じたいが生命力を強めていく、という緊張した関係で生産力を高めること——つまり、そのことが《野菜つくり》となっていく。だから野菜つくりには、人間の〈食生活と生産〉のしきたりが端的にあらわれている。

そして質的な生産物を目的とする食体系こそ、健全な食生活ということである。それは昔も今も、変わらない。今いう《農—食》のしきたりである。

こうした緊張関係において、セリの〝なかま〟たちは、その名の通り〝競り、満つ葉〟の生育相で、人間に栽培原理を、身をもって教えてくれている。いわゆる栽培するという「野菜つくりの起点」である。

太陽に照りつけられるだけでは、地面は、やけつくだろう。とても栽培どころではない。だが、水は、土や空気を冷却する。

通常、地面の冷却には、地下水の湧き水が最も効果的である。それでセリは、湧き水のある所に育つ。それが芹《せり》田をつくることになるが、またそれは、ツケナ類の水掛け栽培をも教えている。

さらにまた、セリやミツバの密植性は、それじたいが「自己軟白」することになって、ネジロノセリやネジロノミツバが古くから賞味されていた。それが〝ネジロ物〟といわれる冬の野菜である。もちろん、これが、その後の「軟化栽培」のサンプルとなっていた。栽培技術の発展である。

◎水質と温度と土質と

水にはぐくまれるセリのなかまたちは、気温よりも水温（湿度）には、格別に敏感である。

芹田のセリも、水の暖かくなるところほど生育がはやくて、よく伸びる。

湿りの多い場所でのミツバも、地温の上がる所ほど、軸（葉柄）の伸長がよい。

しかし温度は、上がるほど軸が長くなるというものでもない。せいぜい、伸びたとしても、水湿温度が一五度ぐらいまでの条件で、三〇センチていどのものである。

なぜならば、軸がそれほどまでに伸長していて、なおかつ水湿温度が高くなると、葉裏から病気が発生して、ときには腐敗することもあるからだ。

また、そのようなときは、水が停滞しているか、日受けの土地で水が暖まりやすい条件にある。そうした水の停滞で、あの特有の芳香がなくなり、汚臭すら帯びる。

とくに、オランダゼリともいわれる「パセリー」の芳香は、適度な湿気と冷涼な日かげ——つまり、さわやかな生育条件が必要である。

一方、セリ、ミツバ、パセリーよりも草性の高くなるセルリー（別名オランダミツバ）は、適度の湿気がある条件で、地温が一八度ぐらいまでは、すくすくと生育伸長する。だが、これには〝排水良好〟という土壌条件が必要であるから、セルリーの生育は、土つくりがむずかしいのだ。

セルリーの培養土は、ひとくちにいって〝多くの腐植質を含む砂質壌土〟ということである。

なのに他方、水辺から離れて、畑でそだつニンジンも、セリのなかまだ。

水辺から離れるほど、地下水位が低くなり、生育も高温下となって、いきおい乾燥に耐えるためには、自らのカラダに水や養分の貯留所が必要となる。そこで根が肥大してニンジン根となったのだ。

それは葉からの蒸散を抑制し、根部に貯水器官を発達させたものである。いわゆる「乾生形態」というものだ。

同じように葉が細かくてもパセリーは、水湿性だから乾生形態が発達しない。それで排水良好な肥沃地に適し、乾燥には、特に弱い。しかしパセリーの根でも、料理に刻みこむくらいの太さにはなる。

結局、セリのなかまは、ふつう水生あるいは湿生植物であるが、ニンジンは、乾生植物である。

そして水生から乾生までの土地柄は、食べものを求める人間にとって、栽培が幅広く展開して、高度の技術に発達することだった。だから、野菜つくり（栽培）には、最初から「人間と野菜」の定めがはっきりとあろう。

すべての生きもの——野菜だって、本性にさからうことはできないものである。

乾生形態

乾燥地など吸水困難な場所に生育する植物が乾燥に耐えるための形態的特徴——発達した貯水器官、蒸散を抑制するための葉の細裂や気孔の陥没、表皮層の発達、密に広がった地下茎や根系など。

セリ

——地でいく根っからの強さ

自然の気候風土に育った「野の菜」は、土地柄を十分に生かしている。それが《本性》である。もともと野菜は野の菜であったから、その本性は、その地域に根づいて〝地でいく〟強さをもっている。そして、それを食べる人間こそ、独特の食生活（食体系）をきずきあげて、根っからの強さ（スタミナ）で生きられるのである。だから地域に根づいてきた野菜は、その地域で食べつづけることに大きな価値がある。セリは、その代表である。

セリは、湿生遷移する水生あるいは好湿性の多年草で、野生のものは「川菜」といわれていた野の菜である。栽培は古く、「延喜式」（九二七年）に生産の記載がある。いまも水田で、冬野菜として集約な栽培が行なわれている。

◎十文字葉のからみあい

セリは、新鮮な流水を得て、優品を産する。葉は「再羽状複葉」といわれているが、次ページの図を見てわかるように、セリの複葉は、十文字に分岐しているのである。そして、この十文字葉は、からみあって、柔軟な葉柄が立っていられるのである。

そのうえ、さらにうまくできているのが新葉である。図をよく見てください。新葉は、小葉をたたみこんで、からみあった葉間を突き抜けて、競りあがってから葉が展開する。さらに地下茎は、這い回って群生する。

セリの栽培は、伸びた地下茎を九月ごろに掘りとり、日かげで各節より発芽させて後、その地下茎を長さ一〇センチほどに切り、一～二芽付けて定植する。はじめは浮き苗になりやすいので、乾燥しないていどに水を落とし、活着後は葉の半ばまで湛水する。十月から三月まで水の深さを徐々に増して、葉柄の伸長をはかり、軟らかになったものを収穫する。

一般に、冬季の利用範囲が広い野菜である。それで、セリの風味は、二月ごろまでが「うまい」といわれている。

つまり、冬のセリは、冷たい水と暖かい陽光とを受ける場所で、せり合って生長する。それは、あたかも人間が、冷たい日には、日なたぼっこで暖まるように……冬に耐える生理が共通しているのである。冬のセリこそ、《旬の野菜》なのだ。

湿生遷移《せんい》

水生遷移ともいう。池、沼、沢などの水中から出て陸上植物群落へと生態系の移り変わる生育相をいう。セリやミツバはその代表例である。

図 1　セリの姿

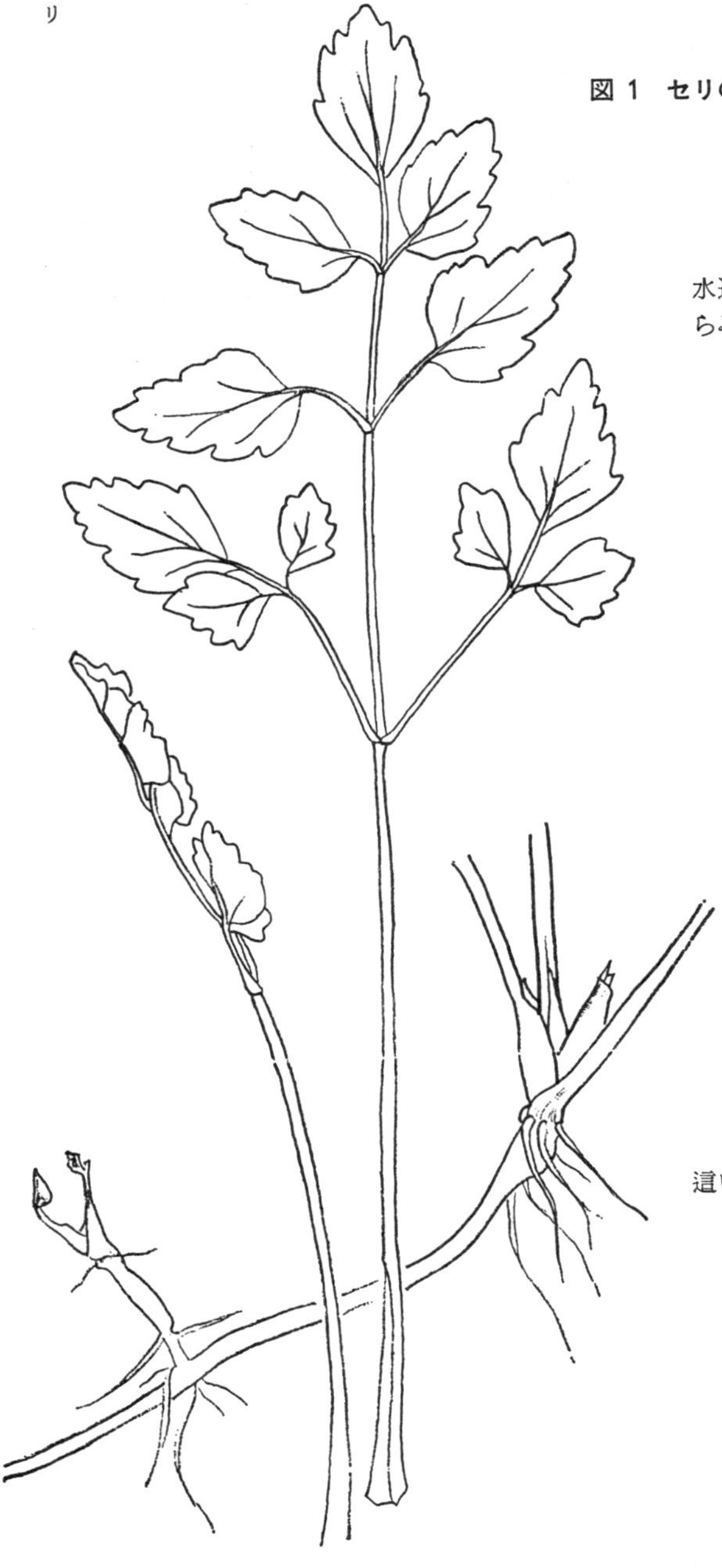
水辺で競り合いか
らみ合う十文字葉
突き抜ける新葉
這い回る地下茎

ミツバ

——長軸葉と三ツ葉の意味

ミツバも日本じゅう、どこにでも野生している。その自生地は、水際の冷涼な湿地や、樹林の半日かげ地などによく繁茂し密生している。その状態は、まさに満つる葉のようだから、ミツバセリといっていた。

その独特の芳香は万人好みで、古くから野の菜として愛されていた。栽培は、一七三〇年代ごろから行なわれていたという。

関東では、根株から軟化する切りミツバが、関西では、タネから密生させる根ミツバが生産された。

◎高温で伸びる長軸葉

ミツバは低温にも強い。八度以上になれば発芽し、生育は一〇～二〇度で盛んである。しかし、ミツバは根張りが浅いので、高温と強い日ざしに弱く、乾燥をきらう。

そこで、地上部の生育を良好にするには、太い根が長くよく伸びることである。

実用的にミツバがよく生育するということは、葉柄がよく伸長することである。葉柄の伸長は、地表あるいは水湿面の温度が、一〇度以上から二〇度へと高くなるにつれて、葉を突き上げるようにして伸びる。そして図1のように長軸葉となる。

それは、ミツバの葉は長軸スタイルにならなければ、葉裏にベト病が発生するからである。しかし細い葉柄では、葉を支えることができないので、密生して「満つ葉」になるのだ。

だから実際には、密生することによって、伸長し軟化されるのである。それは決して、チッソ過剰のできすぎではない。したがって糸ミツバの栽培は、早春にタネを密にまき、気温の上昇を利用して、葉柄を伸長させたものである。

本来のミツバつくりは、根株から萌芽した生長初期の、まだ葉が小さく、やわらかい、そして香りよいものを糸ミツバといっていた。その後の生長で株が太り、栄養が過剰になると、葉が大きくなり、香りもおちてくるので、もう食用にはしないで、軟化用の根株に養成したものである。

促成軟化は、地上部が枯れてから株を掘りおこし、一五度の軟化床に密植して、冬に萌芽生長させるので、葉柄はよく伸びたものだ。

◎チッソ過多では「三ツ葉」にならない

ところで、水際でそだつミツバセリは、塩類集積害にたいへん敏感である。そのことが連作害だとか、化学肥料の連用害だとか、今は、そのように説明している。

元来、水際のミツバじたいは、吸肥力が少なくて、満ちてはいるが、できすぎの過繁茂にはなりにくい性質がある。だが特別に富栄養土（汚泥まじりの砂）で育ったときには、ミツバもチッソ過多のできすぎになる。そうすると三ツ葉という名の化けの皮がはげる。それを図2で見てもらおう。

一枚の葉には三つの小葉があるから「三ツ葉」だという説もあるのに、これでもミツバかと不思議に思うだろう。もうこうなると、葉柄の操作ができず〝お化けミツバ〟になり、味も香りもミツバらしくない。

もっとも、チッソ肥料を多く吸った根株は、充実がわるいので、軟化床に伏込むと腐敗して失敗する。多肥栽培は、古来より通用しなかったものだ。

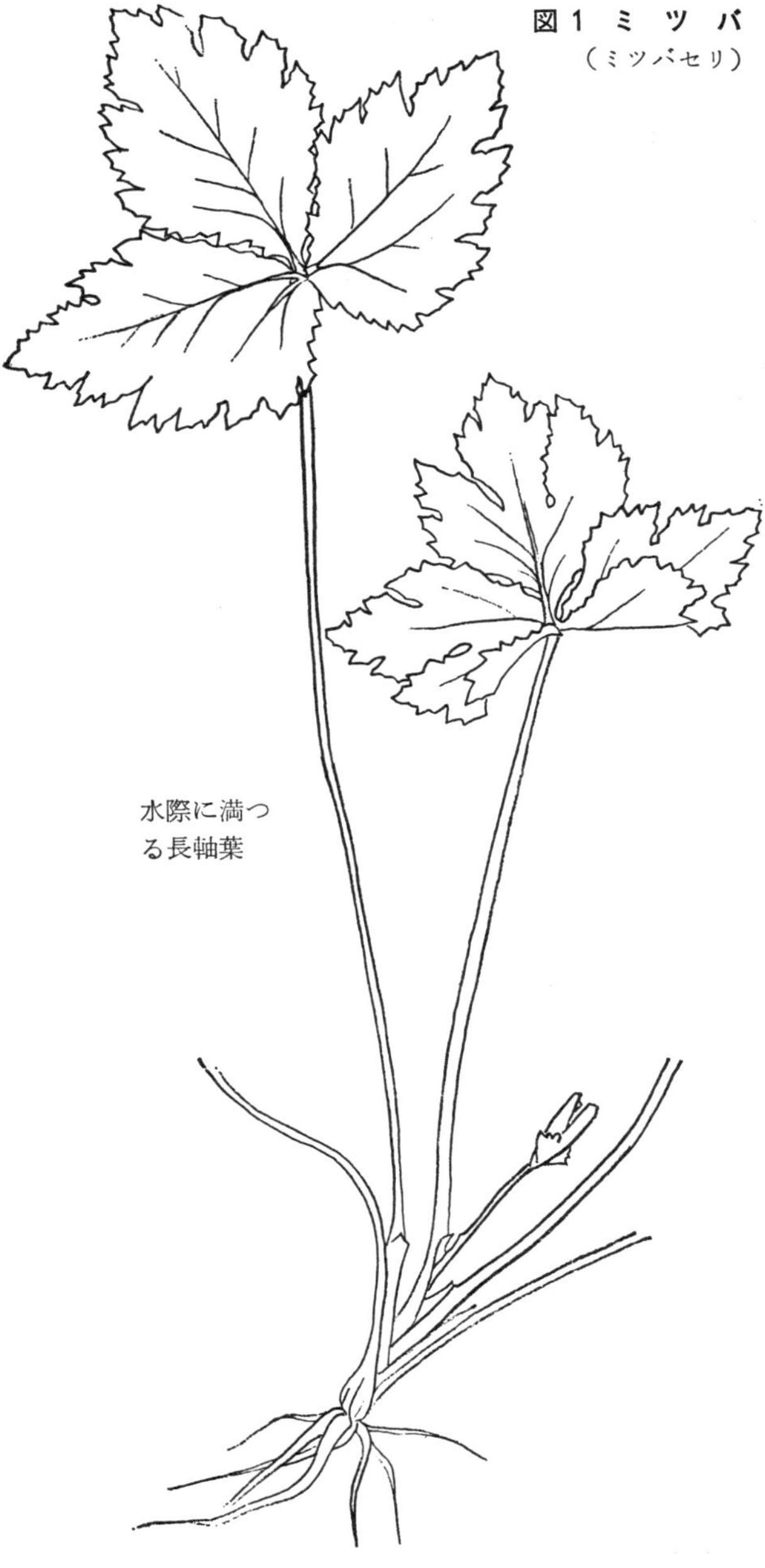

図1 ミツバ
（ミツバセリ）

と「三ツ葉」にならないミツバ

普通のミツバ
（三つの小葉）

1目盛1㎝

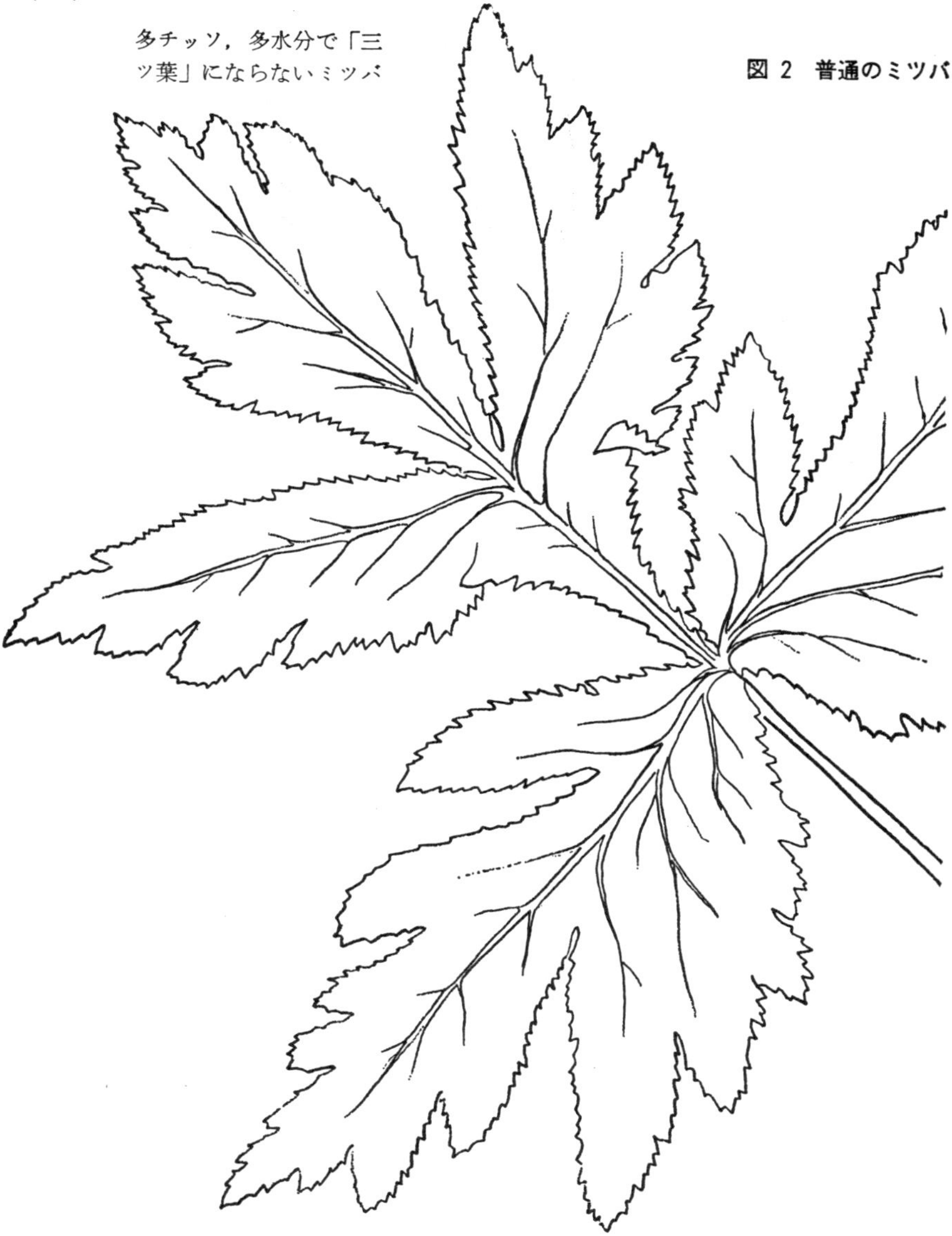

多チッソ，多水分で「三ツ葉」にならないミツバ

図 2 普通のミツバ

セルリー

——葉柄の太りは酸素と水で

ミツバの葉は巨大化しても、「お化けミツバ」には、なんの意味もなかった。でも、あの細い葉柄が太くなったら……それはセルリーである。

セルリーは、オランダミツバともいわれ、葉柄が図1のように異常発達して多肉化している。そしてミツバやセリと同じように水草のなかまで、やはり冷涼な気候を好み、根も地表浅く密集する。それで、土壌水分は十分に必要であるが、酸素の要求量も多いので、水が停滞することは好ましくない。

セルリーのタネは小さくて、発芽も不ぞろいで、日数も長くかかる。そこでタネは苗床にまいて育苗する（図2）。

定植は、本葉七〜八枚でする。しかし、セルリーは、きわめて植えいたみのひどいものであるから、根ばちの土を落とさないように、苗を掘りとって、植え穴に入れる。そのさい生長点が地面より深くならないように、深さに注意して植えつけ、たっぷり灌水する（図3上段）。

◎土中の酸素と水分保持でつくる

生育の特徴は、根が細く、根張りが浅いので、高温には弱く、しかも施肥の障害（肥あたり）も受けやすい。肥料よりも酸素量の多い膨軟な土でつくることである。

土には適当な保水力が必要で、水不足は、葉柄の太りがわるくなる。生育途中での乾燥は、生長がおくれるだけでなく、葉柄も短く、ス入りも早くなる。それで敷きワラの効果は大きい。

高温、乾燥の激しい夏栽培の敷きワラは、地温が上がるのを防ぎ、乾燥防止にも役立ち、雑草もおさえ、雨による土のはねあがりも防ぎ、多くの効果がある。だから敷きワラは、株元から畦上一面に、土が見えなくなるまで覆うことである。

そして定植後の生育中は、つねに表土が白く乾くことのないように、灌水をつづけなければ、葉柄の伸びや太りはよくならない。

収穫前の軟白は、しすぎると全体が白化して、葉までが黄色になって、香りや食味を落とす。方法としては、図3下段のように、葉先を出した紙巻き軟白法が、いちばん無難である。

育苗

発芽後の生育がおそく、病虫害や気候などに対して、か弱い苗は小面積の場所で、丁重に保護すること。土地利用を高めるために、幼植物を待ち植えしておくこと。生育温度の不足時期には保温育苗がある。

図 1　セルリーの葉

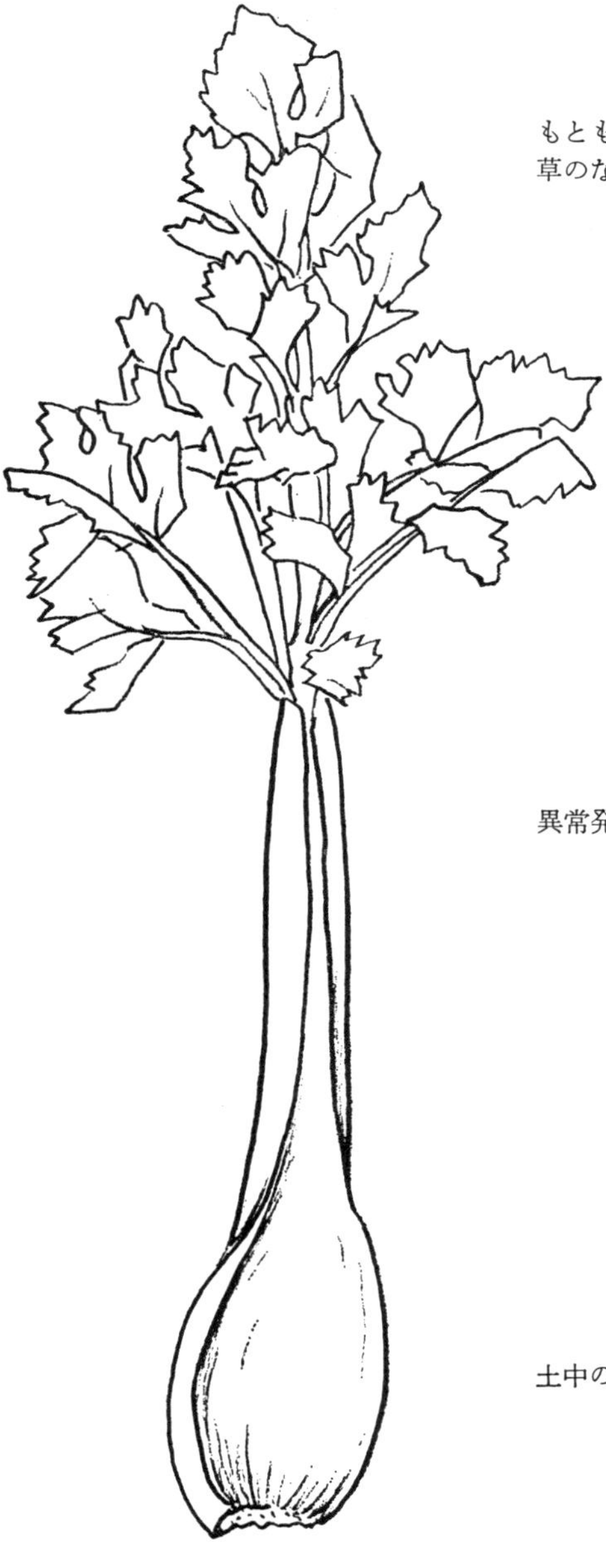
もともとは，通気組織をもつ水草のなかま
異常発達した葉柄
土中の酸素と水分保持でつくる

図2 セルリーの育苗

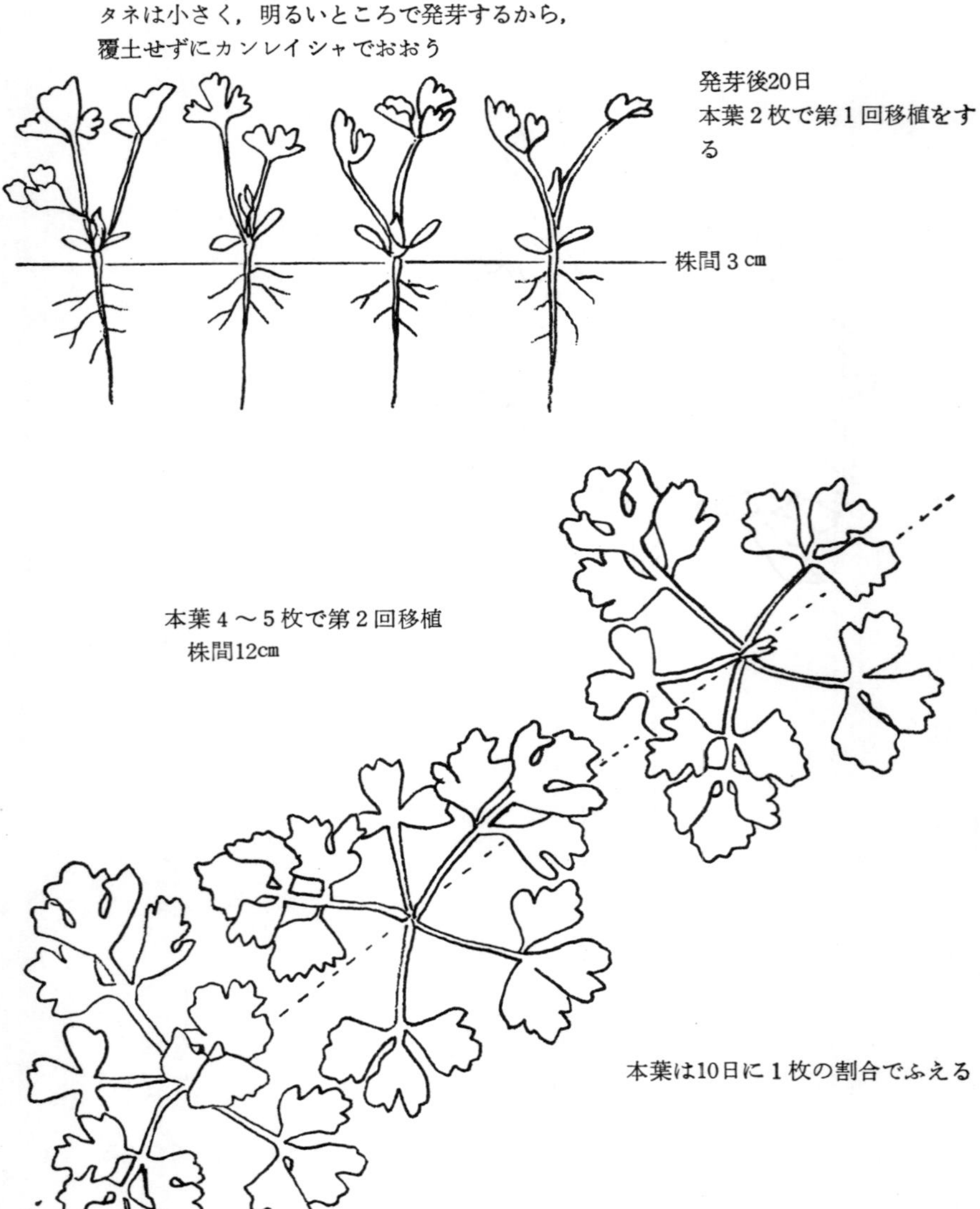
タネは小さく，明るいところで発芽するから，
覆土せずにカンレイシャでおおう
発芽後20日
本葉2枚で第1回移植をする
株間3㎝
本葉4～5枚で第2回移植
株間12㎝
本葉は10日に1枚の割合でふえる

図 3　セルリー　定植と軟白

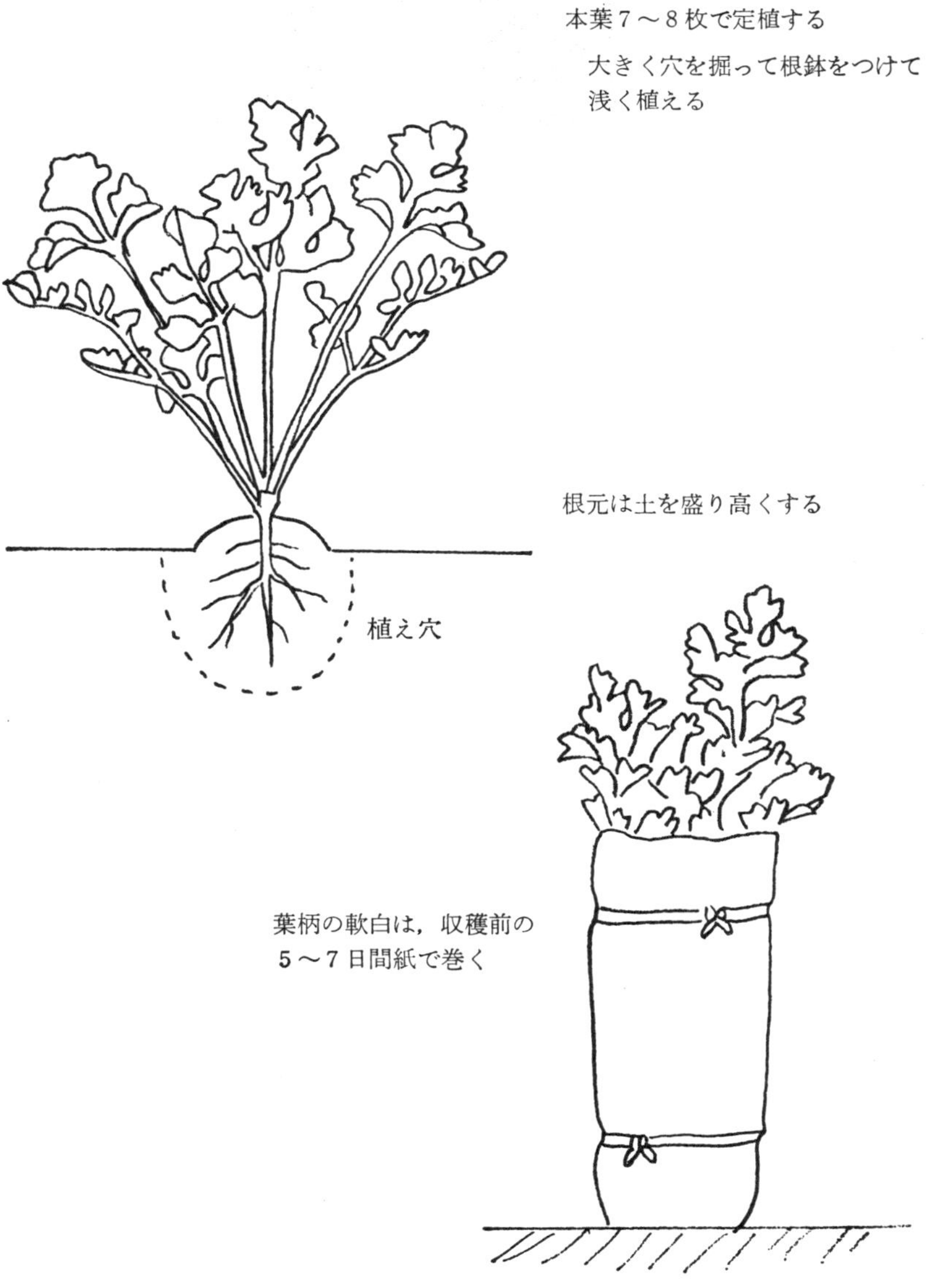
本葉7～8枚で定植する
大きく穴を掘って根鉢をつけて
浅く植える
根元は土を盛り高くする
植え穴
葉柄の軟白は，収穫前の
5～7日間紙で巻く

ニンジン
——葉はなぜ細かいか?

◎湿生植物から乾生植物へ

ニンジンの本名は「セリニンジン」という。セリが水辺で競り合って育っているように、セリニンジンも、もとは水に近いところで群生していたものである。そのニンジンは、さほど太りもせず、ヒゲ根も多く、草丈が高く、病虫害もなくて、旺盛に生育していたのである。

この生育を、野性的というならば、今でもニンジンは、多灌水で土壌湿度を高めると、このように野性的に生育する。これを栽培学では「水分過多による過繁茂」といっている。しかし、この生育状態は、軟弱徒長して、病弱に育っているのではない。全草がやわらかくて、しかも元気なのである。

じじつ、ニンジンには「葉ニンジン」や「菜ニンジン」といわれていた葉を食べるニンジンのつくり方(軟弱もの)だって、つい最近まであったのだ。

にもかかわらずニンジンは、水辺から離れて、ひたすら乾燥に耐えるように仕向けられたばっかりに、自衛手段として「乾生形態」がはたらいて、根菜類に仕上がった。その結果は「乾生植物」である。

そして、高温にも耐えるようになったが、やっぱり冷涼な気候が好きなのである。とくに、気候は大きな変化をきらい、日照りや多雨を好まない。

◎せり合ってもさわやかに育つ

さて、あなたはニンジンの葉形を知っていますか。図1は念のために《一枚の葉》を描いたものである。この図を見ても、葉形の説明はうまくできない。とにかく、見るほどに複雑である。だが、じっと見ていると、ニンジンの生育ぶりが目にうかび、葉の本性がわかるように思う。複雑な葉には、複雑な本性があるということだ。

まず、ニンジンの葉は、全体的にみて、葉片が細かいから、何枚重ねても小さい葉片の重なりが少ないものである。つまり、この葉は、密植性である。しかも、小さい葉片の先がとがっている。それは密植していても、葉上の水切れがよく、風の通りもよくて〝さわやかに育つ〟ようになっている。

ところが、ニンジンの葉は繊弱である。しなやかな葉は、とても一葉では立っていられるものではない。しかも、ニンジンの弱々しいことは、双葉からそうである。だから、ニンジンは〝発芽のよしあしで勝負する〟という。ぽつんぽつんと発芽したのでは生育しないのだ。いわゆる、ニンジンは「セリ

図１　せり合って育つニンジンの葉形
（品種：「小泉五寸」）

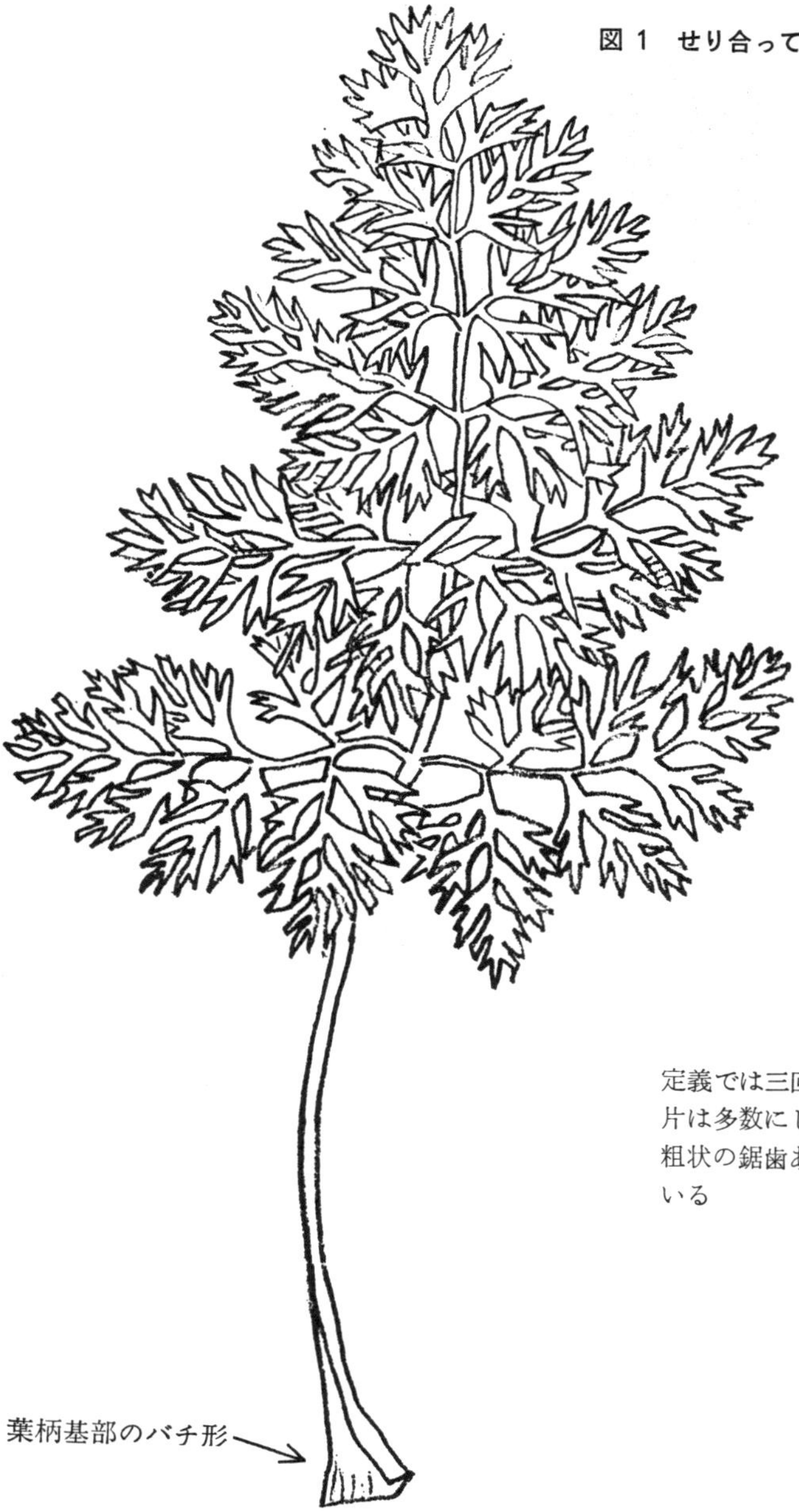

定義では三回羽状複葉，葉片は多数にしてクサビ状，粗状の鋸歯あり，となっている

ニンジン」といわれていたように、せり合って育つものである。

水辺から畑へ移住したニンジンには、発芽のスタートが最も苦しいことなのである。

ニンジンのタネは、いったん発芽を開始すると、それからは、非常に乾燥には弱いから、灌水は、発芽が終わるまで、途中で中止してはいけないのだ。ニンジンは〝雨あがりにまけ〟といわれているのもそのためである。

その後、幼苗期も水辺が恋しいので、乾燥と高温に対しては、抵抗力がきわめて弱い。

◎間引きは葉柄の基部をみて

そこで、ニンジンの間引きは、一般的な、ただ日受けをよくするために葉間を広くすることではない。むしろ、葉は、たがいにからみ合った状態を保っていなければならない。

つまり、間引きのねらいは、根部が肥大するにつれて、根の間隔をとる――それがニンジンの間引きである。根がふれあうと縄のようによれるからである（図3）。

ニンジンの生育状態をみると、地上部が密生していても、地下部の直根は、適当に間隔をとっている。そのため、とくに双葉から四葉期ごろまでは、群生していることが必要なのである。五～六葉期になると、根が太りはじめてくるから、株元がしっかりしてくる。株元がしっかりするのは、葉のつけねがバチ形に張ってくるからで、それをめやすに根の肥大開始がわかる。

図2は、四葉期における肥大開始の良否を示したものである。

つまり、ニンジンは、いかにもさわやかな感じで生育するとき、葉柄の基部がバチ状にひろがっている――それが正常な生育であり、根部の肥大状態も良好なのである。

いつまでも弱々しい株は、胚軸部の肥大がおくれているため、倒れやすい状態にある。こうした株は、根部の肥大もわるい。また、病気も発生しやすいので、早く間引くとよい。ニンジンの肥大性は、シンも太り、カワも分厚くなる「篩《し》部肥大型」だからである（図5参照）。

ちなみに、ダイコンの肥大性は、シンが太って、カワがうすい「木部肥大型」であるから、皮層が剝脱してふくれてくるのである。両者は、似て非なる肥大性だ。

◎生育後期は適度の乾燥が必要

もともと、セリ科のニンジンは、湿地で育つ好湿性の植物であったが、だんだんと地下水位の低い乾燥地に移されてきた。そのために、生態的な自衛手段がはたらいて、水分や養分の貯蔵庫が必要となって、根部が肥大したものだ。その間のいきさつは、ニンジンの葉の細かい切れ葉が証明している。

いま、野生種の「ヤブニンジン」と栽培種の「ニンジン」とを、葉片で比

図 2　ニンジンの四葉期の株の良否

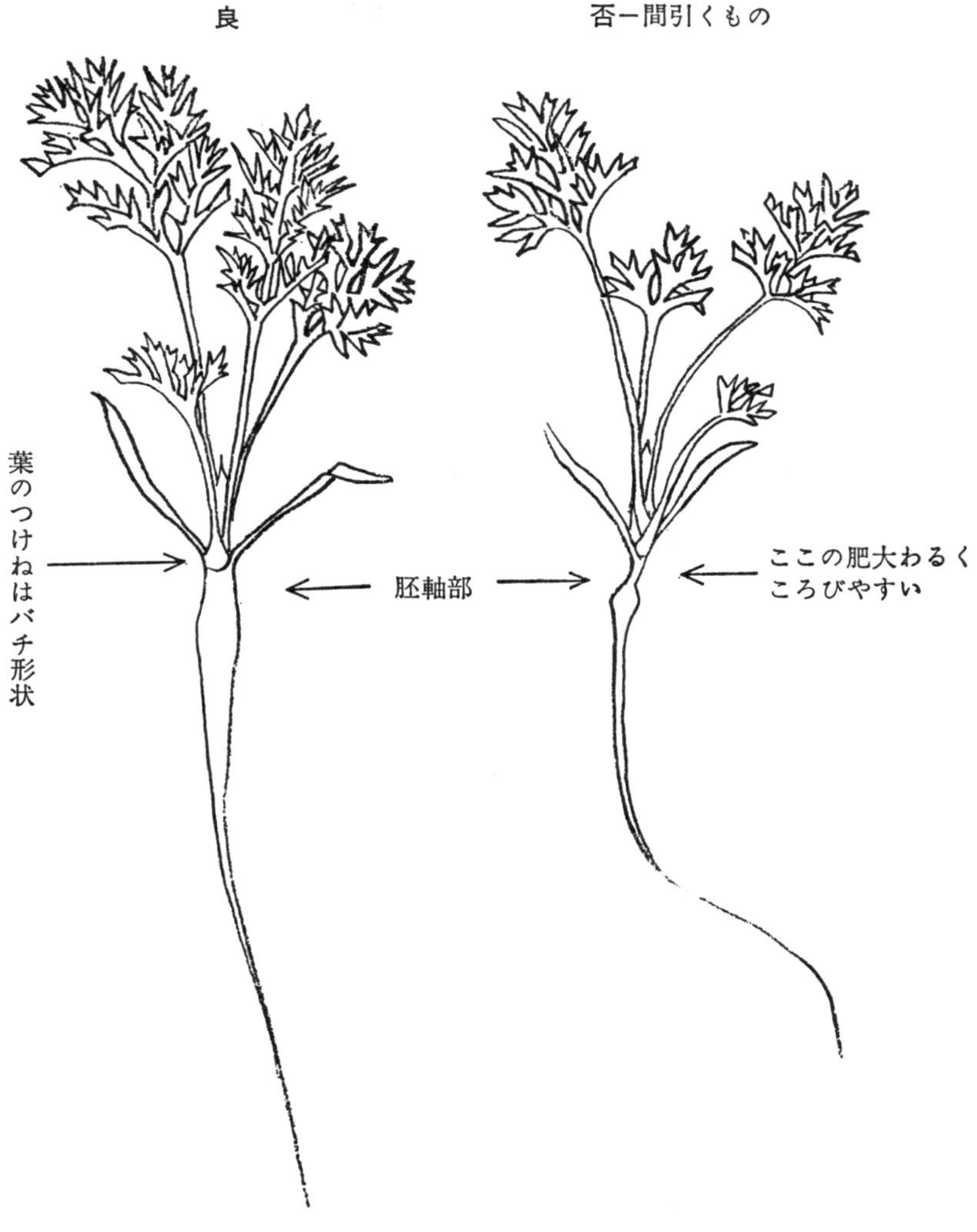

較してみよう。

図4をごらんください。ヤブニンジンは、葉片が大きく、半日かげの湿地で野生しているたけだけしい雑草だ。葉は吸水、蒸散の作用が大きく、葉先によく水滴をつける。もちろん、根は肥大しない。中央の葉は、ヤブニンジンの生育初期の葉形で、この段階では、ニンジン葉とよく似ている。しかしその後は、水分過多と過繁茂とで葉面積が広くなる。

ニンジンは、土に湿りがあって、生育条件のよいときには、葉が順調に生育して、養分のたくわえ準備がととのう。土が乾燥して、生育条件がわるくなると、葉の生育が弱くなり、葉からの蒸散が少なくなる。このような葉のはたらきと根との協調が根身を肥大させる。乾燥によって葉面積が少なくなり、根身が太るわけで、一種の「乾生形態」（乾燥に耐える形態）である。これがニンジンの細かい葉のもつ本性である。

さらにこの関係は、根身の肥大と着色の関連にもみられる。湿地（多灌水）のニンジンは過繁茂になって、根の太りがわるい。適当に乾燥することによって「乾生形態」がはたらき、根は太りはじめる。そして根の肥大期に湿りがあると、根身はよく肥大するが、色づきがわるい。着色をよくするには、乾燥状態にするのがよいが、肥大がわるく、そのうえ、特有のニンジン臭が強くなる。

つまり、ニンジンは、いつまでも湿りがあって、根が肥大にかかっているときは、色もわるく、品質まで低下する。それで、収穫に向かっての生育後期には、適当に乾燥させ、生長の消耗を少なくすることが根色を濃くし、糖含量を高めて品質を向上させることになる。

ニンジンは、収穫前にこうした〝仕上げづくり〟が必要である。

◎心ならずも根を食われ

今のニンジンは、小さいときから、間引きをして株間を広くする。だから一株ずつの外観は、丈夫に見えていても、生理的にさわやかでない。その生長は、根だけが肥大して、一種の奇形なのである。競り合って育たないからである。それはもう、葉を食べていたころのセリニンジンではなく、太い根を食べるニンジンである。

だが考えてみると、人間は、セリニンジンをニンジンに改良？　して、そのニンジンを不適地の畑で、ムリヤリに育てているようなものである。だから多肥料、多農薬で、さらに除草剤まで使用する栽培方法が必要となる。

これは人間が、一方的に改変したのだから、ニンジンは、心ならずも根を食われていることであろう。そのことを反省しなければ、作物は、人間の役に立つようには向いてくれまい。結局、栽培技術は、ゆきづまるだけだ。

図 3 ニンジン 根のよじれ

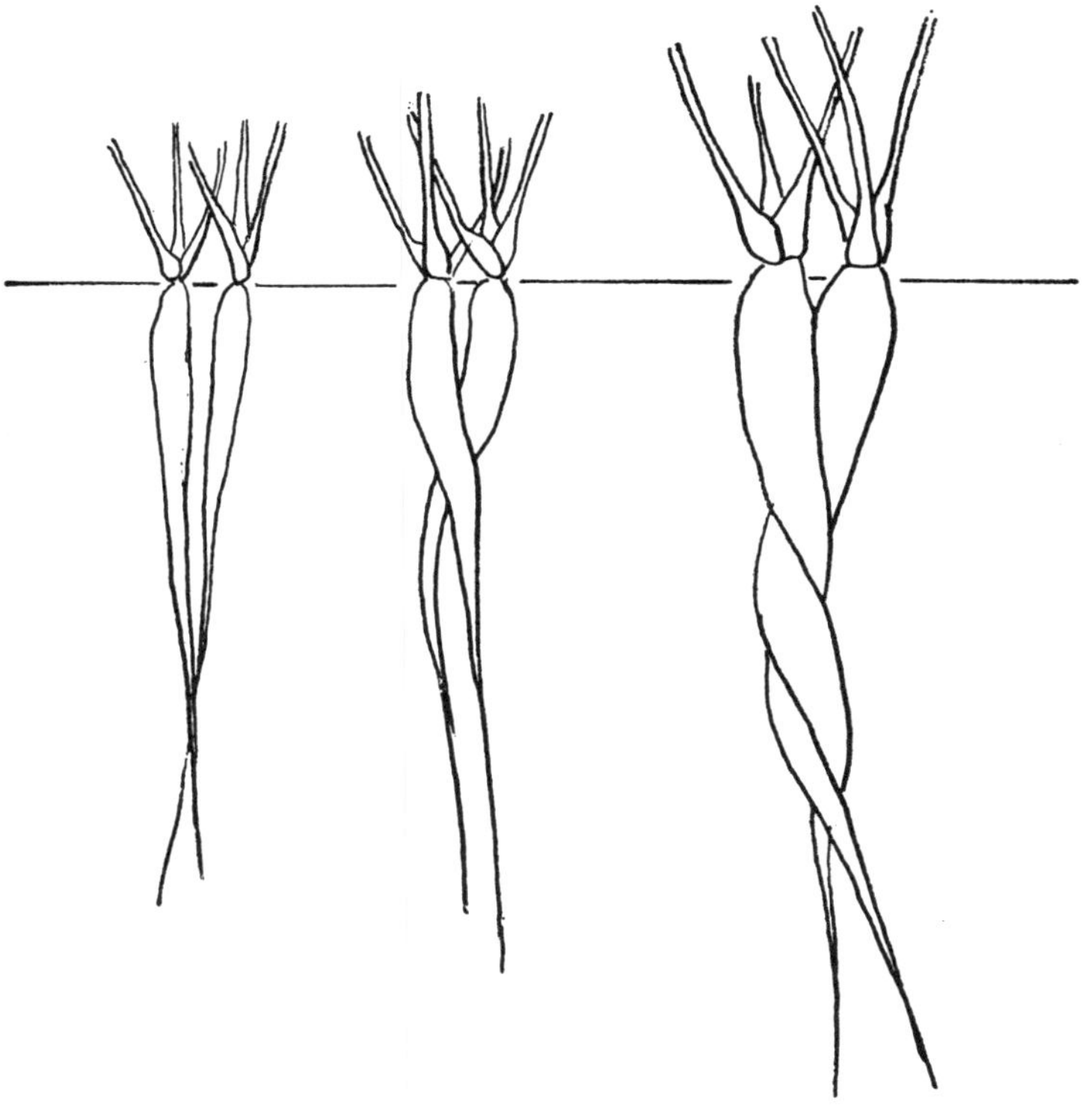

短根種のよじれはほとんどない
細根系や長根種ほどよじれやすい

とのちがい（葉片の細裂比較）

ヤブニンジンの成形葉

半日かげ地の野生種

図 4　野生種と栽培種

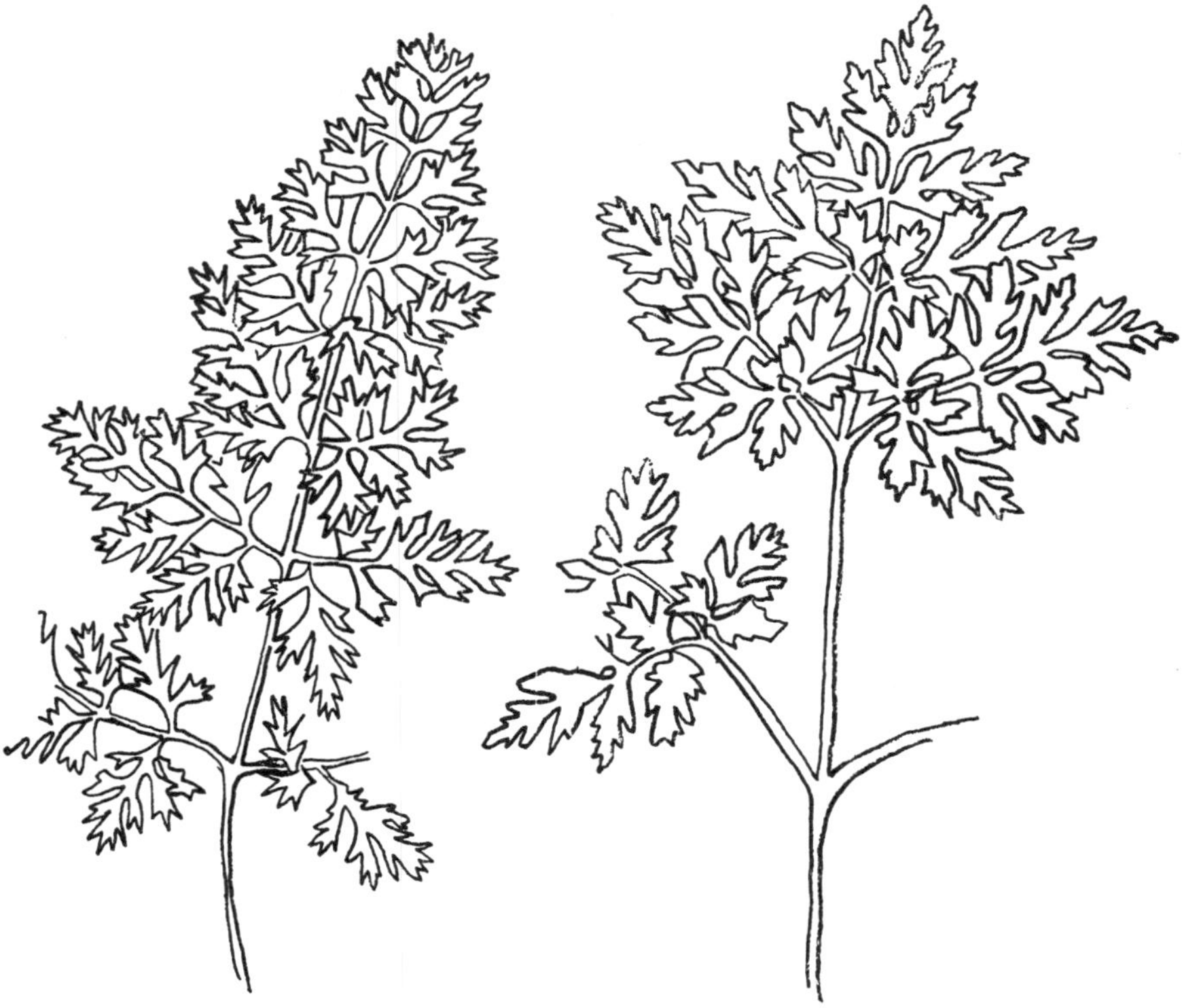

ニンジンの成形葉　　　生育初期のヤブニンジン

根部肥大の早い「ミニキャロット」　　　ヤブニンジンは

図 5　五寸ニンジン

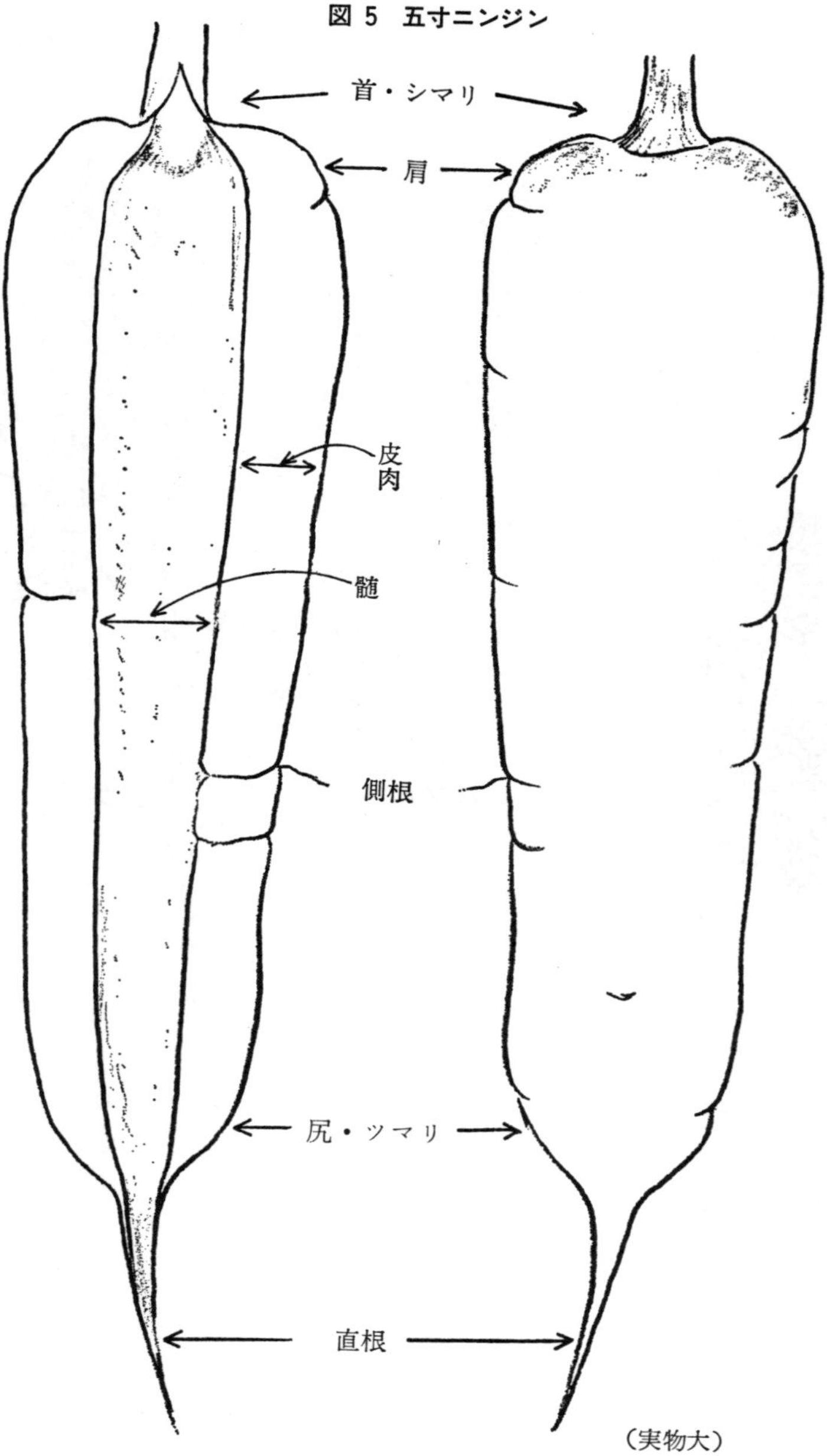

（実物大）

図 6　三寸ニンジン（ミニキャロット）

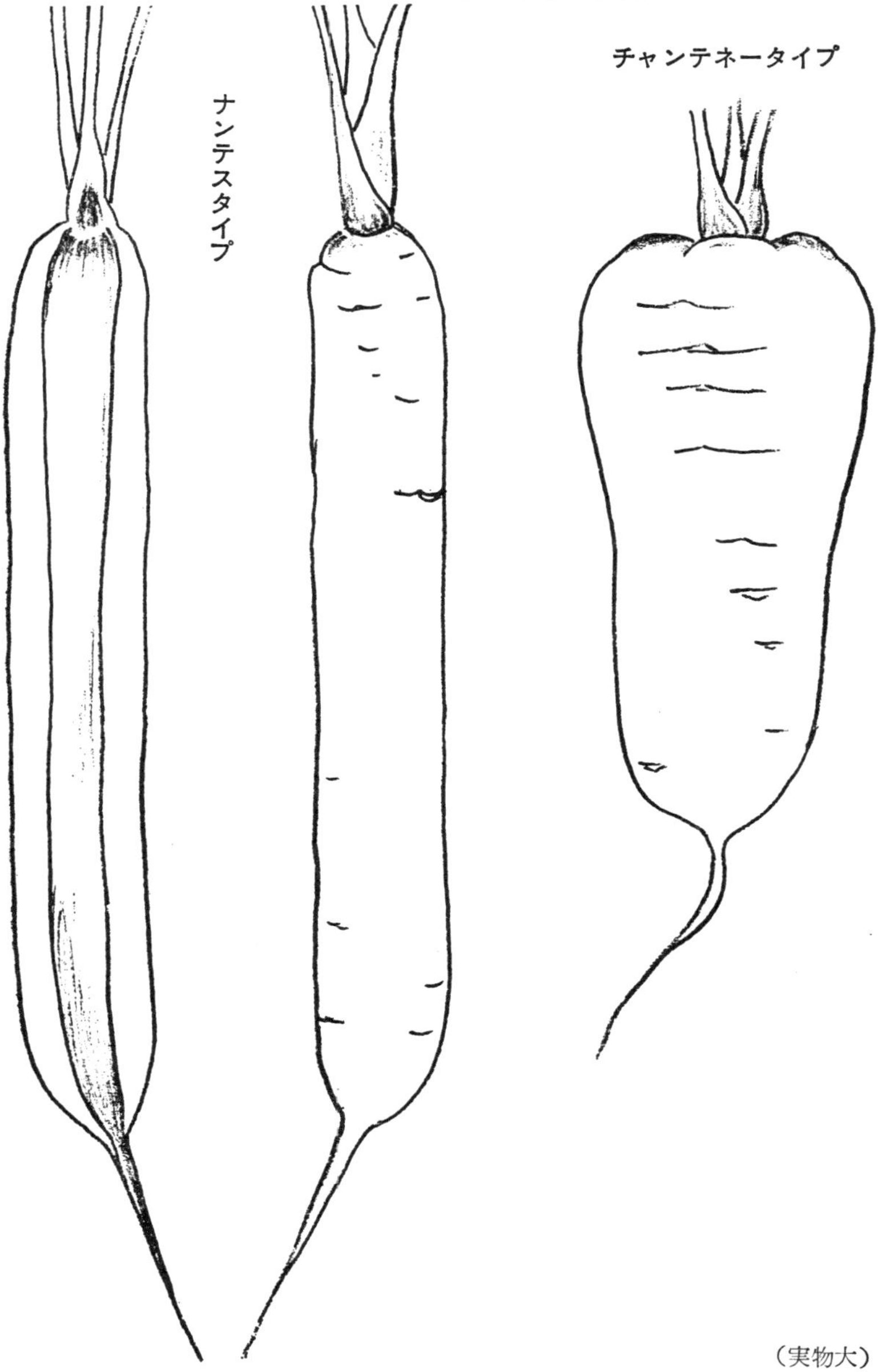

（実物大）

第二章　ツケナからカブへ

◎好機をとらえて発芽する

アブラナ科植物も川と関係が深い。山間の上流にワサビが育ち、里の川原に菜属の種類が元気に育つ。そして、川口の三角洲（砂場《さば》）には、ツケナの良品を生産していたものである。

水辺のアブラナ科植物の種子には、胚乳がなくて、油分が多いから、水中や多湿な条件でも、種子は腐敗しない。そして、チャンスがくれば発芽する。この適応性は、まさに好機をとらえて発芽する、という野性的な本質である。

◎均一性より雑然性が必要

菜属の野菜は、他殖性作物の代表格である。あの黄色い菜の花に、蜜を求める昆虫が、花から花へ授粉している光景も、忘れることができない。

だから、菜属の品種は、形質を均一に保つことが不可能にちかい。いや、むしろ均一性は、必要がないもので、もし因子的に均一性を保つならば、そのことが〈弱性—致死〉の因子を集積することになろう。

それで現在の品種育成は、栽培（生産）の過程で、多肥料、多農薬が必要となる。その技術は、商品化での悪循環であって、いまや、それが栽培の前提条件にもなっている。

本来ツケナ類は、昔から多様な系統の品種が混ざり合って、他殖性の本分を発揮していたものである。この形質構成の状態を、わたしは《雑然性》といっている（拙著『新装版　本物の野菜つくり』農文協刊二二〇ページ参照）。

◎一から十までの配慮

ところで、川で育ったツケナは、陸にあがって、人間といっしょに連れだって行動した。そして、水とかかわりの深いツケナは、行き先の土地柄によって、葉形は八種九種（種々様々）に変化した。

そうした葉形の変化の過程で、葉が細くなるにつれて株が張り、それが、「カブナ」（株菜）になる。またそれが、乾燥地に向かうにつれて、葉の欠刻が深くなる。そのことは、葉からの蒸散量が少なくなって「乾生形態」がはたらくから、株が肥大する。いわゆる《カブラ》である。このことは、ニンジンが根菜類に仕上がった生い立ちとよく似ている。

それだけに、いろいろ（多くの種類）のツケナは、人間にとって何かと重宝だったのであろう。昔から一から十まで、行きとどいた配慮のことは〝ナタネからカブラまで〃といっている。

ツケナ

——雑然性の由来

ツケナの産地も、川や雨や霧やらの水と、ふかい関係がある。つまり、ツケナの生長は、水が支配しているのだ。

ツケナは、スピーディーに生長させることが、つくり方のコツになっているが、その要素は水である。また、品質も水で決まる。

それは、水がツケナを育てるという親密な仲である。

◎ワサビ葉からミズナ葉への変遷

いわゆるツケナのふるさとは川である。川でのツケナは常時、株元が流れ水によって冷やされていた。ときには葉脚まで、水に浸《つ》かることがある。それでツケナは《高脚性》で、脚葉《きゃくよう》のない〈頭大葉＝ワサビ葉〉が基本形である。その本性は、どの品種にも生育初期にはまだ認められる（図1）。

陸にあがったツケナは、地面の変化にまず感応した。脚葉のない草姿では、直射日光を受けると株元の地表温度が急上昇する。また夜は、おおいのない地面がもろに冷え込む。冬は、霜柱もたつ。そこで脚葉の発達は、地表面でのさまざまな条件を調整して、自らの根をかばうことになる。

ところが、全縁《ぜんえん》の葉脚は、幅広くなるにつれて、葉裏に熱気がただよって病気の原因になるから、適当に切れ込みができる（図2）。

もう一つは、川は低地を流れるから、ツケナには、風への対応策はなかった。むしろ頭大葉は、流水に流されないための対策になってはいたが、風には不利だった。

上陸すると、平地にも高地にも、それなりに風が吹いていた。そこで風が吹きあたる葉先は、剣先葉で吹きなびくように対応した。

なかでも湿地では、地表での水温と、葉面の水切れ（水滴）なども関係して、ミズナのような複雑な葉形になった（図3）。

◎複雑の極が「千筋京菜」の炎上葉

もっとも、ミズナは「水入菜」の意味で、昔は〝蓞〟字が当てられていた。一六八四年の『雍州府志』には「糞尿を用いず、流水を畦間に引き入れてつくる故に水入菜と称し」と記されている。

それで一種の「水掛け栽培」であるといわれているが、ふつうのミズカケ菜とは、大きな相違がある。そのちがいは、葉の本性が証明している。

新潟の「大月菜」や「大崎菜」、それに静岡の「ミズカケナ」も、みなその葉形は、頭大の長いサジ葉である。

図1 ツケナの高脚性（本葉第4葉）

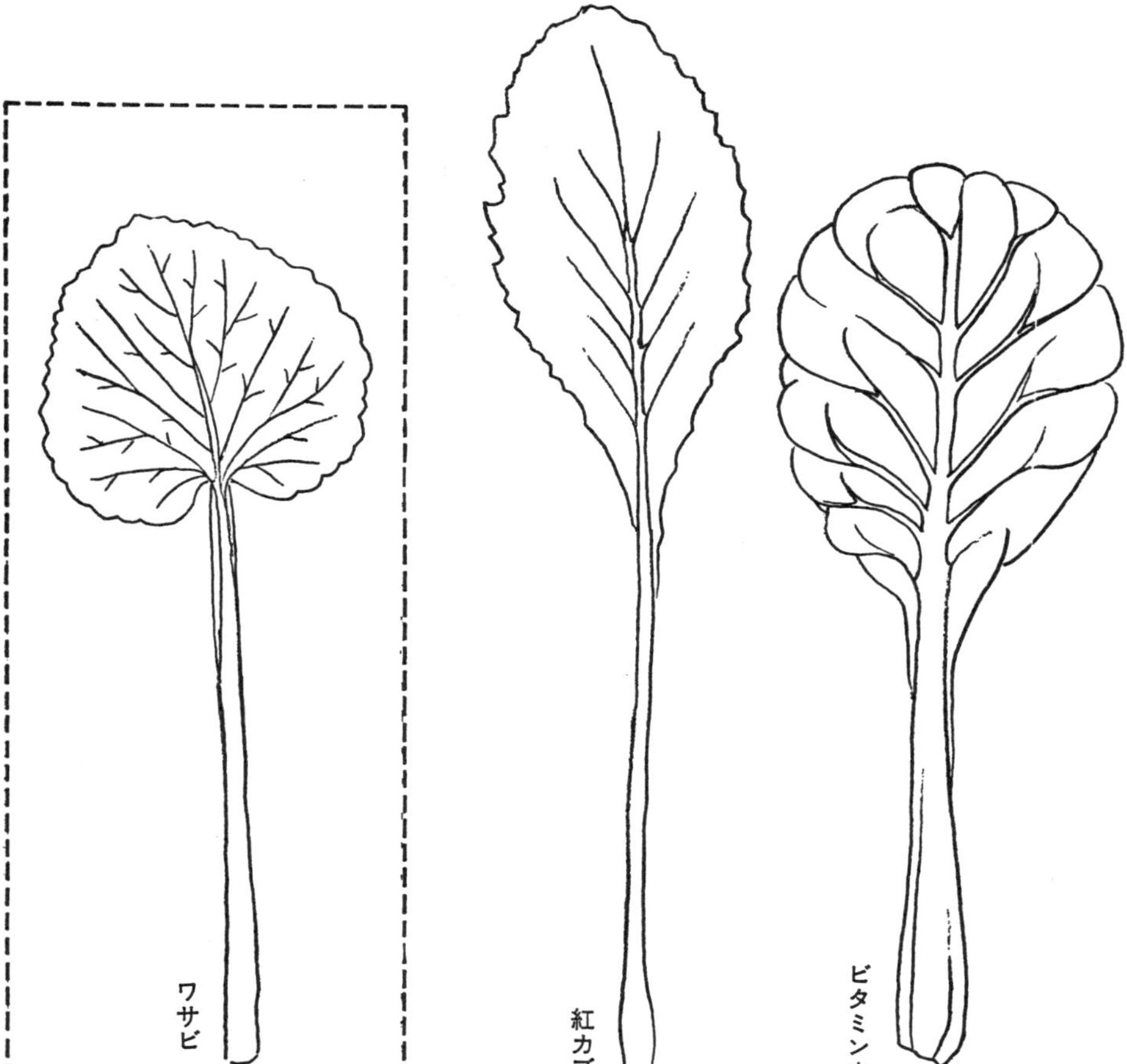
ワサビ
紅カブ
ビタミンナ

そして水掛けつくりは――たとえば静岡県のミズカケナは、湧き水のかけ流しによって、その水温に守られて保温を行ない、厳寒期に収穫する。だから湧き水は、はじめから水を通すのではなく、水掛けは気温が零度を下がって、土が凍るころから実施する。

一方、ミズナは、地表の熱気を嫌い、低温寒気に強く、冬じゅうよく生長する。しかしミズナは、土から発散するガスに弱く、そのうえ寒気に耐えるために、傷む葉肉をみずから削《そ》ぎ、細かく欠刻をつくる。いわゆる糸菜、千本菜、千筋菜などといわれる「千筋京菜」ができあがったわけである。

ちなみに、欠刻のないミブナは、ミズナより耐寒性が弱い。

ところが、このミズナの生理は、植物の生長機構からみれば、正常ではない。葉面積が極端に減少して、しかも葉端が炎状に縮《ちぢ》れるのは、塩類集積害(とくに塩素害)に対する自衛の策である。と同時に、塩積害の病状とは紙一重の操作である。

広葉のものには、この対策がないから、葉がモザイク状になったり、ときには葉緑素が欠乏する、という病状葉になる。

だから、ミズナは、チッソガス(アンモニア)を避けるためには無肥料で〝糞尿を用いず〟、さらに流水は、土を冷却してガスの発生をおさえて、これらの害を受けないように、図5(四二ページ)に見るような、巧妙な炎上葉が仕上がったのである。

このように千筋京菜の葉の欠刻がふつうでないことは、遺伝学の建部民雄氏が「欠刻の遺伝」(一九四二年)を調べている。それによると〝ミズナの深い欠刻葉とミブナの全縁葉との交雑によって、F_1葉形は中間型で欠刻を有するが、F_2での分離は、すこぶる複雑でミズナにちかい欠刻葉から、ミブナの全縁のものまで、あらゆる中間型のものが分離して、まったく手がつけられなかった。これは環境の影響と相まって、その分離を複雑にしたものとも考えられる〟と報じている。

つまり千筋京菜の炎上葉は、遺伝的因子ではなく、その葉肉は、水と関連する複雑な土地柄への適応性体質なのである。そしてそれが葉の本性にほかならない。

◎葉序の変化が多くの品種をつくる

こうした変化の総合は、葉の配列に影響し、いわゆる「葉序《ようじょ》」にも変化がでてきた。

本来は、ほとんどが五分の二葉序であったはずのツケナ類が、葉形の変化と生長のスピードによって、出葉から展葉の時差(時間的長短)で、葉序は八分の三に、あるいは、すこしずつのズレは、葉序をらせん化した。

この葉序の変化は、葉脚の発達が直接の原因であろう。というのは、五分の二葉序で規則的に展葉すれば、生長部を圧迫して、結球性になるからである。それよりも、つまり結球するよりも、開張性に生育することが、ツケナ類にとっては都合がよかったのだ。とくに冬期は、ロゼット状が各葉の日当たりをよくし、耐寒性の効率を高めるので、葉序にズレができるのである。

ズレは広い葉に大きく、細葉になるほど小さく働いて、外観はロゼット様になる。だがこれは、ホウレンソウのロゼットとはちがう。ホウレンソウは多葉性で真のロゼットであるが、ツケナは下葉から枯れ落ちるから擬似ロゼットである。ロゼット構成の葉数が少ないのだ。

図4は、タカナ類の葉形変化（細葉系から広葉系へ）で、葉序のズレがすくなくて、つまり、らせん葉序である。

らせん葉序でも、広葉になると、生長部を圧迫して結球性になる。まだ、タカナ類では、完全結球性品種はないが、図4の右端は、一方へよじれた広葉の「捲心《けんしん》」性である。

もっとも、葉序にズレがなくて、各葉に日当たりをよくするには「雪白体菜」（シャクシナ）のように、いつまでも高脚性で、葉柄を長くしておかなければならない。図6（四三ページ）は、そのもようを知るために、雪白体菜を晩秋にタネをまき、寒中の開張性に生育しているときの草姿である。五分の二葉序で葉が重なっていく様子を株の裏側から見た図である。フダンソウのロゼット葉序（七八ページ）と対比してほしい。

この図から推測できることは、葉柄すなわち中肋の発達である。中肋が幅広く発達すると、やはり生長部を圧迫することになる。そのうえ、各葉への日当たりが少なくなっている。

中肋を発達させるタカナ類では、このことが重大事になる。たとえば、山形県の「山形セイサイ」は、九月上旬が播種期であるが、播種がおくれると、肝心の中肋の部分がよく育ってこない。早まきにすぎると、トウ立ちする。

このようにして、ツケナは、形状や性質の幅が広くなって、数多くの品種が分化したものであろう。

◎葉の雑然性を栽培に生かす

ツケナ自身が、こうした対処をして品種ができてきたとしても、人間は、ツケナの対処などには一向かまわずにツケナを育て、収穫して食べる。

たとえ人間の気まかせとはいえ、ツケナの形態（本性）を無視して、人間側から望みの葉形に統一すること（今では商品化）で、真の栽培方法が成立するであろうか。

もちろん、その不備は、承知のうえとしても、それが肥料や農薬で補足できるものでもあるまい。ミズナ葉の複雑性を考えてみるがよい。ツケナの利用目的は〝食べもの〟であるから、多肥料で硝酸塩中毒を、多農薬で汚染野菜をつくるわけにはいかないのだ。

そこでツケナつくりは、特有の葉の変化を栽培に生かすことによって、耕地の変化（乾湿）や季節の変化（寒さや雪など）に適応させるこ →44ページ

切れ込みができる（葉脚の変化）

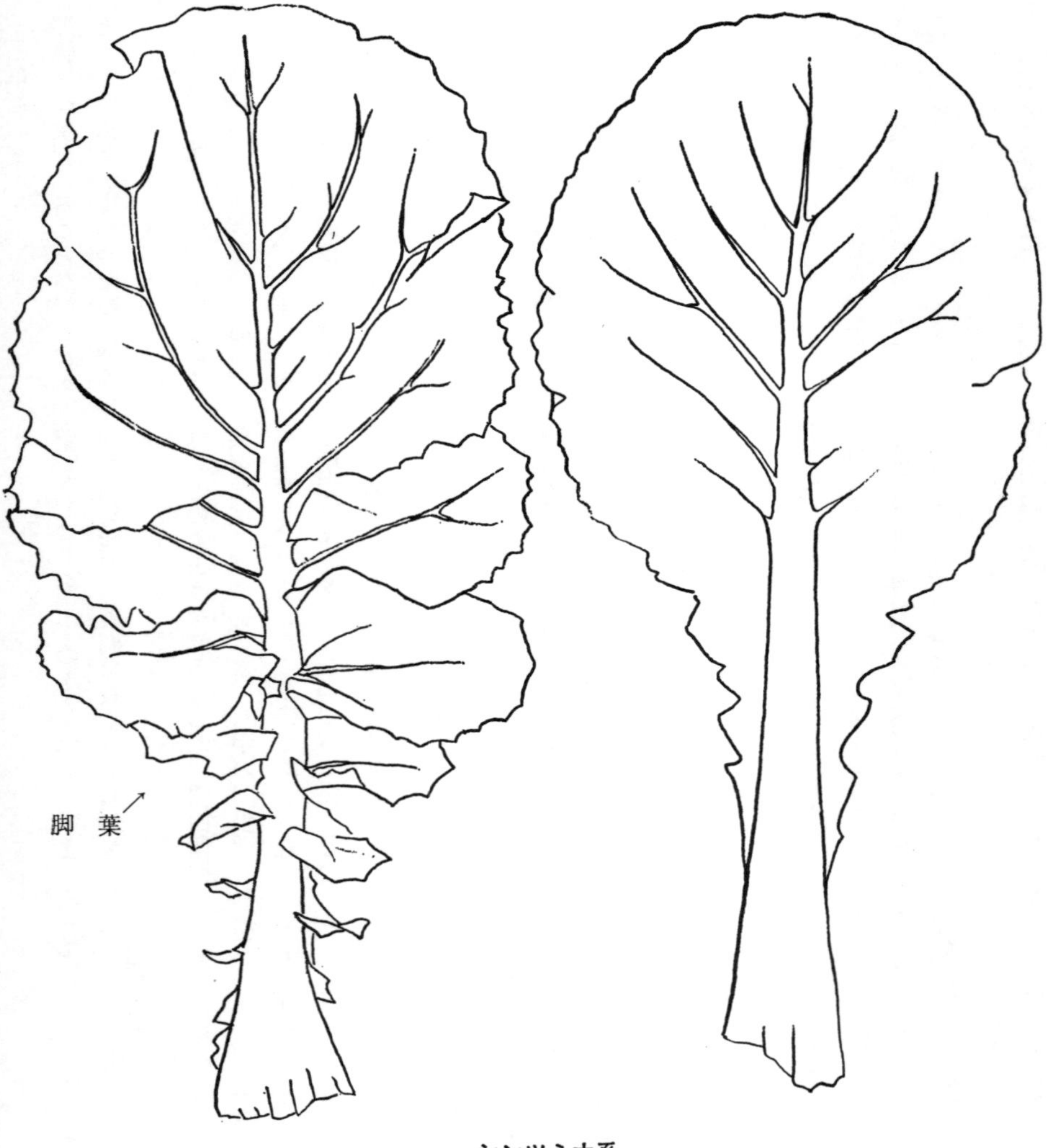

シンツミナ系

図 2　病気にならぬよう葉に

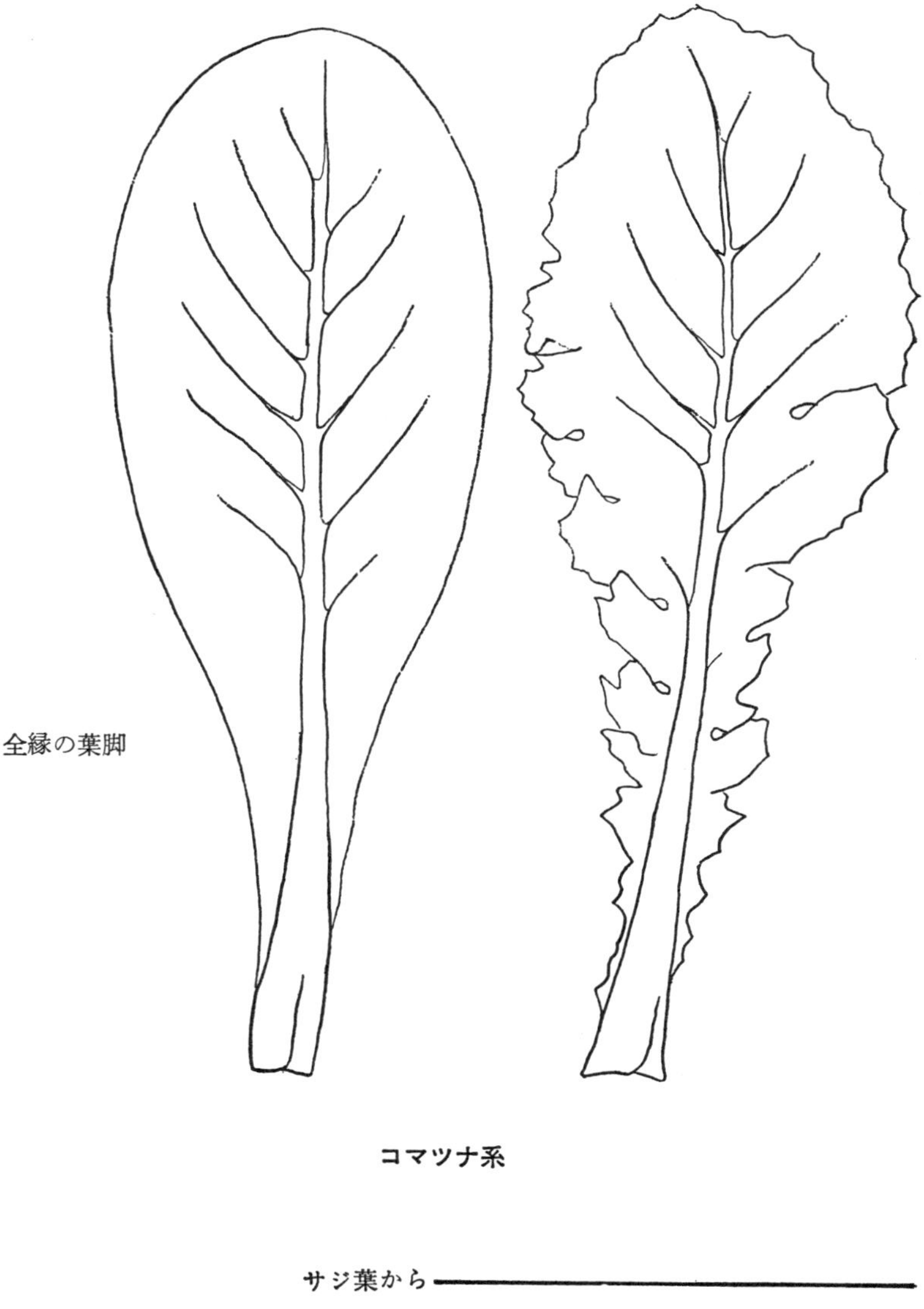

図 3　湿地では複雑な葉形をつくる

──→ 蓿(ミズカケナ) ──→ ミズナ葉へ

ナタネナ系

蕓苔から

図 4 タカナ類の葉形変化

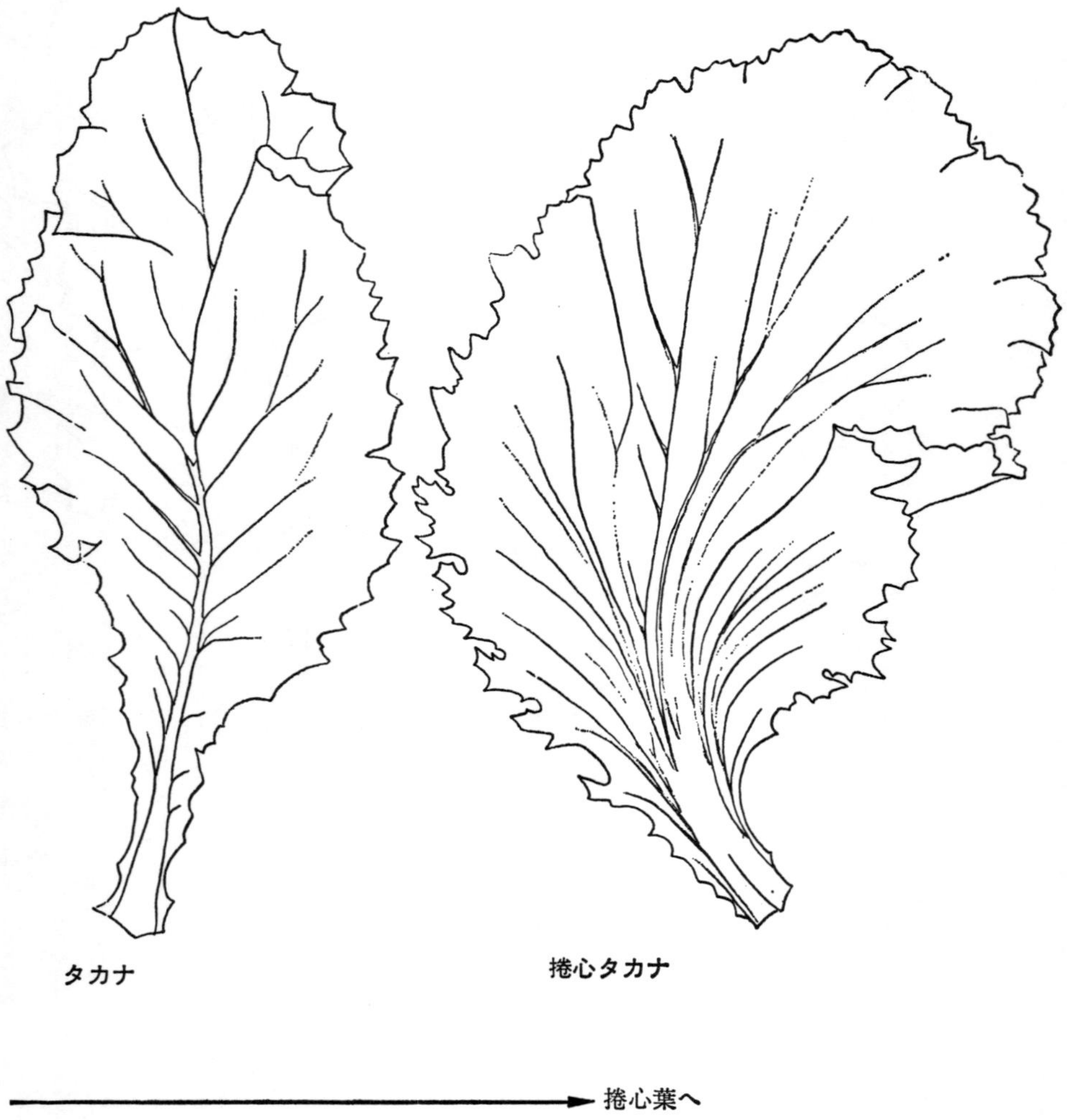

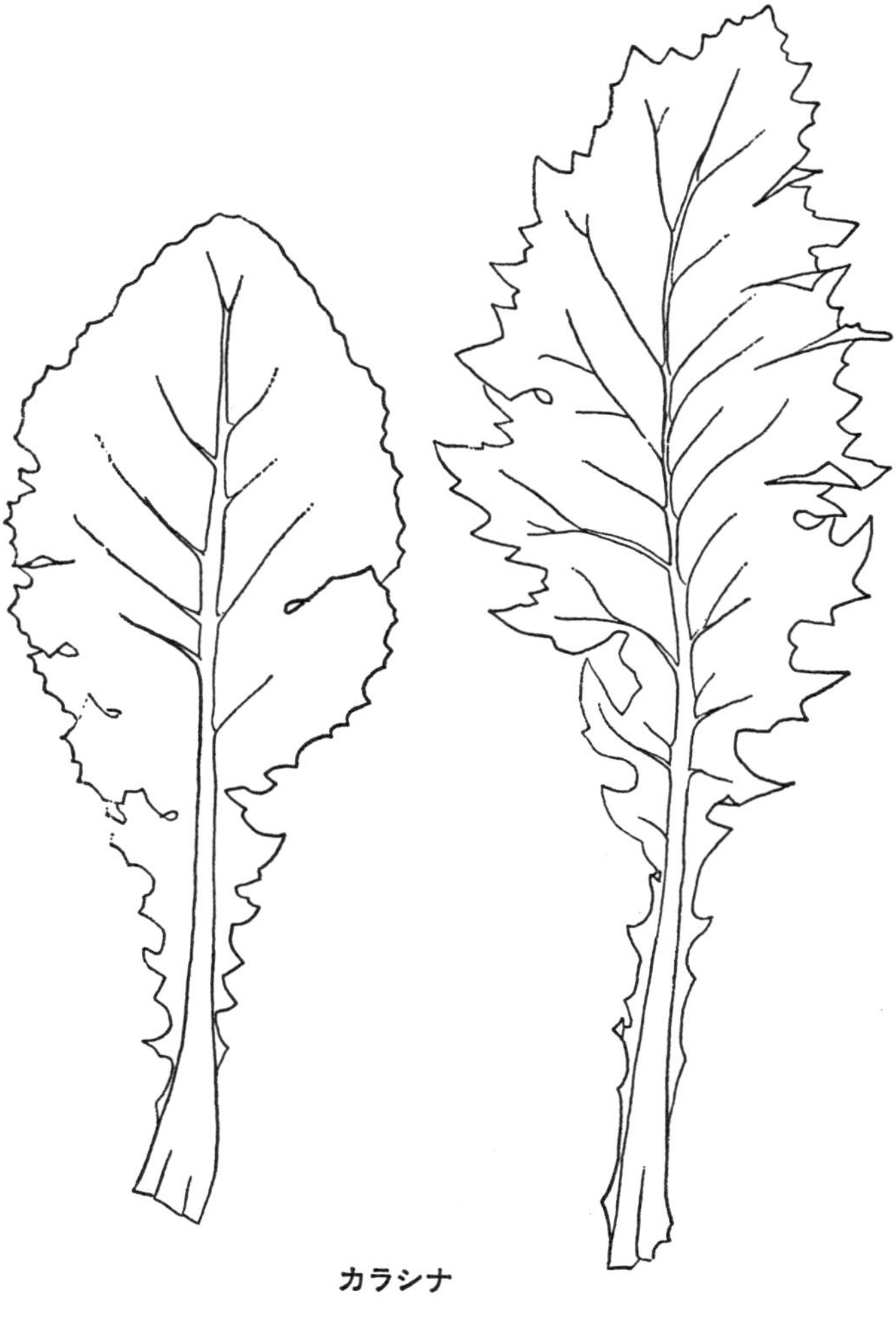

カラシナ

タカナ類の細葉から

図 5 千筋京菜の炎上葉

葉先の縮れは巧妙か特異か

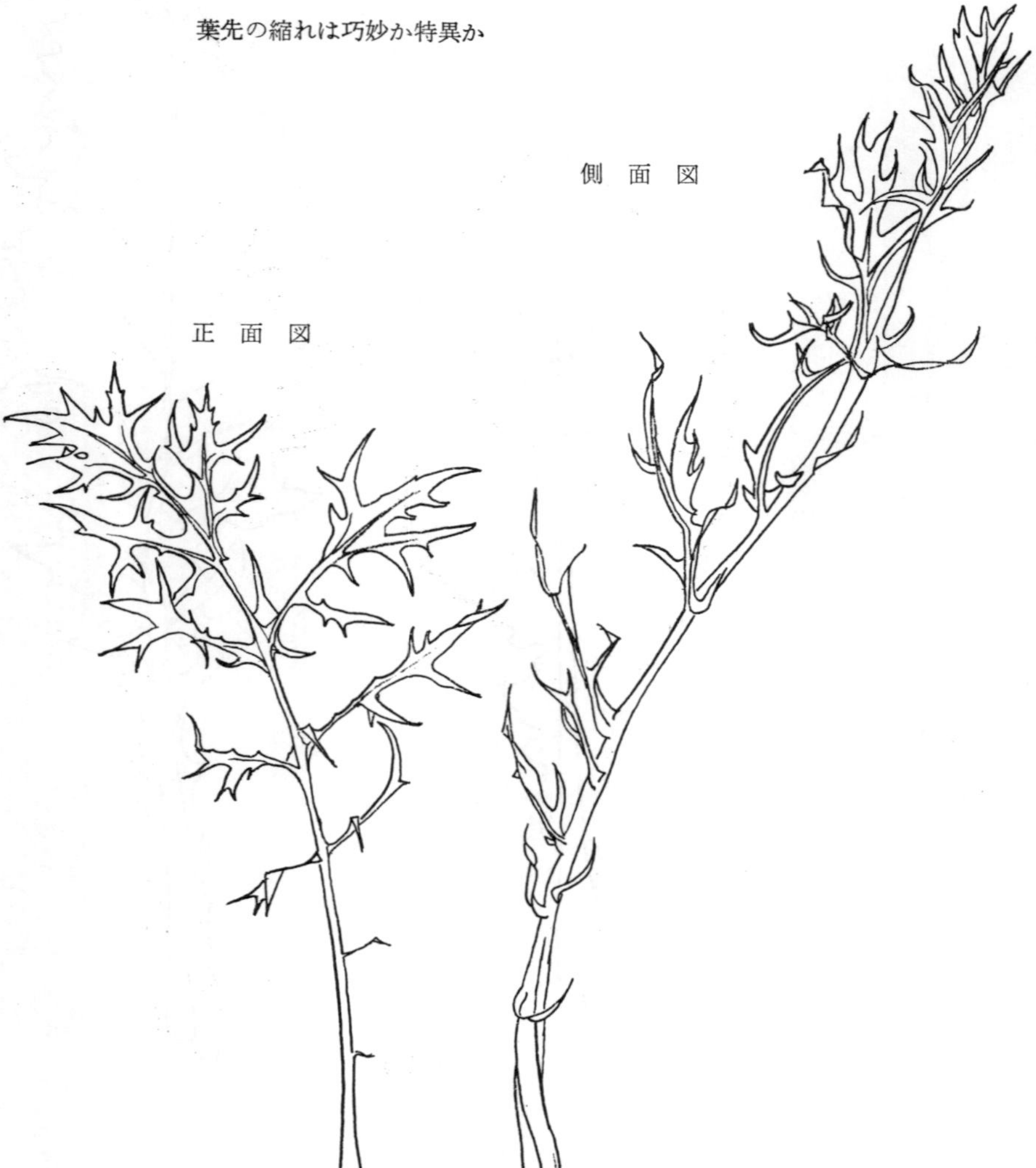

図 6 葉が重なっていく5分の2葉序（品種：「雪白体菜」）

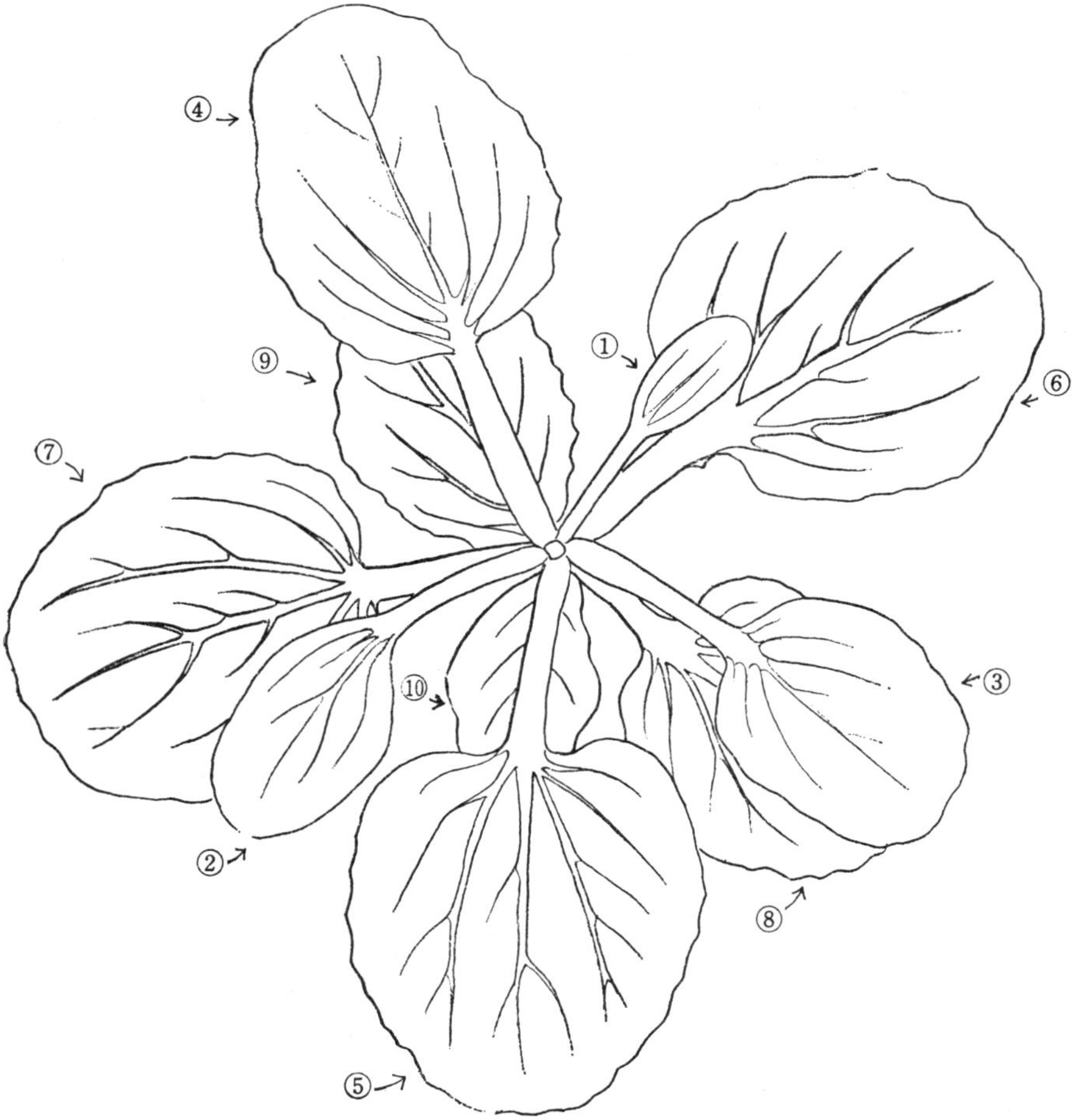

注．裏側から見た図—数字は第1葉から第10葉を示す。

とが大切である。

それは、いろいろな葉がまじりあって(これを雑然性という)、共存の生活を実現させるようにすることである。

たとえば、草姿の形状のちがい、その雑然性のなかには、病害に対する強さと、気象災害、虫害を回避する働きもある。

また、地上部だけでなく、地下部も草状によって異なる。つまり、立性は根が深く、伏性は根が浅くて横繁性であるから、これらの混生は地力維持につながる。そして、長期継続的な収穫利用の可能性をもっている、というところに意味がある。

これが、ツケナの強みというものでもある。こうした強みを生かした栽培例を大阪のシロナでみてみよう。

大阪では間引きはしない。大きくなったものから収穫していく。タネは品種を混合するわけではないが、かつてのシロナは、シロナ、シマ、マナの三つの代表グループが雑然としていたのだ。それで発芽後は、初期生育の強いシロナが目立っている。シロナを収穫すると、シマの作柄になる。シマを収穫すると、最後は晩生のマナとなる。

この生育はお互いにけん制し合って病気を出さないようになっている。いかにも合理的な耐病性があるわけだ。そして、いろいろな食べ方ができるという合理性にもなっているのである。

＊　＊　＊

日本列島でのツケナは、川から上陸して、人間とともに山へも原野へもついて回った。そして適地向きに草型を変えて、それぞれの地域にいろいろな種類のツケナが育ってきた。その歴史は、ずいぶん古いが、結局〈農―食〉のかかわりあいにおいて、ツケナつくりには、二つのパターンができた。

それは、正統的な水田裏作と、前進的な畑作とである。水田の裏作は移植栽培で、作物としての利用は、栽培後期のクキタチ菜と種子からのタネ油である。いわゆるナタネ系である。

畑作は直播して、カイワレ菜から間引き収穫をはじめ、五～六葉時のウグイス菜のうまさが最高で、それより大きくなったものは、随時、漬け菜にし、また貯蔵もする。これがアオナ系である。

このようにして、ツケナは秋―冬―春の生育につれて、それぞれにふさわしい利用法ができあがってきた。

ところがその後、ツケナつくりの変化は、こうした二つのパターンがまぜ合わされてきたこと、そしてツケナは、容易に他花受粉する作物であるということから、不明の雑種が各地に生まれたこと――それらのことが、ツケナつくりを多様化して、当然、旬《しゅん》もずれて独自の品種が各地に定着した。そして土地柄がちがえば、独得の風味があるという〝おらが村のツケナ〟が育った。ただ、変わらないことは、ツケナは、きれいな水が豊富にあって、よく育ち良いものができる、という風土である。

カ　ブ

——豊かな水で　ふっくらしたカブ

カブはツケナから分化した。水掛けでつくっていたカブナ（株菜）から分かれたものである。それだけに水との縁は深い。

畦間に水を入れて、塩類集積害を軽減してつくるカブナは、生長がよくて、多く分けつした。これがミブナやミズナである。先に書いたようにミズナは複雑な温度影響で、葉が複雑に欠刻した。その葉は細く、しかも葉先が炎上様になるから、葉面積がいちじるしく小さくなって葉の機能としての蒸散作用が低下する。こんなミズナが乾燥地で生育すれば、根部が肥大する。当然「乾生形態」がはたらいて、根部が肥大する。それでカブは、葉のはたらきと根にストックする養分との関係での産物である。

そしてカブのついたツケナは、他のツケナと交雑して、カブそのものの形に変化ができて、それぞれの土地に適した品種が分化した。

そこで、ふっくらとした肉付きのよいカブは、豊かな水と、それぞれの品種にふさわしい栽培技術が必要である。

いわゆるカブは、野菜地帯の発展してきた歴史を示している。

◎カブは水一升金一〇〇円の代物

ではいったい、カブといっているあの根球は、何であろうか。まず、図1を見ていただこう。この図は、カブの生態を考えて作成したものである。

原型のカブナの分けつ部は、低い円錐状で、いわゆる葉座（盤茎状）となっている。この図では、うす黒くぬりつぶした部分である。

葉座の盤茎は、水につかると生長部が弱るだけでなく、盤茎そのものも腐敗しやすくなる。それで、地上から浮き上がって《ウキナ＝浮菜》になる。

ヒゲ根は土中にあり、しかも盤茎部が浮き上がっているから、その中間の直根部が肥大してカブになる。そのために、カブは根が浅くて、水分の要求量が多い。だから土壌水分が不足すると、生育日数が長くなり、品質もわるくなる。

このような水との関係で、カブの太り方には二つあって、「とがり系」と「うき系」とに分けられる。とがり系は、水をもとめて吸込《すいこみ》性となり、うき系のふっくらした肉付きは、豊かな水があってのふくらみにほかならない。

どちらも肥大した根球に養分を貯蔵して、自然環境の変化にそなえることにはかわりはない。それがカブ特有の糖質である。寒くなると、そのきびしさに耐えるために、カブが甘くなるのも気象環境への対応である。

それで、根球は〝水一升金一〇〇円〟の代物である、とカブつくりがいう。

◎根球の太り方は土壌水分で決まる

カブの適地は、排水がよく、しかも地下水位の高いことが優品生産につながっている。

このように、カブで大切なのは土中水分で、根球の肥大は、水分の豊富なときには丸形となり、水分が少ないと細長くなる。このカブの根球肥大の仕組みは、ニンジンとよく似ている。とくに、カブのうき系と短根ニンジンは、まったく同様であろう。

通常、カブの栽培では、多灌水によって、収量が増加する。そして、灌水の時期は発芽の当初から、主に生育前期に多灌水すると、地上部（葉数と葉重）が増す。また、根球の肥大開始後から収穫期までの後期に多く灌水すると、地下部（根球）の肥大効果が大きい。

それで、利用部の生長を考えて、とがり系は前期灌水型が、うき系は後期灌水型の栽培が、それぞれ利用部の収量を多くする。

とはいうものの、極端な灌水量の増減は、裂根の原因となる。とくに裂根は、生育の後期に発生することが多いので、後期灌水型のうき系は裂根しやすい。さらに、根球の過熟は、裂根をおこすから、大カブよりも生育期間の短い小カブが割れやすい。

◎間引き方は品種によってちがう

カブはハダの色ツヤで勝負する。ハダを美しくする決め手は、立毛の作柄による。適当な間隔で育っていることがよいにちがいない。が、それだけときめつけるわけにはいかないものである。カブつくりでは、播種と間引きにコツがあるからだ。

普通、カブは、一般のツケナより葉が細長くて倒れやすい。倒れると生育がわるくなり、根球の形もわるくなる。やはりニンジンと同様で、発芽直後は、やや密生しているほうが生育も早く、葉伸びもよく、しかも倒れにくい。そうするために発芽密度は、適正にすることである。

とかく、発芽密度の不整は、間引きで解決できると思いがちである。だがカブは、間引きでの手直しは、もう手おくれの策になる。

カブは、タネの発芽率と播種量との関係が発芽密度をきめるから、解決はタネまきのとき、すでに考えておくことである。

理想的にいうならば、発芽密度は、双葉が展開したときに、たがいにふれあわない程度が最良であるということだ。それで小カブつくりの慣行法では、播種量の目安は、反当たり四〜五デシリットルくらいとしている。

発芽後の間引き方については、カブの収穫には根球と葉とのそれぞれの専用種および両者の兼用種とがあって、その品種によって、生育状態がちがっている（図2参照）から間引き方もち

図1　カブの生態型と基本品種

根形	偏平カブ		カブナ	腰高カブ
	うき系		原型	とがり系
	ヒゲ根が少ない			ヒゲ根が多い
品質	肉質多汁		葉専用	肉質ち密
利用部	根球	根球と葉		葉と根球
収穫法	ベタ抜き	間引きどり		
間引き	本葉2枚で間引く	間引きはしない		
葉姿	開張性	立性		
地面	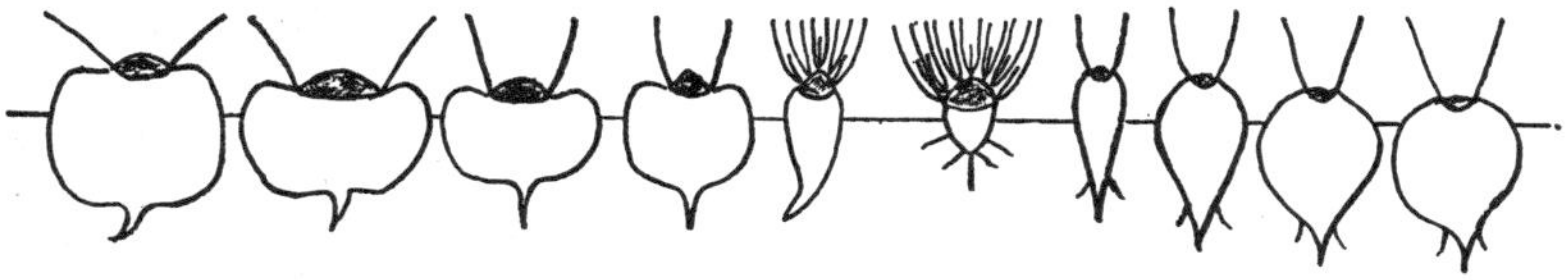			
代表品種	金町(小)、聖護院(大)、温海(色)、改良博多、近江、博多、弘岡、寄居、樋の口(小)、今市(小)、津田(色)、鳴沢(色)、ウキナ、ミブナ、ミズナ、すぐき、とがり(小)、切葉天王寺、万木(色)、大野(色)、天王寺			
栽培型	後期灌水型・裂根しやすい		前期灌水型・裂根少ない	

注．品種別の根球の大きさは考慮していない
(大)は大カブ，(小)は小カブ，(色)は着色種である。

図2 カブの生育状態

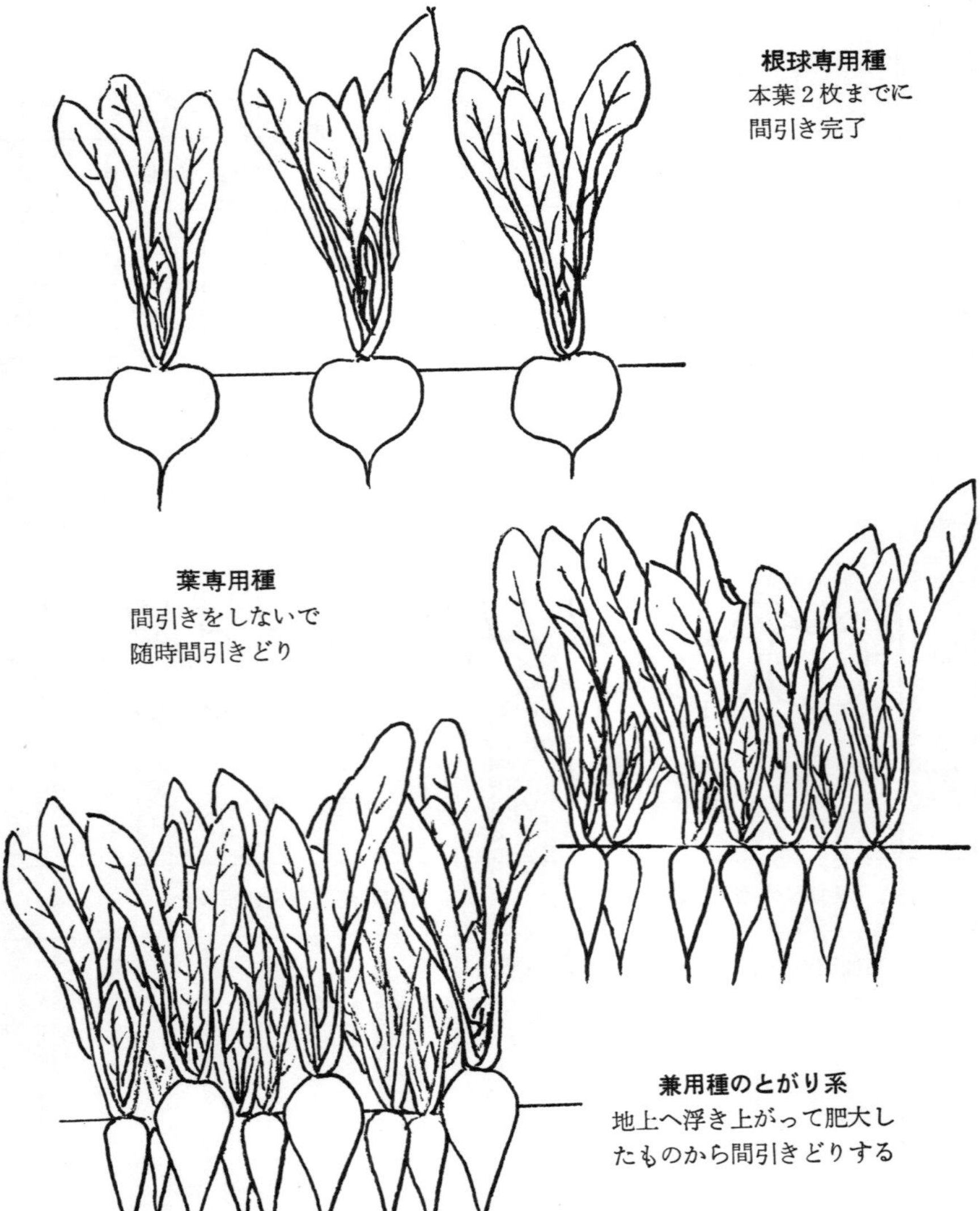
根球専用種
本葉2枚までに
間引き完了
葉専用種
間引きをしないで
随時間引きどり
兼用種のとがり系
地上へ浮き上がって肥大し
たものから間引きどりする

図3 カブの姿

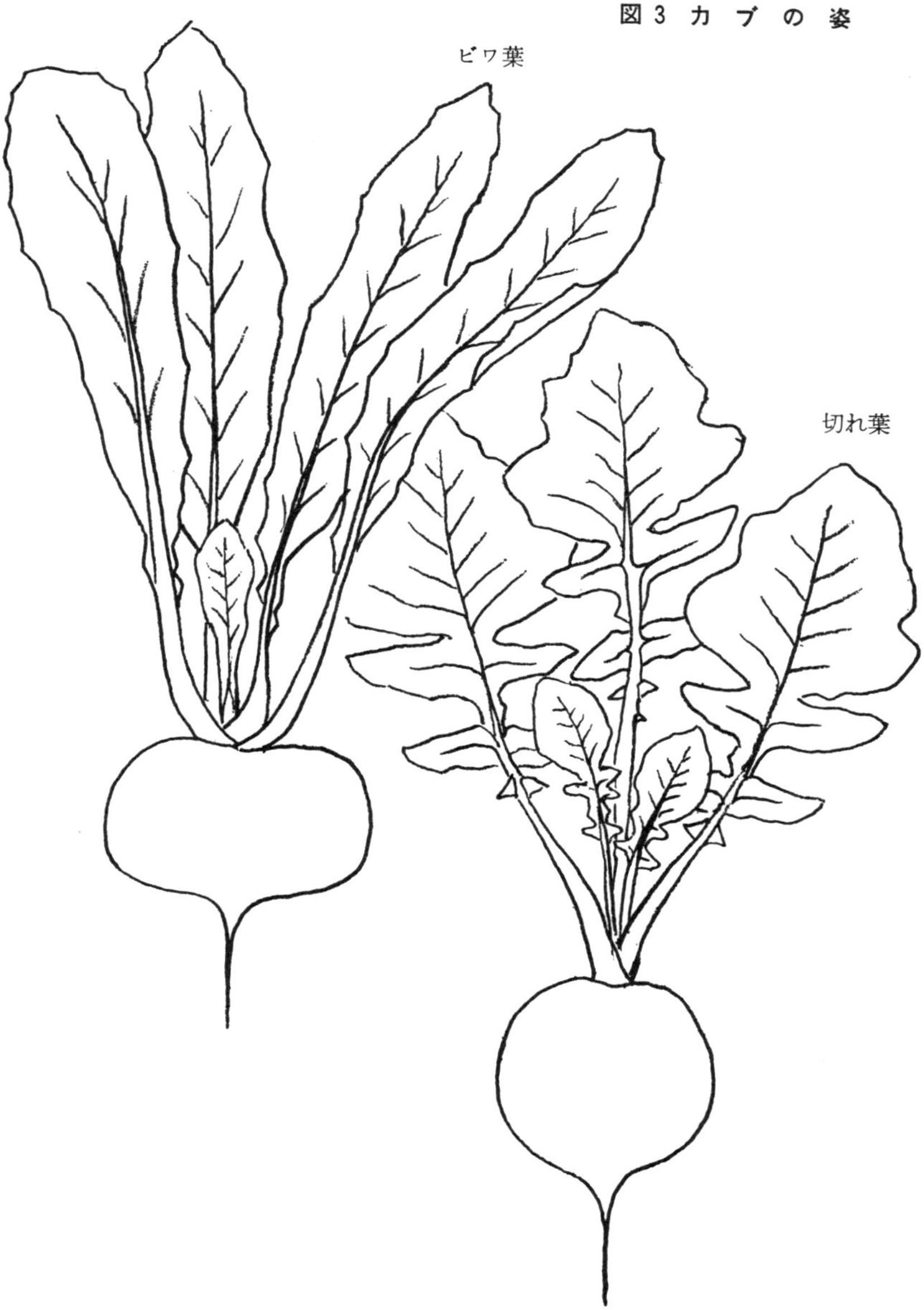

がってくる。

まず、根球専用種は、株間が狭すぎないように、間引きをおくれないようにしなければならない。とくに葉姿の開張性品種は、早くから間引きをすることである。たとえ小さな金町カブでも、本葉二枚のころに〝コブシがはいる〟くらいの株間に間引くものである。それが色ツヤのよいそろったカブを「ベタ抜き（いっぺんに収穫すること）」にできるコツである。

葉専用の品種は、間引きをしないで、発芽密度のままで密植しているほうが良質のツケナになる。収穫は、ころばないていどの株間を保ちながら、随時、間引きどりをつづける。

根球と葉との兼用種では、うき系は、生育後期の肥大がよいので、早くから葉カブの間引きどりをする。とがり系は、間引きがおくれても、肥大のよいものが地上へ突き上げられる格好で、浮き上がって太ってくる。そのように肥大したものから間引きどりすればよい。

つまり、カブは図1に示したように、品種の生態型を理解しなければ、良質生産はできないものである。

◎時期はずれの良質生産はムリ

にもかかわらず最近は、金町カブの周年栽培をめざしている。そして夏まきでは、腰高球は根球がとがりやすく、偏平球ほど割れやすいといっている。それを品種の早晩生で解決しようと思っているが、なかなかうまくいかないものである。

夏まきで、根球のとがりを防ぐ方法は一つある。それは寒冷紗のトンネル栽培である。寒冷紗のトンネル内は、裸地にくらべ、日中は二度ほど温度が高いが、光線が弱くなり、地面の温度は低くなって、土の乾きが少なくなる。この条件が根球の肉付きをよくする。

だが、これにも、地上部の生育にまだまだ問題が多くある。

カブには、ビワ葉と切れ葉がある（図3）。ビワ葉は暑さに弱く、切れ葉は乾燥に強いという傾向がある。この性質と光とが関連して、葉の生育と根球の肥大とは、バランスがとれるものである。

それで輪作上、一部の夏まき用に大阪では、細葉立性の「とがり」カブが育成されている。それでも、夏まきの「とがり」は、葉専用の品種である。

結局、カブは、時期はずれに良質の根球はできないものである。ちなみに、昔の人は、旬につくったカブの良品を〝カブラとスズナ〟で表現している。カブラは、カブリ（頭）のような大カブであり、スズナは、鈴のような形をした小カブのことである。これはいかにも立派なカブだと、なっとくがゆくであろう。

第三章　結球野菜＝野菜三品

◎葉が重なって丸まった形

同じ菜属でありながら、ハクサイやキャベツは、ミズナやカブのようなつつましい態度がない。それで結球野菜は、吸水、吸肥力が強く、とくに、チッソ肥料は、たくさんやらなければならないことになる。

つまり《結球性》とは、暴飲暴食の性質が体を過剰栄養にして、結球現象（奇形化）をおこしているわけである。だからこの現象は「肥満体」である、とわたしは解釈している。

ちょうどそれは、経済合理主義の高度成長時代に、きらびやかな消費生活をして、そのために病的な「肥満体」になった人間とよく似ている。

そのころ、都市生活者の好みに適合した野菜とは、ハクサイ、キャベツ、レタスの結球野菜だった。

野菜農家の収入源も、この結球野菜に集中していたので、いつのまにか《野菜三品》という異名がついていた。

たしかに、この「三品」は、近代の文化的な生活にふさわしい野菜であった。広い葉、太い中肋、発達した葉脈、そうした葉が重なり合って丸まって、一個になっているのだからキッチンでのあつかいにも都合よかった。

ただ、レタスの結球は、キク科のロゼット葉序で重なるから、ハクサイやキャベツのような重ねのよい結球状ではない。レタスの結球は、葉がクシャクシャに重なっていて、それが結球内で腐敗しやすくして流通上の難点となり、普及もおくれていた。

◎栽培をあやつる仕組み

この野菜三品での問題は生産労働だ。三品の暴飲暴食の被害は、多灌水、多チッソの栽培が農薬の過剰散布にまでなり、そのうえ不時栽培による供給体制へ全力投球していることである。

それは農家が夏の昼寝をも返上して、バカみたいになって働くという野菜つくりのあり方が、地力を低下させるだけでなく、野菜農家は、目先のおカネと市場操作にひきずられて、農業（家）解体の危機にもなっている。

水にはぐくまれて文字通りせりあい満ちていたみずみずしいセリやミツバには、人間にとっても、必要な生理的栄養価値がある。それなのに暴飲暴食したあげく、生長のゆきづまりで結球した結球野菜は、葉の淡白な味を人間が賞味するところとなる。

それにしても結球野菜は、なぜ結球性なのか。また、なぜ過剰栄養になるのだろうか。それを検討してみよう。

ハクサイ

——「暴飲暴食」の肥満体

◎ハクサイはツケナの肥満体

野菜類の品目として、ハクサイは、ツケナ類から独立させている。しかしハクサイは、ツケナ類ともよく交雑するなかま関係にある。そうすると、ハクサイがツケナ類から分離した理由は「異常形」だからであろう。つまり〃ハクサイはツケナの肥満体〃なのである。そして肥満の原因は、ハクサイの「暴飲暴食」性にある。

つまり、チッソ（N）をどんどん吸収して肥満体になっていく、これがハクサイの特性である。

植物体の生育では、炭水化物（C）とチッソ（N）との比率（C—N率）によって生育の内容が支配されているが、ハクサイはNの率が高い（C—N率が低い）わけである。

この関係を動物でいうと、Nはタンパク質、Cはデンプン質にあたる。タンパクのとりすぎでは動物も肥満する。

◎急を要する葉の展開

もともと、菜類は、川の水際に育つものだったから、つねに株元と根は流水で冷やされ、そのうえ水分摂取は、したいままの環境にあった。だが丘にあがった「菜」は、葉脚を発達させることで直射日光や高温から根をかばうようになったのだ。

つまり、葉は五分の二の葉序で分化し、その葉組みによって株元への直射をさけ、温度調節をして根をかばうのである。だからこの葉組みは、急を要するから、生育のスピードを速めるわけだ。このスピードの一番速い菜がハクサイになったのである。それだから、過剰栄養はやむを得ないことだった。そして《速すぎる生育》は、多肥栽培によって、より結球性を高めた。

ハクサイは、発芽からスピードが速く、たいていの土地で、三日以内に発芽する。発芽後二〇日余りで、本葉が六～七枚になる。その後の生育は、さらにスピードを速めて、発芽後四〇日ぐらいで、すでに二〇枚の本葉が展開する。そうすると、葉序の葉組みは、茎立ちしないかぎり、中心部を圧迫することになって、心葉が立上がってくる。それがほぼ一八枚目ころから始まって、だんだんと内葉は抱き込まれてしまう。

この生育速度は、発芽後六〇～七〇日ごろまでつづいて、葉数七〇枚ていどの結球ができる。そして、心葉が包まれたままで、もうどうにもならない生育の圧迫状態を、結球の「しまり」

図1　初期生育の比較

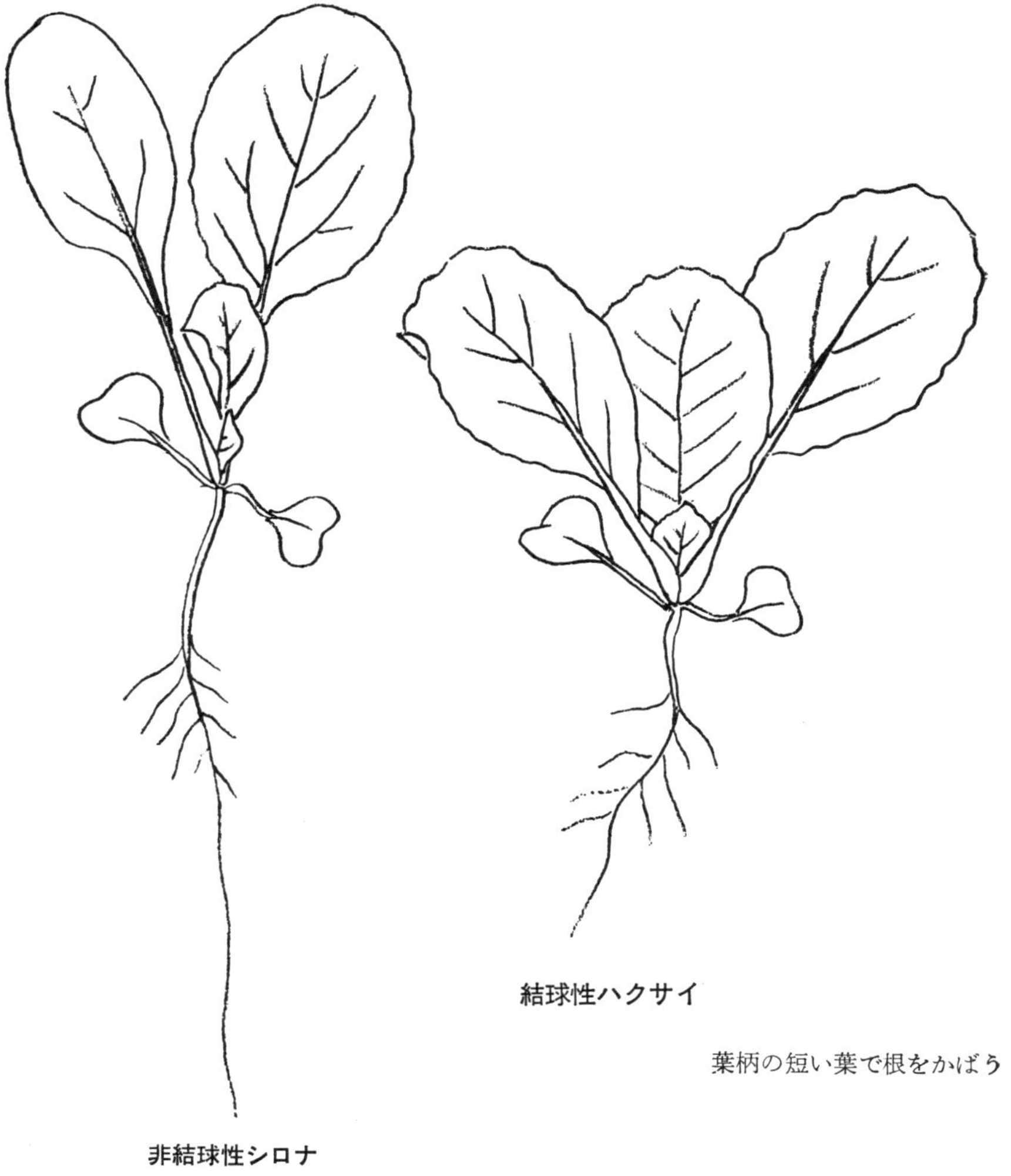
結球性ハクサイ
葉柄の短い葉で根をかばう
非結球性シロナ

図2 受光態勢の比較と5分の2葉序

数字は葉の展開順序

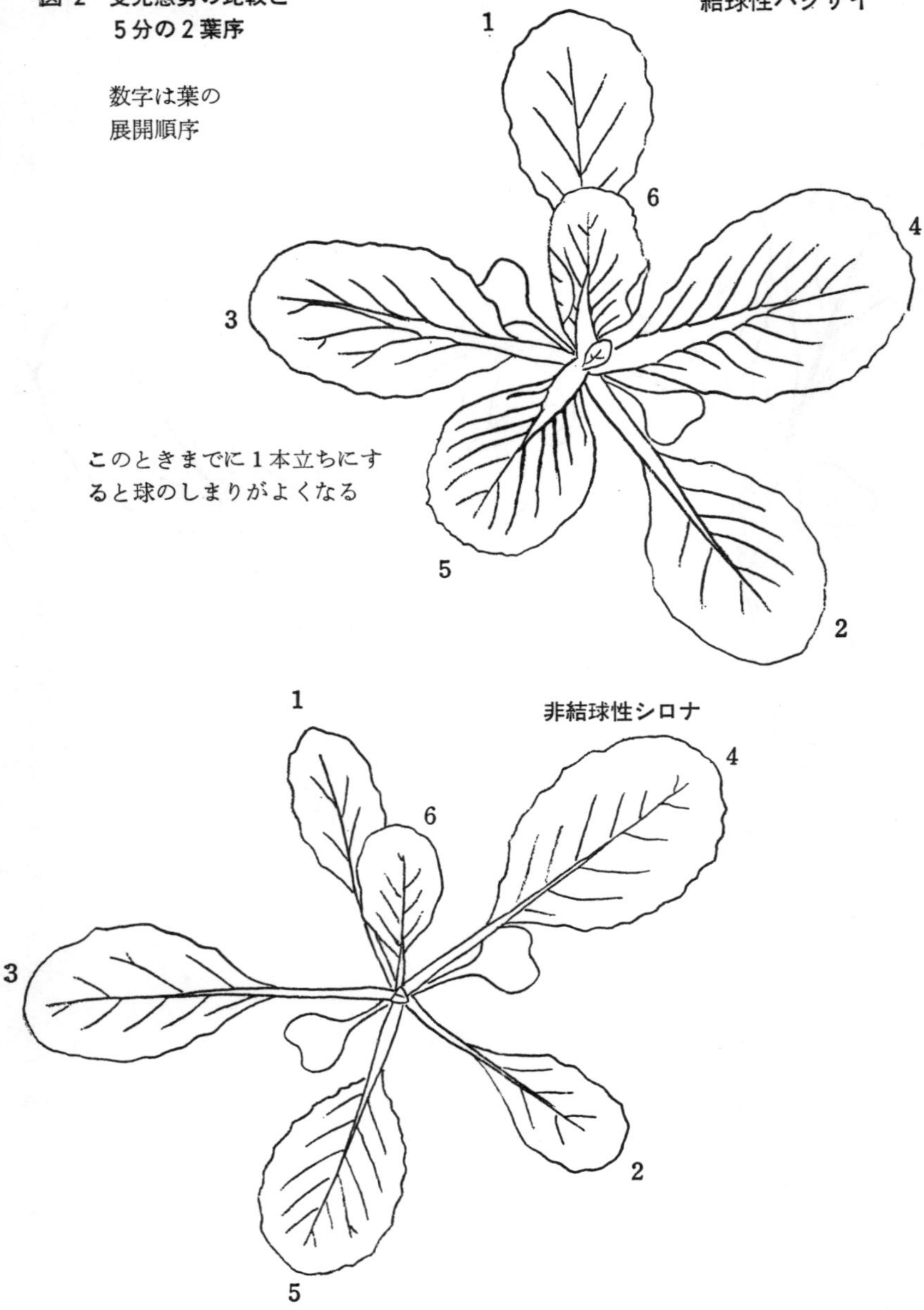

このときまでに1本立ちにすると球のしまりがよくなる

図 3 中肋と葉脈の発達

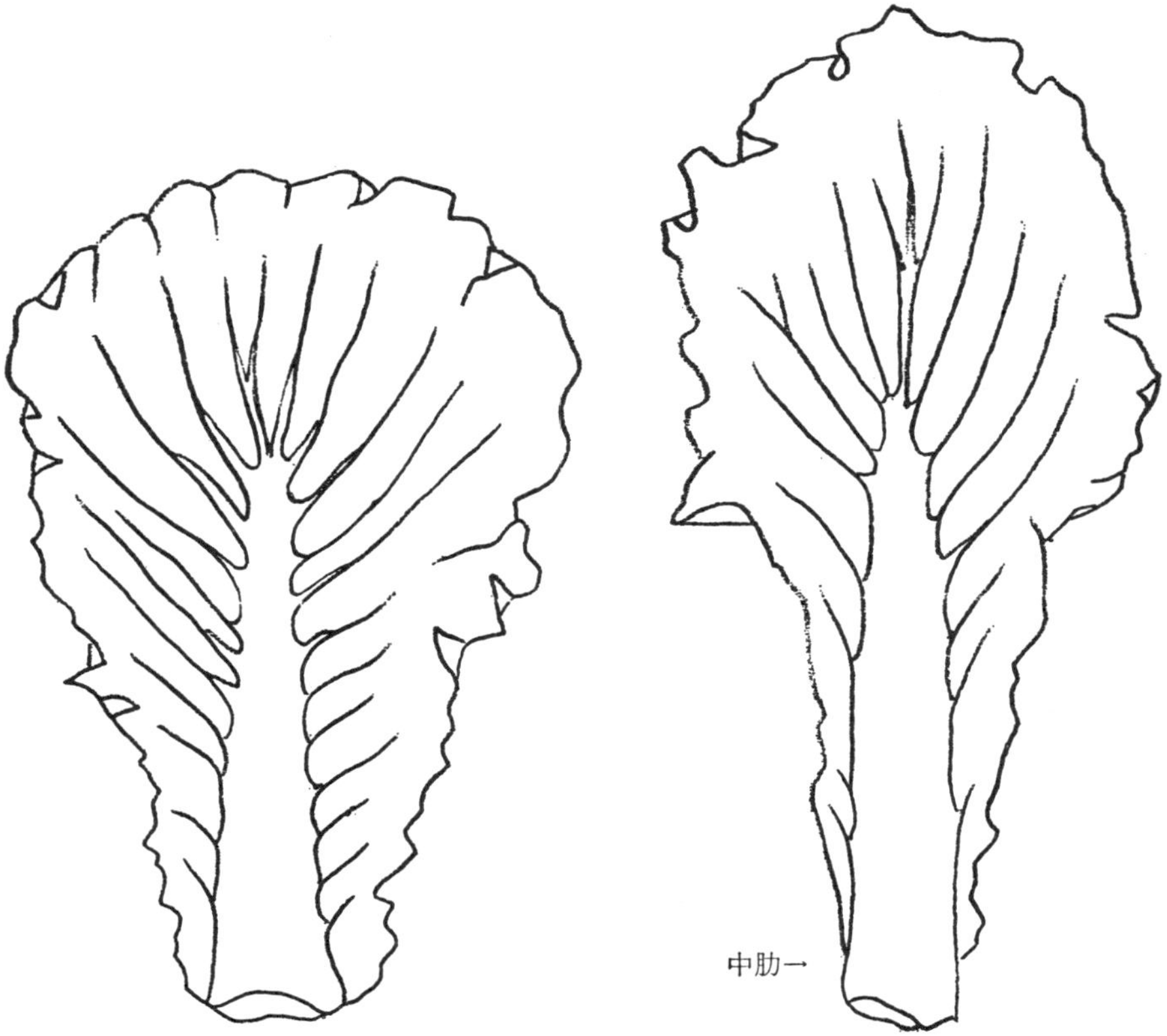

結球性ハクサイ　　半結球性ハクサイ

がよいといっているのだ。

ところで、播種期がおくれると、後半の生育速度が遅くなる。冬の低温や、乾燥が生育をおさえるのだが、結局は結球がうまくいかないで草姿は開張性のままで越冬する。

◎大きな外葉を確保する

さて、そこで、この生育経過を図を見ながら、なぜ結球が緊密になるのか、その生理機構を考えてみよう。

まず図1は非結球性と結球性との初期生育を比較したもので、結球性のハクサイは直根が短く、ヒゲ根が横にひろがる。そのために、葉柄の短い葉で葉組みして根をかばう。それは光の直射をさえぎり、地表の温度を調節し、さらに土の乾燥をも防ぐことである。だから、すでにこのとき、暴飲の体質ができる。

水を多く飲むほど、多く蒸散しなければならないので、代謝機能がはげしく働く。それで葉形は葉先に向けて広くなる。葉が広くなると、しぜんに開張性となる。葉面積が広くなって、草状が開張すると、各葉の受光量が多くなる。こうした葉の働きのくりかえしは、生長素の代謝を活発化する。図2はこの受光態勢を真上から見たものである。

ところが、五分の二葉序の葉組みは、図で見るように、六葉目が第一葉と重なってくる。この重なりにより葉組みが立体化してゆき、それが中心部を圧迫することになる。

茎の立たない草性での葉の重なりは、葉組みの立体化が結球運動の起因になる。その結球体が収穫の目的だから、能動的な外葉を確保するために、本葉六枚目が展開するまでに、間引きは完了して、一本立ちにしておくことが、結球のしまりをよくすることになる。つまりハクサイの間引きは、細葉のツケナよりも、いつも株間を広くとって、開張性に育て、しかも第五葉時に一本立ちにすることなのである。

◎結球は外葉の受光態勢が引き金に

つぎに、外葉の受光態勢がととのって、生長素の代謝が活発になると、炭水化物（C）がふえ、植物体の生育を支配するC—N率が高くなる。そうすると、こんどはそれが暴食の現象となって、貯蔵養分は葉柄（中肋《ちゅうろく》）に集積される。そこで図3をごらんください。

ハクサイの葉は、中肋が発達して、幅広く、厚みも増してくる。それにしたがって、中肋から分岐している葉脈も、数多く、太く発達する。葉脈の発達は、葉の縁を引っ張る。それが抱合をはじめたら、たがいに離れないようにつかみ合うから、心葉は包まれる。それがますます中心部を圧迫するから、結球内の葉は、中肋が伸長できないので、幅広いまま短くて、いよいよ太い葉脈数が増加する。そこで結球は、緊密になるばかりである。

この生長のゆきづまりで結球したハクサイ自体は、不完全な体形である。

キャベツ
——ぜいたくな吸収でチッソ中毒

◎〝漬菜と甘藍〟は兄弟

キャベツも適当なおしめりがあれば、どんな土地にもよく育つ。水がキャベツを育てることに変わりがない。

ところでいま、ここでいう《キャベツ》とは、従来、和名が「甘藍」とか「玉菜」といわれていたものである。もともとは洋菜だが、今では最もポピュラーな野菜のひとつになっている。

しかし、カンランという名称のなかには、たとえば「葉カンラン」のように、ダイコンの葉のような細い欠刻葉のものもある。

つまり、もともとはツケナ類の葉形分化とまったく同じように、いろんな葉っぱがある。だから、ずっとずっと以前には、カンラン類の分類は、菜属と混同されていた。

やっと一九世紀の初めにド・カンドルは、ナタネとカブをカンランの分類表から、はっきり切りはなして、今のカンラン類が成立した。それほど形態や生理に共通性があったのだ。

それで、ツケナ類とカンラン類、あるいは「ハクサイとキャベツ」というように便宜上分けていても、内容的には兄弟である。

◎体内チッソはぜいたく吸収から

もともとキャベツは、吸肥性が強い。なかでもチッソは、吸収量の全部が、栄養体構成の主体である有機態になるわけでなく、多くは無機態で、必要に応じて有機化する。それで過剰の無機チッソが組織内には、いつも存在しているのである。

そこで、キャベツの体内チッソは、「ぜいたく吸収」しているのだから、体内でのチッソは、アンモニア態であるよりも、硝酸態であるほうがよい。アンモニア態チッソは、長期間体内にあると、これが毒作用を呈するようになるからである。もっとも肥料としても、同一施肥量では硝酸態チッソのほうが、生育が順調で安全だといわれている。

といって、多チッソ栽培の毒害は、いっぽうで苦土やその他の微量要素を必要とする。この微量要素は、養分の吸収、消化にさいして、酵素作用の活力剤となるからだという。しかし本来、こうした活力剤的なものは、天然供給量で十二分に足りていたものである。それなのに最近、この欠乏症がおきてきたため、肥料として考えねばならなくなった、としている。それはもう、キャベツがチッソ中毒症なのである。

◎幅広葉の結球タイプ

ところでチッソ過剰のおよぼす栄養上の問題は、葉形の変化である。キャベツだって、第一本葉からごく初期の葉は、葉柄が長く、タテ長の頭大高脚性である。だが、体内栄養のチッソ過剰がすすむことによって、しだいに横幅の広い大きい葉となる。

つまり葉数の増加につれて、広大な葉形を仕上げるものだから、葉面積は加速度的に増大する。それが光合成量の増加となって外葉が発達する。

この外葉の受光態勢が「結球」への引き金になることはハクサイの結球性と同様である(五六ページ参照)。ここでハクサイとちがっていることは、幼苗時の初期生育の速度である。初期生育の速いハクサイは、持ち前の五分の二葉序で中心の生長部を圧迫してしまう。

キャベツは、ハクサイよりも初期生育がおそい。それなのに葉の幅が広くなるので、受光態勢としては、葉序にズレができてくる。いわゆる八分の三葉序になり、さらに葉序は、らせん化する傾向にある。キャベツの結球タイプは、この葉序のズレによって決まってくるものである(図1)。

結局、キャベツは、ぜいたく吸収のチッソ栄養が中心となって、結球態勢がととのってくるのだから、良球生産は、外葉形成期の生育を順調にしなければならない。結球期にはいってからは、たとえチッソ肥料を多施用しても、もう結球は、充実しない。すなわち「チャボ玉」現象がそれである。

チャボ玉は、大苗定植で植え傷みしたり、外葉形成期での乾燥が発生原因になる。

◎つくり方の決め手

キャベツ栽培には、育苗から定植までに、いくつかの決め手がある。

本来、キャベツは、七〜八月を中心に播種し、秋の適温期を利用して、いっきに生育させるものである。外葉の生長は、平均気温一五度から二〇度が好適だからである。

だが、関東地方より北上するほど、この生育の適温を求めるには、播種期が早くなって、初夏まきとなる。

他方、暖地に向かうほどおそまきができる。そして年平均気温五度地帯では、晩抽系品種の成立によって、大型の夏まき晩生種が四月どりを可能にした。いっぽう、四月どりは、秋まきの早出し栽培と収穫期が交差するようになって、それぞれの交配種が育成された。それが品種分化と作型分化を複雑にした。その決め手には外葉の葉形が基本的に支配している。その代表タイプが図2である。

とかくキャベツは、暑いときに育苗をするので、幼時の生育速度はおそい。発芽した苗は、約二週間で図3のような大きさになる。この時が移植のチャンスである。

この図示の時点より移植がおくれて、苗が大きくなると植え傷みがひど

図1 キャベツの結球のタイプ

葉序	タイプ
八分の三 → らせん化	葉数型 / 葉重型 / 重量型

葉数型

〈特性〉
偏平大型
葉がうすくて品質よくない
夏まき耐寒性

〈品種〉
サクセッション・野崎早生・
増田中生・大御所

葉重型

〈特性〉
腰高中型
品質はよいが裂球しやすい
秋まき耐暑性

〈品種〉
アーリースプリング・中野早生・
富士早生・豊田早生・野崎早生

重量型

〈特性〉
球形小型
固くよくしまる
葉質もかたい
時なし耐病性

〈品種〉
ダニッシュ・南部・理想・
四季どり

く、根の伸びが弱くなって、初期生育がわるくなる。よい結球への決め手が、まずここにある。

移植後、さらに二週間で、本葉三〜四枚になるから、そろそろ定植のチャンスをうかがう。キャベツの定植は「本葉何枚で」という考え方ではなくて、四〜八枚の間に絶好のチャンスをねらうことである。

絶好のチャンスとは〝今日は快晴で、明日が曇天〟という日である。この曇り日をねらって定植し、しかも小苗定植ほど、初期生育が順調にすすんで良球を結ぶ。この定植のチャンスは、最大の決め手になる。

◎体質的形態変異

キャベツ類には、いわゆる《変種》が多い。いま一般に知られているものを列記すると、キャベツ、紫キャベツ、ちりめんキャベツ、芽キャベツ、カリフラワー、ブロッコリー、コールラビー、ケール、それに色彩の美しい葉ボタン、みな「キャベツのなかま」だ。

こうした変種間における形態特性は、栄養器官のもの（キャベツ、芽キャベツ、コールラビーなど）だけでなく、生殖器官のもの（カリフラワー、ブロッコリーなど）にも大きな変異があり、個性がある。そして、それぞれの雑種もできる。でも、キャベツ類の変種間の雑種後代は、きわめて複雑な分離である。ちょうどミズナの炎上葉のように……。つまり、キャベツ類にも、遺伝因子的な理論値なんて、とても考えられない体質があるのだ。

◎複雑になる花芽分化

そこでキャベツの花芽分化（花成作用）は、栄養器官と生殖器官との器官の形成過程で、複雑な体質（変異）を示す現象になる。

ところが、キャベツ類の変種間（キャベツのなかま）の雑種にみられる複雑な体質は、キャベツの品種間に花芽分化期の差をつけている。そのことがキャベツの周年栽培を可能にした要因である。通常、キャベツは、植物体がある程度大きくなって、葉、茎をつくって、（栄養器官の生長）から低温にあうと、花成がすすみ（生殖器官の形成）花芽分化して、トウ立ちする。

一般的には茎の直径五〜六ミリ以上の苗が、平均気温一〇度に一カ月以上あうと花芽分化する。しかしその期間や、低温に感応する苗の大きさは、品種によってかなりの違いがある。

実際に、発芽間もない小苗で感応する葉深系から、本葉六〜七枚でも余り感応しない秋まき早生系まで、品種間差異は大きい。

つまり、感応の程度差によって抽台《ちゅうたい》（トウ立ち）座止とか、柳葉とか、落ちやすい蕾の形成などもあるわけだ。

このような複雑な体質を利用して、栽培の周年化は実現してきた。

同様にして最近は、カリフラワーやブロッコリーさらに芽キャベツも、周年化を目ざしている。

図 2　キャベツの葉型

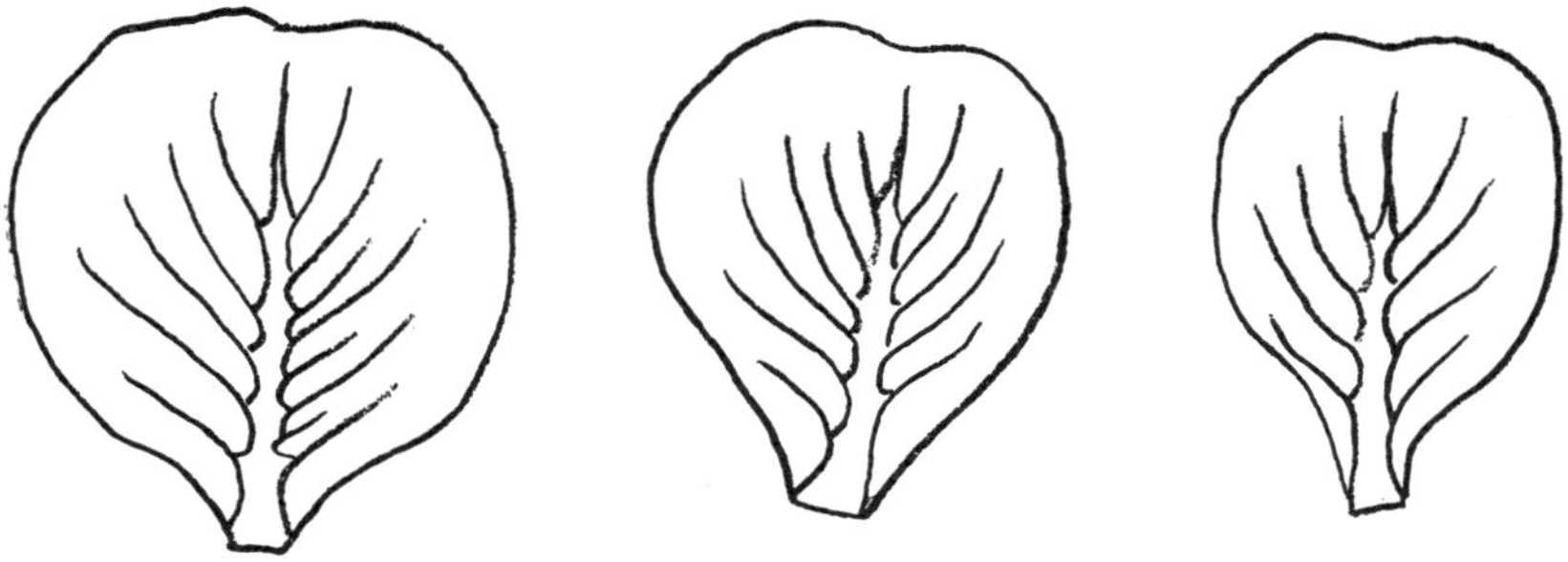

夏まき晩生系　　雑種中生系　　秋まき早生系

図 3　キャベツの第1回移植苗

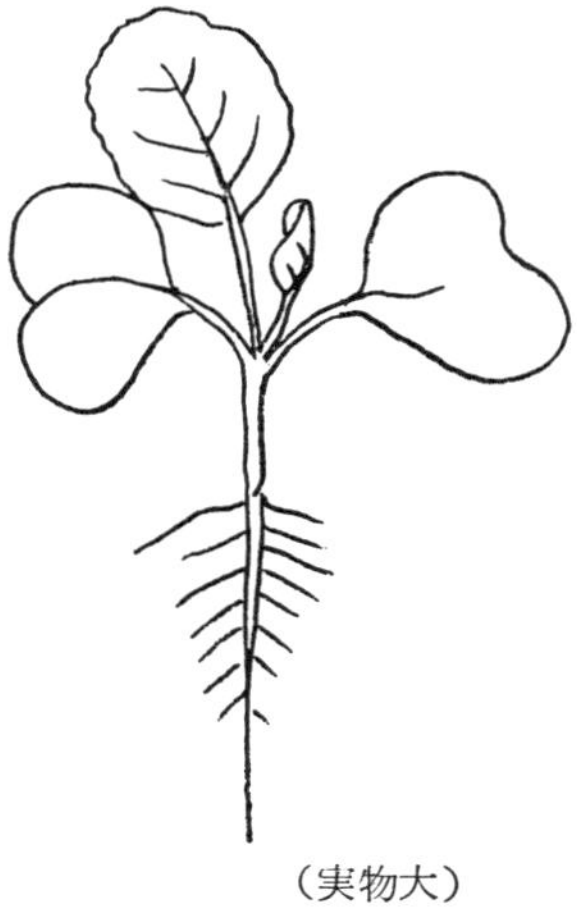

（実物大）

発芽後約2週間
このときが移植のチャンス。
これよりも大きくなると，植え傷みがひどく，根の伸びが弱くなって，良球を結ばない

レタス

――球は炭水化物の貯蔵所

◎ムリな結球

レタスは、れっきとしたキク科である。

本来、キク科植物は、乾燥地に生育するものであるから、日照り、干害には強い。

それなのにレタスは、乾燥地をきらって、ツケナの生活圏へ侵入してきた。そして、レタスも暴飲暴食したばっかりに、ハクサイやキャベツのように、結球性が発達したものである。それで結球の仕組みは、本質的にはなんらの変わりはないものだが、キク科特有のロゼット葉序（後出六八ページ参照）でのムリな結球は、外側の葉による圧迫が強くて、球内葉はひどく屈曲する。それは、結球葉の重なり方をクシャクシャにするので、外から押せば球内で葉が折れて腐敗する、という致命傷になる。

ともかく、レタスも土壌水分が多いほうが、生長が早く、結球も早い、という水が育てる野菜の一つになってしまっている。

◎大葉が根をかばうから水分を要求する

レタスの結球性も、葉形の変化によって、その外葉の受光が引き金になることには、まったく変わりがない。

レタスだって、幼苗期は、葉柄のある細長い葉である。それがだんだんと葉柄がなくなり、広葉に変わり、結球開始期には幅広い丸葉になる。そして中心部を圧迫して、球を形成しはじめるのだ。

こうした葉形の変化と、それによる受光態勢の整備は、キャベツやハクサイと同様であるが、むしろ特質としては両者を兼ねている。

葉形変化の一例として、長い葉形のばあい、図1のコスレタスのような半結球性にもなる。コスレタスは、キャベツの軸（茎）に半結球のハクサイが乗っかるスタイルだ。

レタスは結球性がよい、といわれるものほど、図2にみるように葉辺が波打ち、葉面積が増大している。ただこのばあい、レタスのロゼット葉序は、広葉になるほど外葉へも生長部へも圧迫するので、葉序はさらにらせん化のズレをみせるが、それで葉形の仕上がりとしては、むしろタカナ類の《捲心葉》（四〇～四一ページ）に類似している。

そこで、レタスの「外葉発育と土壌水分」の関係には、ツケナの水掛け栽培とはちがって、キク科特有の乾燥地に由来した水掛け法がある。乾燥しても、過湿状態でも、生育が抑制されるということだ。

つまりレタスは、一日に朝、昼、夕の三回にたっぷり灌水して水を停滞させない状態が、最ものびのびと生長して大きな葉になるということである。

ということは、早く大きな葉になって結球開始期を形態的に早めることにはなるが、そのころ、根群の伸長も、いちじるしく増大して、しかも、非常に浅く分布する。大きな外葉は、根をかばうからである。それが暴飲暴食の最大原因になって、水分要求に拍車をかけることになるのだ。

◎光と温度の矛盾をさばく

一般に結球性には、葉面積の増大、日照の強さ、光質による受光量、温度、湿度、チッソ成分などが関係している。そのなかでレタスの結球には、日照の強さと温度が大きな役割を果たしている。本来が冬向きのロゼット葉序であるからだ。要するにロゼット葉姿の本性は、充分に光を受けて、葉の同化作用を高め、全体の生育内容を充実するものである。

だから、レタスは、短日条件のほうが長日条件よりも、葉形が細長くなって、全草としては受光量を多くしている。しかし日長時間の長いほど、生育は促進されて、葉数が増加傾向になるが、一枚の葉は広く丸くなって葉面積を増大する。そのことは、ロゼット状の葉組みではマイナスにはたらいて、下葉をおさえて枯れ葉にする。

だとすれば、レタスの結球が、ハクサイやキャベツにくらべて外葉が少ないのは、葉の生育と展開がおそいのではなくて、早いからである。ちなみに、コス型のレタスは、茎立つので結球こそ中途半端だが、下葉が枯れない。

考えてみれば、これは次から次へと外葉が新旧交替していることである。それは、葉面での同化作用が効果的なのである。それだけ炭水化物の合成、蓄積がよいわけであるから、いったん結球態勢がととのうと、結球は意外なはやさで進行する。

ところがレタスは、根も地上部もよく生育するのは、一五～一六度のときである。それは四～五月と十月との気候である。このときは、ロゼット草姿に変化のあるときだ。

すなわち、春は、ロゼット葉序が茎立って、抽台を開始するときである。光と温度が増加することによって、葉が立ち上がって、それがトウ立ちにまで延長する。秋は、立性から矮化――ロゼット化へ向かうときである。

であるから、春の立葉性は、結球への促進にはなるが、トウ立ちが内包していることになる。また秋の低夜温による矮化は、葉形を丸型にして、それが結球への引き金にはなるが、より短日期に向かうにつれて、葉は細くなり、開張性のロゼット化へすすむ。

こうした環境条件(とくに光と温度)の結球性への矛盾をさばくこと――そ

図 1 半結球性コスレタス

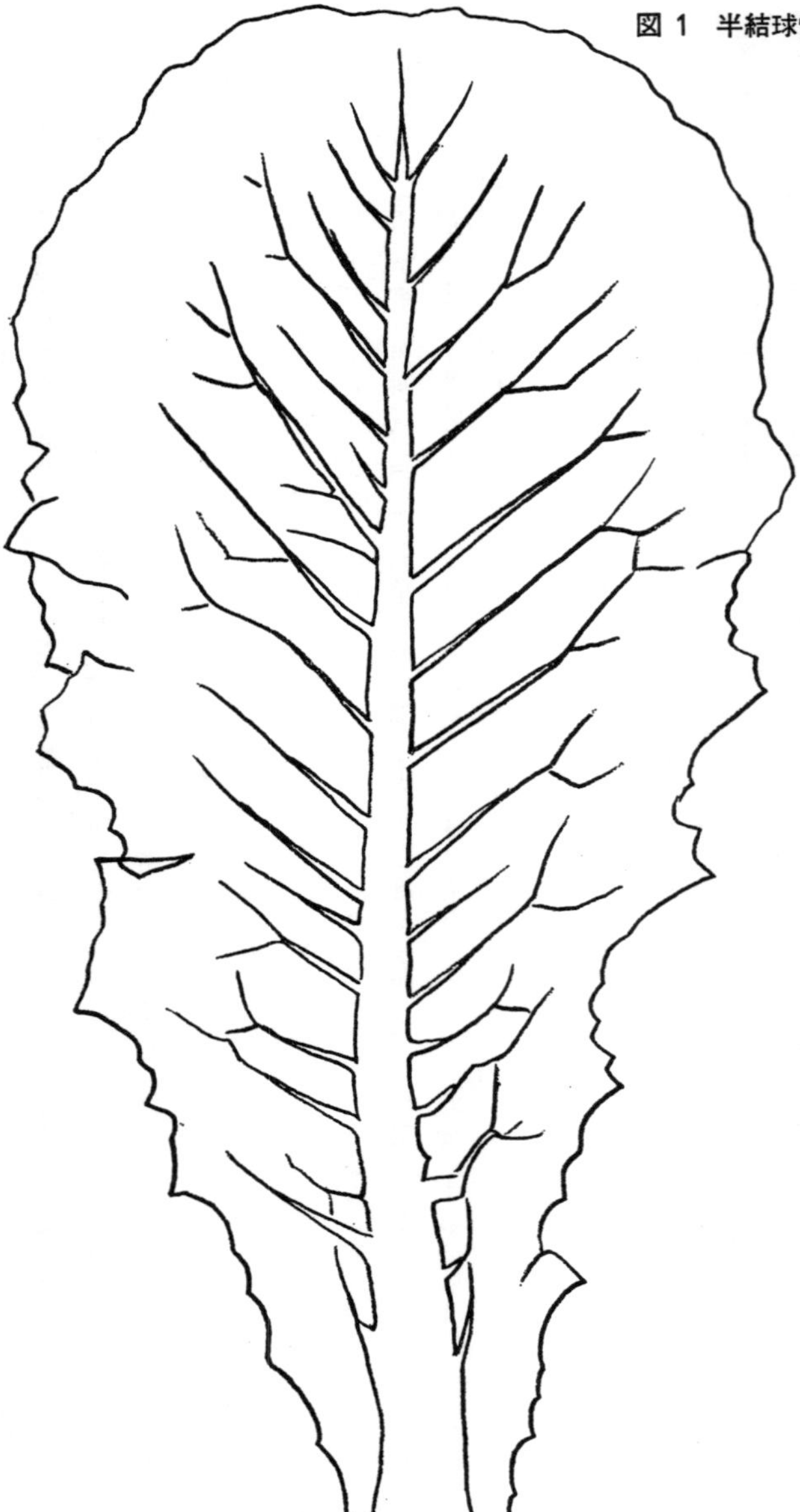

図 2　結球性グレイトレイクス366号

図 3 レタスの移植苗

本葉2枚
移植のチャンス

（実物大）

早　い　と……発根の自力が弱いので根づきがわるい
おくれると……徒長苗となり生長しても良球ができない

れが栽培技術の決め手となる。つまり、結球に向かうチャンスをいっきにつかむしかない。素早い結球性がレタスの特性なのである。

じっさいにレタスの栽培では、この特性がきわどい現実を示している。

生育日数の異なった苗、いわゆる苗齢がちがうという苗を植えてみると、大苗ほど展開葉数が多く、葉も大きいので結球も早い。

しかし大苗は、定植時に植え傷みしやすいので、植え傷みが結球をおそくするかと思えば、それがまったく逆で、植え傷みの生育停滞は、矮化現象となって、外葉の葉面積が少ないままに、より素早く結球が始まる。もちろん、チャボ玉で品質もわるい。

だが、きわどい時期の栽培で早どりしたいときには、若苗ですんなり生育するよりも、大苗を定植するほうが、なんとかモノになるということである。

でもいずれにしても、良球へつなげる急所は図3のような《本葉二枚》時の移植のチャンスである。これはキャベツの良球生産と同じである（六一ページ図3参照）。

結局、レタスの側からみれば、結球部は、養分の貯蔵場所になっているから、外葉での同化養分である炭水化物を、結球部へ順調に転流し、蓄積させることが大切なのである。そのためには、外葉は新旧交替制で同化葉面積をふやして、効率をよくすることが決め手になる。それで、本葉二枚の移植のチャンスが、この特性発揮のスタートになるのだから、おろそかにしてはならないのである。

* * *

第一編では、水辺の野の菜から、結球野菜の周年化に至る野菜の宿命をみた。しかし、暴飲暴食で結球すること自体は、不完全な体形である。そんな奇形が、たとえ結球野菜の淡白な味を人間が賞味するとしても、人間のつくった文化財だなんて、思い上がっていられない。

第二編　お日さんとともに

第四章　光を求めて＝冬菜と夏菜

日本列島は、多雨多湿である。各地での、日降水量一ミリ以上の降雨日数は、一〇〇日を越えている。快晴日数は、多いところで年間七〇日、少ないところでは三〇日ほどである。だから実際は、曇雨天が多く、晴天の日が少ないのである。

　植物は、太陽光を受けて生長している。晴天が少ないことは、受光量もそれなりに少なくなることだから、生育に支障がある。とくに短日、低温、弱光の冬はその支障が大きい。

◎ロゼット草姿とは

　そこで植物は、光を求めて寒さに耐える格好になる。その姿が《ロゼット》草姿である。冬に育つ菜類も、寒くなるとロゼット様になる。イチゴは休眠といっているが、それもロゼット化である。これらはみな、短日・低温そして弱光の冬に立ち向かう寒越えの対策になっている。

　だが、本当は、ナズナやタンポポやホウレンソウのような植物の葉序が真のロゼット草姿というものである（図1）。正しくいえば、次葉（隣葉）との葉組みの振幅（葉の間隔）が少なくなって、開度一三七度内にある葉序のことである。

　つまり、二一分の八、八九分の三四、一四四分の五五などの葉序が真のロゼット草姿である。たとえばヒマワリ属の苞は一四四分の五五で、その配列は、はじめの葉を0《ゼロ》にとると、真上にきて重なり合う葉がくるまでの葉数が一四四枚で、その間に茎のまわりを回るらせんの旋回数が五五回ということである。

　もっとも、ロゼットとはローズ（バラ）に由来した言葉で、葉の重なりがバラの花模様になっているからである。日本では、ロゼット草姿を「仏の座」（ハスのうてな）と昔からいっている。

◎ロゼット草姿の栄養は福を呼ぶ

　地面に密着して、寒さに耐えているロゼット草姿は、冬の葉は短い茎からたくさん出ていて、下の葉ほど葉柄が長くなっている。そして、どの葉にも日光がよく当たるように放射状に展開していて、せっせと栄養分をためこんでいるのである。やがて春とともに、葉が立ち、茎が伸びて花を咲かせる。

　この様子は、あたかも冬に春を待つ人間が、春とともに夏に向かって働く暮らしと共通した生活態度である。

　こういうことで、ロゼット草姿がためこんだ栄養分は、今でいう「健康食品」である。だから、七草のナズナは、古来より冬の病魔を吹っ飛ばして、福をよび込む食べものだといわれていた。それで「七草」の代表として、ナズナだけでも七草ガユになる慣習は、今もつづけられている。

タンポポも冬のロゼット生理で旺盛な生育をする代表的な植物である。

昔は、タンポポが重要な「野の菜」であったから〝大黒花〟とたたえていた。その生命力の強さは、母乳の少ないお母さんが食べるとお乳がよくでる、と昔から漢方の乳出しクスリにつかわれていた。

タンポポの評価は、日本だけではない。どこの国でも、タンポポのバイタリティーは認めている。現に、ヨーロッパでは、タンポポの栽培品種ができていて、この食用タンポポを「ダンデ・ライオン」(葉縁の欠刻がライオンの歯並みに似ているから)といっている。ライオンの強さで、もりもりと生命力がつくような名称である。

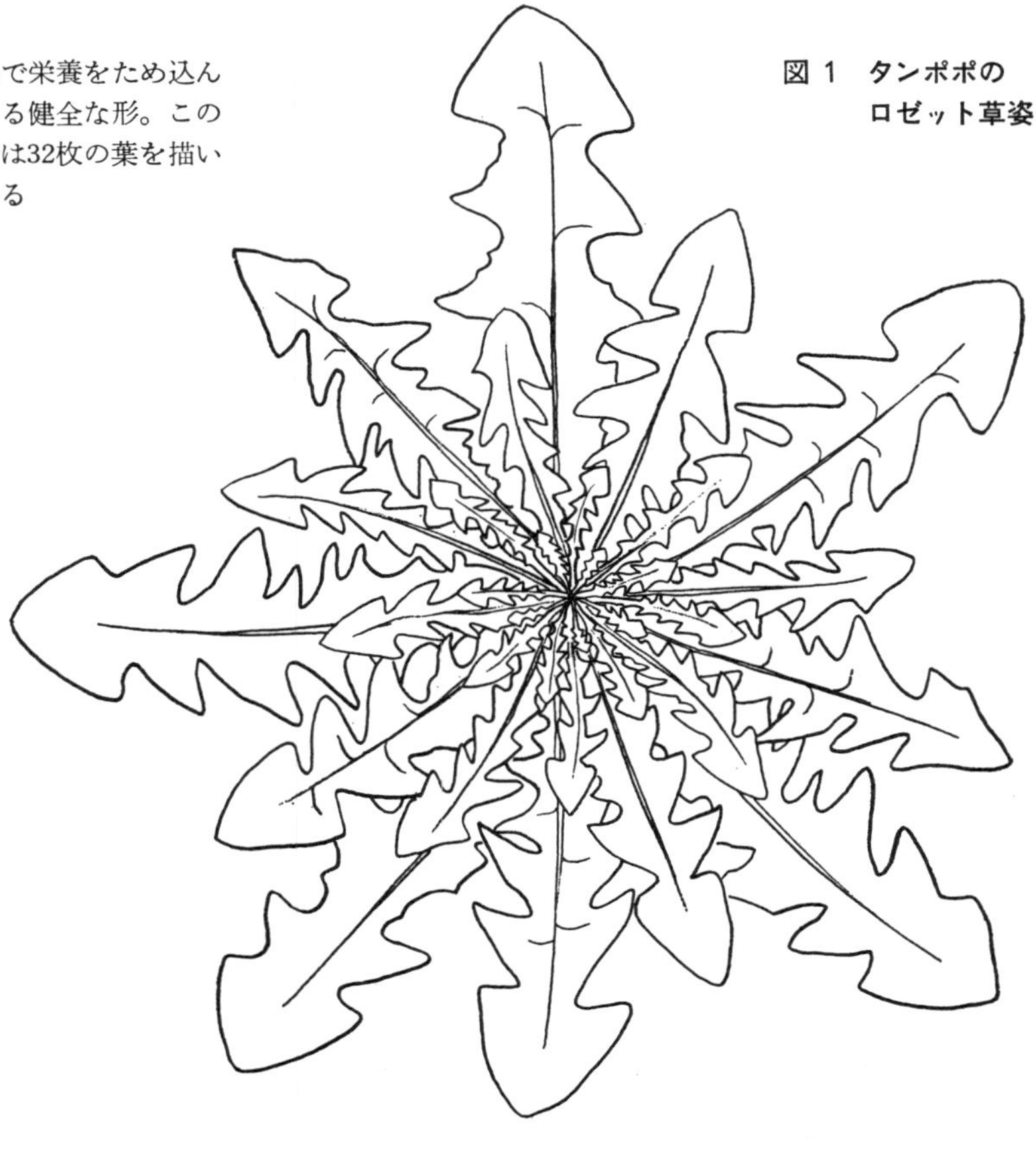

図1　タンポポのロゼット草姿

野良で栄養をため込んでいる健全な形。この図では32枚の葉を描いている

ホウレンソウ

——冬菜のおいしい「形」

日本列島では、冬のホウレンソウがダンデ・ライオンに匹敵する野菜だった。それは七草ホウレンソウといっていた。

かつてのタンポポやナズナにかわって、ホウレンソウが、葉菜類の王座をしめているのも、実はロゼット葉序によって蓄積した栄養分の栄養価によるものである。

高温で、ロゼットにならない夏のホウレンソウには、この価値がない。だから、ホウレンソウは《冬菜》である。

◎冬に耐えてうま味がでる

ホウレンソウは「抽台性」(とう立ち)の早晩によって、作型と品種が決定されるといわれている。だが、その決め手の抽台性とは《長日性と耐暑性》の関係である。ホウレンソウ自身は、この関係をロゼット葉序の生育で解決している。

ホウレンソウは、典型的な長日性植物である。長日性植物は、短日期には主茎がのびず、葉は短い茎からたくさん出ていて、いわゆるロゼット型をしている。そして春先になると、急に茎がのびて、長日期になると抽台し開花する。

冬のロゼット状は、前記したように、地面に密着し、寒気に耐えるのに好都合となる。下の葉ほど葉柄が長くなって、どの葉にも日光がよく当たるように広がっている。菜類の根出葉(〝ツケナ〟四三ページ参照)とは、重なり方がちがうのである。長日性のロゼット植物は、冬の間も光を求めて日当たりのよい場所で養分のためこみをしているのである。

味のよいホウレンソウは、このような冬のロゼット型が本来の姿で、その葉組みは図1のとおりである。

同じホウレンソウでも、密植したり、ハウス内で直射をさけて栽培すれば、栄養分が少なくなるだけでなく、大切な薬分の効果がなくなるものである。

もともとホウレンソウは、寒さには強いが暑さには弱い作物である。それでホウレンソウの栽培は、秋まきが最も一般的である。

養蚕が盛んであったころは、桑園の間作物として定着した作物だった。桑の枝が冬の寒さとからっ風から葉の傷みを防いでいたものであった。もちろん当時のホウレンソウは葉の細い在来種で、品質的にも大変すぐれていた。

いっぽう味をわるくしていくホウレンソウは、時期をはずすほど気温が上昇するので、草状が立性に伸長し、葉

図１　ホウレンソウのロゼット葉序

これがホウレンソウだ——光を求めて寒さに耐える

身そのものの長さは変わらないが、葉の幅が広くなる。それは菜類の根出葉とよく似た生長になる。

こうした菜類的生長に対して、葉柄の長い品種ほど耐暑性がある（葉がむれないから）といわれているが、実際は抽台期であるから、茎立ってくるものは、葉柄は短いのが正常である。葉柄の長い品種は、軟弱徒長のベト病発生と紙一重の差で育っているといってよい。

今ではホウレンソウも菜類も、同じ根出葉＝ロゼットとしているが、真の生育を知らないで無茶なことをいうものだ。このへんに、ホウレンソウが、菜っぱなみに品質低下した原因がある。

◎栽培は根菜なみに

むしろ、ホウレンソウの品質を高めるためには、ホウレンソウは、根菜なみに栽培しなければならない。

ホウレンソウの根は、長大な発達をする。とくに、根の初期伸長は、すごく敏速である。低温期に向かう栽培型では、この伸長性が大切なのである。

ホウレンソウのこうした生長は、明らかに根菜型であるのに、今の栽培は、ホウレンソウを葉菜扱いして、チッソ成分の化学肥料を多施連用している。それだからホウレンソウを、かえって生育困難にして、連作障害の原因にもなっている。

このように葉菜的な肥培管理や、発芽ぞろいをよくするための芽出しをすると、長大な根にならないで、図2の左側のように根が分岐して、草姿は、つねに開張性になる。そして当然、病害は多発する。

図2をよく見てもらおう。これは、冬のロゼット草姿になる前の姿である。

右側の直根がよく通り、葉が細く、立性に生育することは、冬に向かって開張性になるにつれて、下葉（外葉）ほど葉柄の長いロゼット草姿が仕上がっていく準備姿勢である。

左側はこのころの広葉で、この開張性は、新葉が展開すると、下葉をおさえつけて、日照不足で枯らしてしまう。いわゆる一種の「すくみ」病状であるから、冬に向かって、ますます生育がいじけてしまう。

◎うまさとひきかえの大葉化

このごろの調理法は、ホウレンソウの独特の甘味をもつ株もとのかたい根の部分は土くさいから切り捨てて、食用にしなくなった。これはホウレンソウのうま味を捨てていることになる。これでは、根菜なみどころか、葉っぱが大きい多肥栽培のものほど立派ということになる。

葉が大きくなることは、葉先にチッソが多くて、味のまずいところが多くなるということである。そのうえ、ホウレンソウの吸収するチッソの形態は、硝酸態を好むから、人間の食べものとしても好ましくない。亜硝酸害が、他種の葉菜類にくらべて多いからだ。

図 2　ホウレンソウの生育

催芽・多湿で発芽すると開張性で広葉，老化が早く弱い

晴天・乾燥で発芽すると立性で細長葉，いつまでも品よく育つ

直根が分岐して生育がいじける

直根の通りがよく，すくすく生長する

そもそもホウレンソウの葉が大きくなるのは、チッソ過多のせいである。ホウレンソウのチッソ過多は、炭水化物に対するチッソ化合物の異常濃度を葉先に起こし、図3のように同じ品種でも、葉形が一変して大葉化する。

いま、この間のいきさつを現在の基本品種になっている「禹城《うじょう》」について考えてみよう。

禹城は最初（昭和九年）、北支系の品種として導入されたころは、葉先の尖った株張りのよい多葉性の品種で（図4）、しかも昭和十年代では、その強い耐寒性を重視していた。禹城は積雪下でも、じりじりと生長をつづけたのだ。それが多肥栽培すると、葉柄が長くなり、立性になって、葉先が丸くなってきた。つまり現在の夏まき性の品種に変わった。さらにその後、洋種の大葉性との一代交配種になってからは、いよいよ〝まずい菜っぱ〟に仕上がったというわけだ（図5―味のわるい交配種）。

ところが、ビタミン偏重の栄養学は、ホウレンソウのビタミン類や鉄、カルシウム分の含有量の多いことを特徴として、栄養野菜にまつり上げた。そしてビタミン含量を高めるためにも、多肥栽培が実行されてきた。もっとも、チッソの多施用の結果、いちおう葉色が濃緑色となり、葉緑素が多くなった。

葉緑素それじたいは、カロチンやキサントフィルの含量も高いので、ビタミンAも多くなる。

また葉色を濃くすることは光合成能力を高めることにもなって、同化物質の生成をよくする。したがってチッソ成分の多施用は、ビタミンC含量も増大させることになる。そこで多肥栽培は、ホウレンソウの栄養価を高めることになったのだが……。

そうなるとホウレンソウは、葉菜として葉色の濃いものが良品だとされ、単なるビタミン摂取用の菜っぱでしかなくなる。あの土臭いアクの持ち味がなくなるのだ。

図5の品種を見てもらおう。多肥栽培の結果、従来の葉先の尖りがなくなってしまった。そして、それとともに在来種から洋種、交配種の丸葉におきかえられてきたのである。

丸葉化への傾向には、もう一つのわけがある。

早春に〝タンポポの葉が地をはうと晩霜あり〟という。タンポポの草姿が、冬のロゼット状になることは、地温が急に低下したことを教える指標になっている。

ホウレンソウも、春はこの指標と同じように生育する。だがホウレンソウは、タンポポとちがって、気温、地温が上がってくると、茎立ってくる。そのときには、ロゼット草姿が解けるから、丸葉の品種は、生育がはやくなる。ということで、ホウレンソウの葉形が丸葉になることは、作型の多様化をねらっていたことはいなめない。春まき用品種としての「ノーベル」は、その一端のあらわれである。

図 4 禹城の変わり方

現在　　　昭和10年代

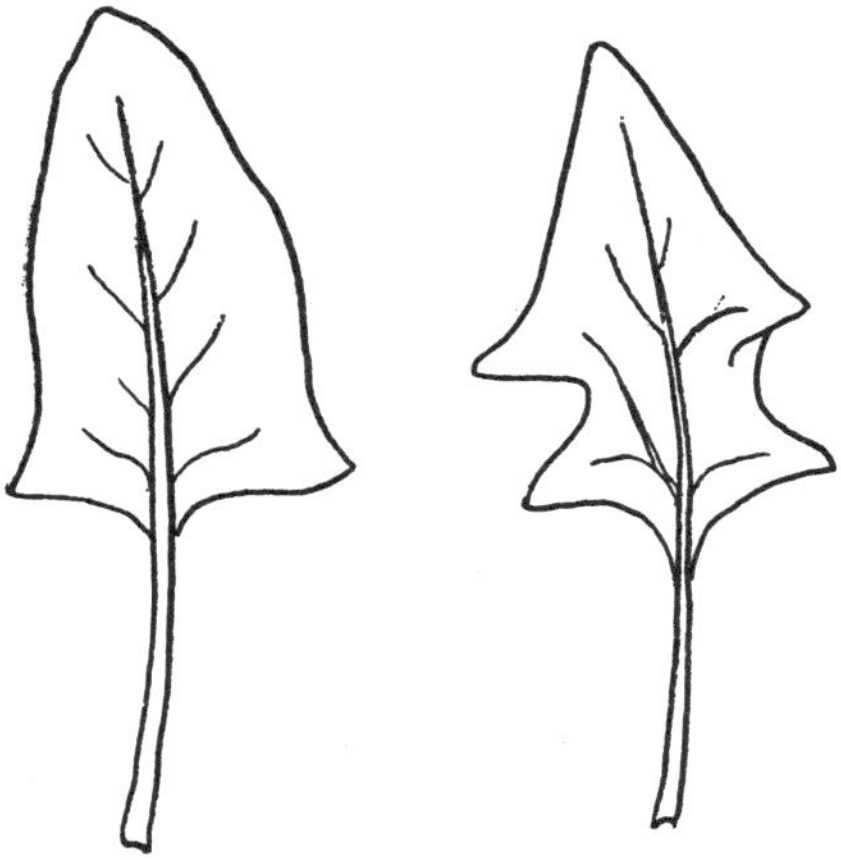

立性で耐暑性　　　多葉で耐寒性

図 3 チッソ施肥による葉形の変化

少　肥　　　多　肥

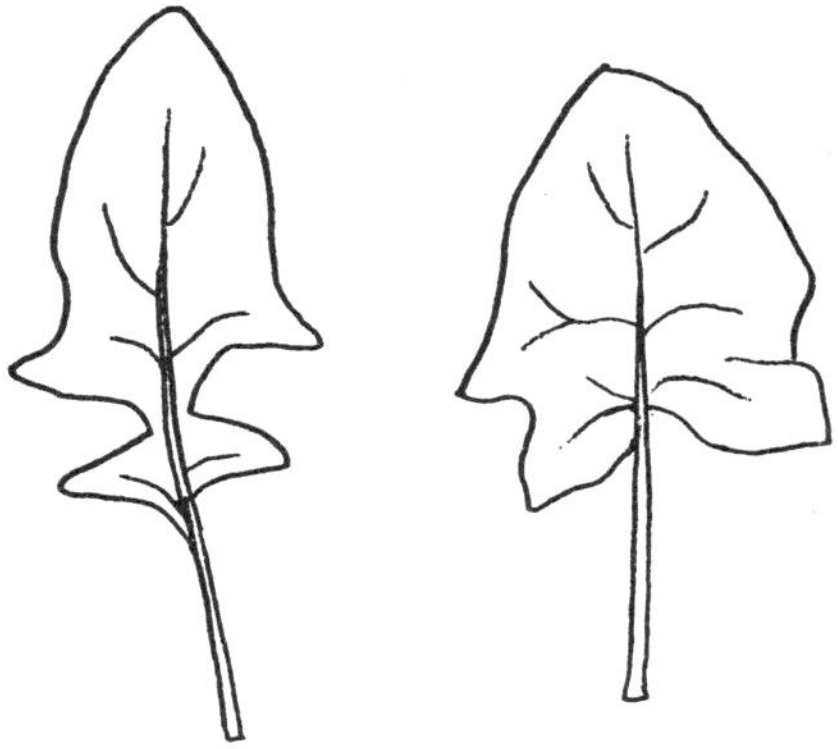

多チッソは葉先のまずいところを多くする

図 5 ホウレンソウの品種（剣先細葉が品質佳良）

かつての美味品種　　増収効果を上げた品種　　効果的な交配種　　日本人向きの品種　　味のわるい交配種　　日本人向きしなかった洋種

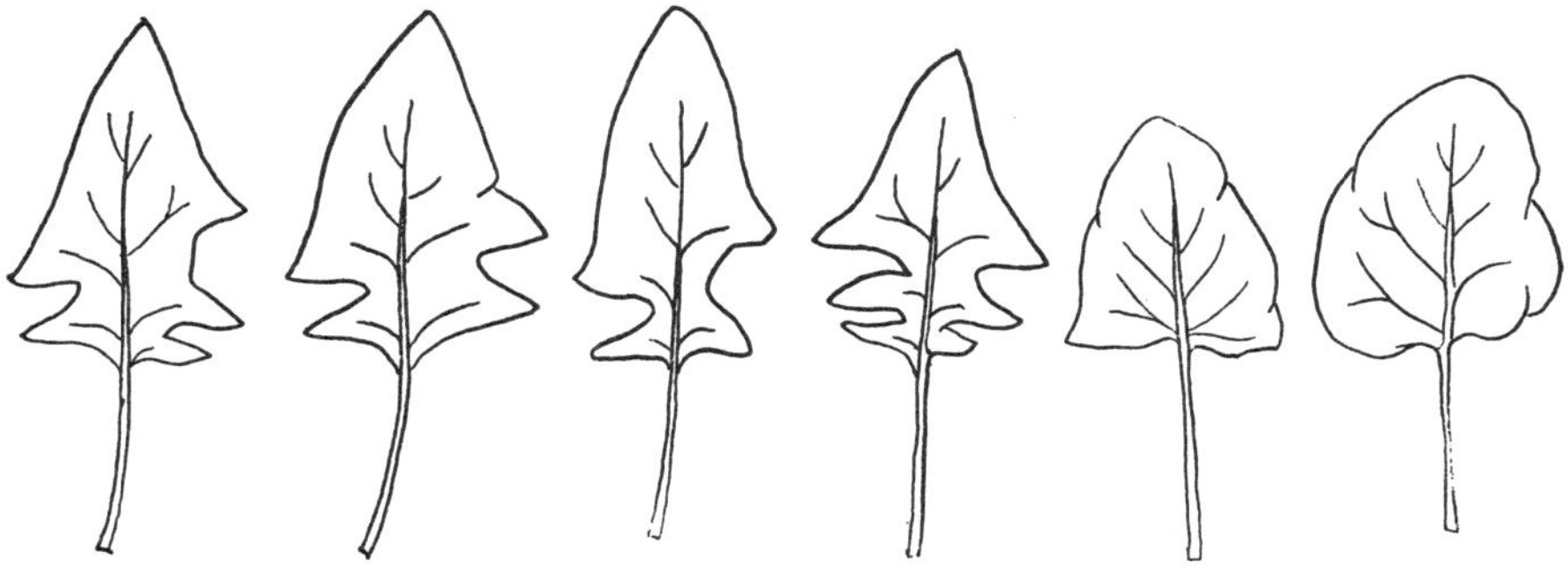

日本在来　　治郎丸　　F_1豊葉　　ミンスターランド　　F_1新禹城×洋種　　ノーベル

フダンソウ

——暑い盛りに うれしい夏菜

なにはともあれ、まず最初に図1を見てもらおう。そして、右側の「西洋白茎」種と、前出七五ページのホウレンソウの図5の右端、「ノーベル」種と見くらべてください。

つまり、ホウレンソウの葉形を丸くして、作型を多様化するというのなら、夏作には、すでに栽培の安定したフダンソウがある、ということである。

もちろん、フダンソウは、昔から《夏菜》で通っている。それなのにビタミン偏重の間違い栄養学では、夏菜を無視して、夏のホウレンソウをクスリ並みにもてはやしただけなのだ。

◎油断大敵・不断草

日本列島での食生活では、夏には特定の葉ものがあって、その使用の目的と食べ方とに意味がある。それが夏菜の価値である。

働く人の健康維持には、油（とくにゴマ油がよい）と酢とが必要である。油の摂取がとだえると大変なことになる、というのが「油断大敵」である。

酢の摂取は、関節のいたみをやわらげ、あたかも〝蝶番《ちょうつがい》に油〟の役目をする。しかし油や酢は、がぶがぶと飲むわけにはいかない。

夏の暑さに疲れたとき、つめたく冷やした浸し物に酢油をかけて食べると、そう快である。そのときの浸し物に好適な野菜、それは昔から夏菜といわれているフダンソウが第一である。関西では、ずばり「ウマイナ」という。

これが夏の特定の葉ものというものだ。

夏は、ホウレンソウどころか、ムリをしてコマツナをつくっても意味はない。「菜の絶え間にあるゆえ……不断草と名付くるなるべし」（宮崎安貞『農業全書』）とは、生活と健康との結びつき〈農―食の関係〉に含蓄があろう。

◎年中つくりやすいフダンソウ

フダンソウも冬の生育状態は、ロゼット状である（図2）。

気温が高くなると、茎立ってくるので、葉組みは立体化する。葉が立体的に展開すると、丸葉でもけっこう元気に育ち、下葉から順次かきとって収穫する。それで西洋白茎種は、それなりの人気がある。

しかし日本列島には、春秋に雨季がある。丸葉は、葉が大きいほど雨に弱い。長時間、あるいはたびたび雨に当たると、葉面から多くの体内養分が流亡して（リーチング現象という＝後出九八ページ参照）、全草が弱→82ページ

図1 フダンソウの葉形

図 2　フダンソウのロゼット葉序

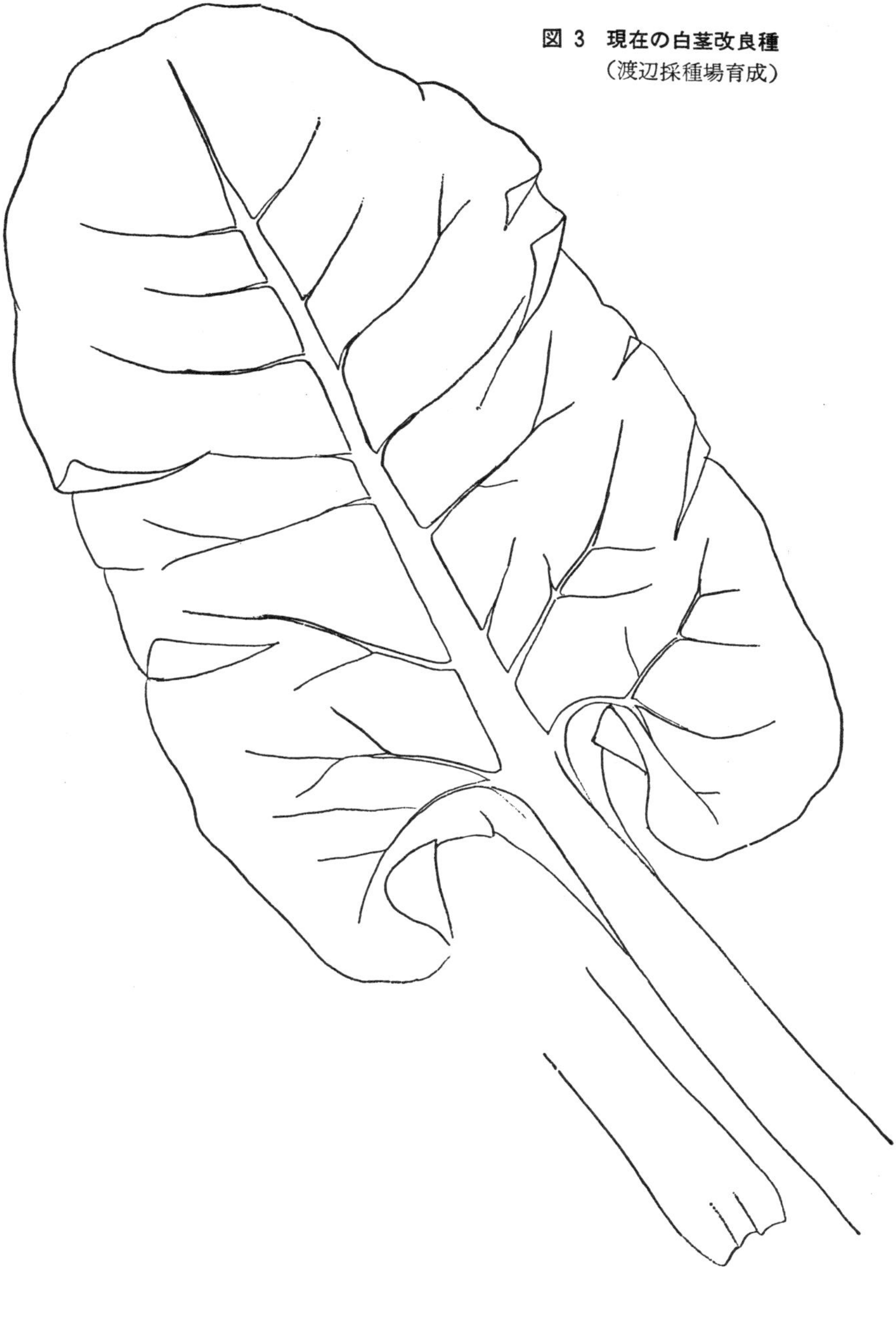

図 3　現在の白茎改良種
（渡辺採種場育成）

生 育 草 姿

西洋白茎種

おたふく葉で立性だが葉の重みで葉身がたれ下がる。それで夏は斑点病が出やすい

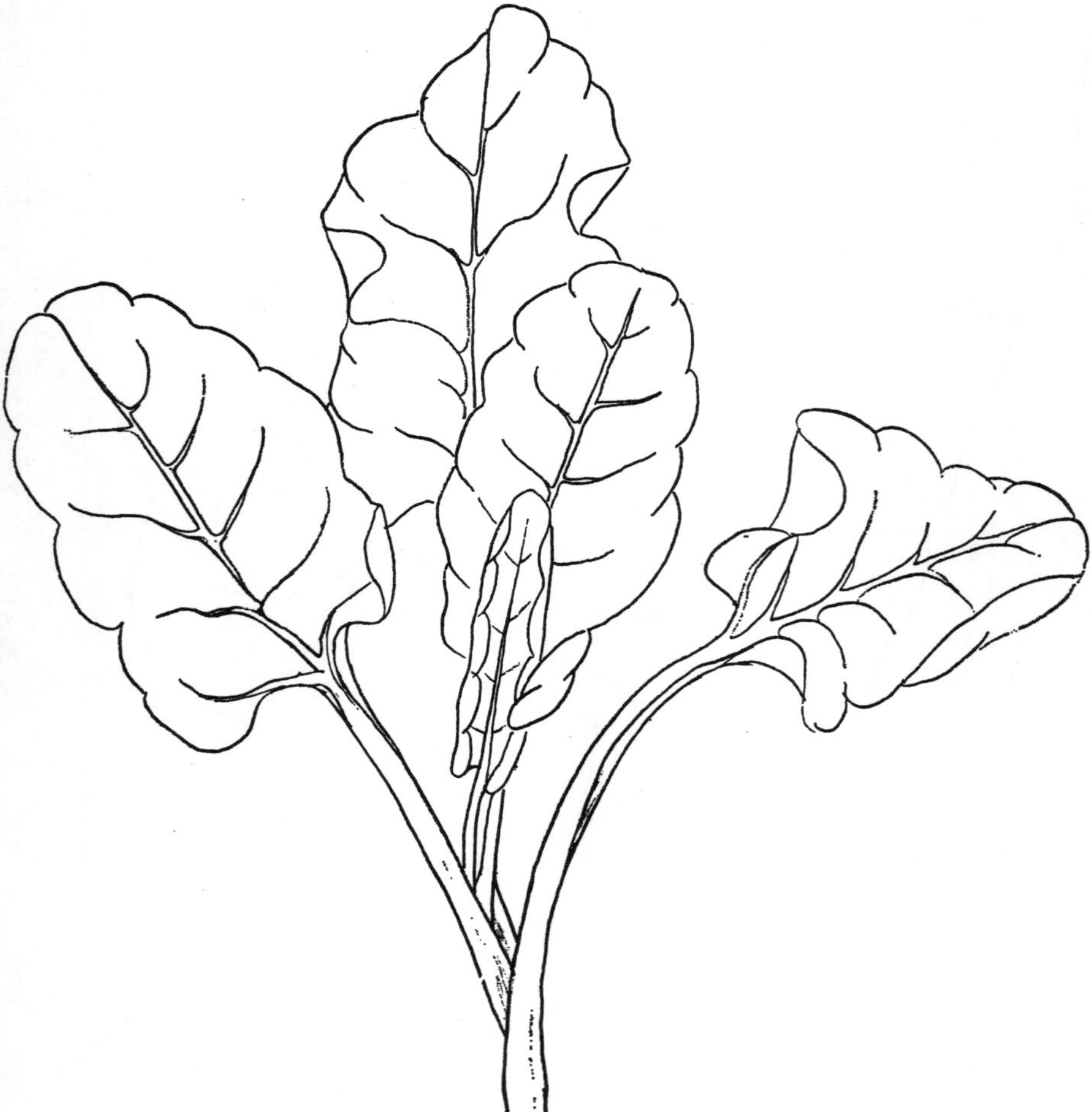

図 4 フダンソウの

在来小葉種
長葉の本性は，下葉ほどよく開張する。
そして葉柄のつけねがしっかりしている。
葉身がたれないから夏栽培に耐病性がある

体化する。そこへつけこんで、病気が発生する。

つまり、丸葉は、病気に弱いということである（図4）。

在来種の強さは、雨にも強いように、細長くて小さめの葉で、しかも葉先が尖っている。雨季にリーチングを少なくするためである。とくに葉先の尖りは、葉面の湿りを早く乾燥させる効果がある。いわゆる総合的に耐病性があるわけだ。

夏は、夏の照り込みが強くなると、ほとんどの生物は、夏負けして参ってしまう。そのなかでフダンソウは、夏枯れしない。その厚肉多汁質の葉は、きわめて強健で、虫よりも強い草なのだ。

農薬もなく、肥料さえも十分にない、まして施設園芸なんて思ってもいなかったころは、フダンソウは、病虫害を受けない重要な野菜だった。

強健な在来種は、年中つくられていたが、野菜も洋風化するようになって、おたふく丸葉の西洋白茎種が導入された。そのなかには、葉にウェーブのある「スイス・チャード」というハイカラなのもある。

いずれにしても洋種は、まだまだ馴化しない弱みがあるので、最近は、和洋交配で中間的な品種を育成している（図3）。

この改良種は、長葉の美しい白茎（葉柄）である。欲を言えば、もうすこし葉先を細めてほしいものである。

フダンソウの発芽温度は、八度ぐらいから三五度ぐらいまでの幅があって、いつでもまける。発芽後、灌水しだいでぶくぶく太るように生長する。三〇日ぐらいしてから、間引き収穫をしながら株間を広げて、大株仕立てにすれば、随時、葉をかいて収穫がつづけられる。連作しても、へっちゃらである。

* * *

コーカサス地方に「奇蹟の薬草」といわれているコンフリーがある。人間の住むところには、どこでもこうした土着の薬草的野菜があるはずだ。

そういう意味で、フダンソウこそ、まさに日本のコンフリーである。

夏菜の浸し物

一般に、フダンソウは土くさいにおいが強くて、良質の野菜ではないとされている。それは、ビタミンCを逃がさないというまちがった栄養料理をするからである。この料理家の浸し物は冬でも夏でもさっとゆで上げることしか知らないのである。

もともと、葉菜類に含まれているビタミンCは、非常に不安定で損失しやすい。だから陽光の弱い冬の浸し物はさっとゆで、逆に夏はよくゆでて（水煮）ビタミンCを水へ逃がし、食べるときに酢油を吸収させるのである。

フダンソウにかぎらず、ツルナもズイキも、夏は十分にゆがくことがおいしく食べる料理のコツになる。

第五章　奇になるネギ属

昔から、変わりものは「キ(奇)」といった。ネギ属の形態は、植物のなかでも変わりものである。

熱帯の乾燥地に奇形なサボテンがあるように、光や温度や湿度の異常によって、植物の形態は、多かれ少なかれ、いくらかの奇形になって対応する。その起こりは、主に《葉》から〝奇になる〟ものである。

葉は、個体にせよ、群落にせよ、すべて植物の生育相の基本になっている。そして、生態系のバランスをとっているのも葉である。

とかく一般的には、葉は、単に光合成や、水の蒸散作用を、なにげなくやっているとしかみていない。

しかし一木一草が生育しているということにおいて、葉という器官は、水や栄養分の吸収と損失に関係したダイナミックな役割を、積極的にはたしていることを重視しなければならない。葉は、根よりも、もっと総合されたかたちで栄養のバランスを保つ、という働きをしている器官だからである。

◎見かけの多肉化、中はうつろ

ネギ属の葉が奇になる原因には、光や温度や水分だけでなく、それらにガス害がプラスされている。

ネギ属は、とくにガスに弱い。ガス害はオキシダント、フッ素ガスや硫酸ミストによる大気汚染によるものと、土へ施用された肥料のガスによるものとがある。大気汚染や、亜硝酸ガスでは、葉先が白くなるが、アンモニアガスでは、褐変する。いずれにしても、いちじるしく生育がおさえられて、ひどいときには腐敗して枯れる。

こうしたことへの対策として、葉は奇になって、見かけの多肉化したものである。乾燥地のサボテンとちがって、奇特なことには、中はうつろで、そこには巧妙な仕掛けができている。

栽培学は、そこを十分に理解しないで、逆に、ネギ属の形態を見て、酸性に強いとか、耐肥性があるとか、勝手に推測している。はたしてそうだろうか……。

ネギ属の薬効

あのニンニク臭は、アリシンという成分で、ビタミンB_1との反応によってB_1効果を高める作用がある。

また刺激成分は、揮発性の硫化アリルで、強い殺菌力があり、消化液の分泌を促し、血行をさかんにして、カラダを保温する。さらに硫化アリルは、体内で硫酸を生じて、カラダのなかでの解毒作用をする。

ネギ

——その「急所」はどこにある?

ネギの葉は、先のとがった円筒状をしていて、中はうつろである。これを《単面葉》といって、表裏が区別されない。

葉序は、二分の一で、葉は左右に展開する。この葉姿は、茂り合っても、他の葉をカゲにしないから、密植にはよく耐える。

それはちょうど、ロゼット草姿が、一株で多数の葉を配列している状態と、ネギの単面葉では、多くの株が密植して、多数の葉が立ち並んでいるのと、生育相としては受光態勢が、まったく同じである。お日さんとともに……である。

◎ネギの草姿は牛角型

だが、ネギの葉は、折れると生理に大きな影響がある。つまり、風を好まない作物になっている。それでネギは、葉が折れないように、弓なりに腰をすえていた。

そこで、図2を見てもらおう。本来のネギの草姿は、腰をすえた「牛角」型である。それは、そよ風の吹く原の乾燥地で生育するものである。すなわち、ハラ（台地）用品種が牛角型だ。

ところが、里の低地でつくられるようになったネギは、葉を伸ばした。それがサト（低地）用品種の昇り型である。

ともかくネギは、台地用と低地用との品種が、土地柄に合わせてつくられていた。それなのに、この土地柄を無視して、どんな土地にも適応する便利な品種と称して「合柄」という中途半端な品種を育成した。

合柄は、中間的な品種だというが、生育上、栽培地の実状には合わないものだった。葉が折れやすくなったのだ。それでネギは、生理障害を起こして、さまざまな病気を誘発することになったのである。

◎なぜ葉が折れる?

図1を見ていただこう。葉伸びをよくすることにばかり気をくばってきた栽培技術は、葉のしまりをわるくしてきた。そうすると、衿《えり》掛け状態は、比較図のように違ってくる。つまり、しまりがわるくなると、衿が高くなって、葉は、最も大切な葉鞘《ようしょう》との接点部から裂けるように折れやすくなるのである。葉鞘の締めつけが弱いのだ。

それで、葉伸びすることは、葉身だけが長く伸びるのではなくて、締めの弱い葉鞘から抜き出た内部葉の葉鞘部が、長くなっているということである。衿から首が長く出ているのだ。

図１　葉のしまり，衿掛け状態の比較

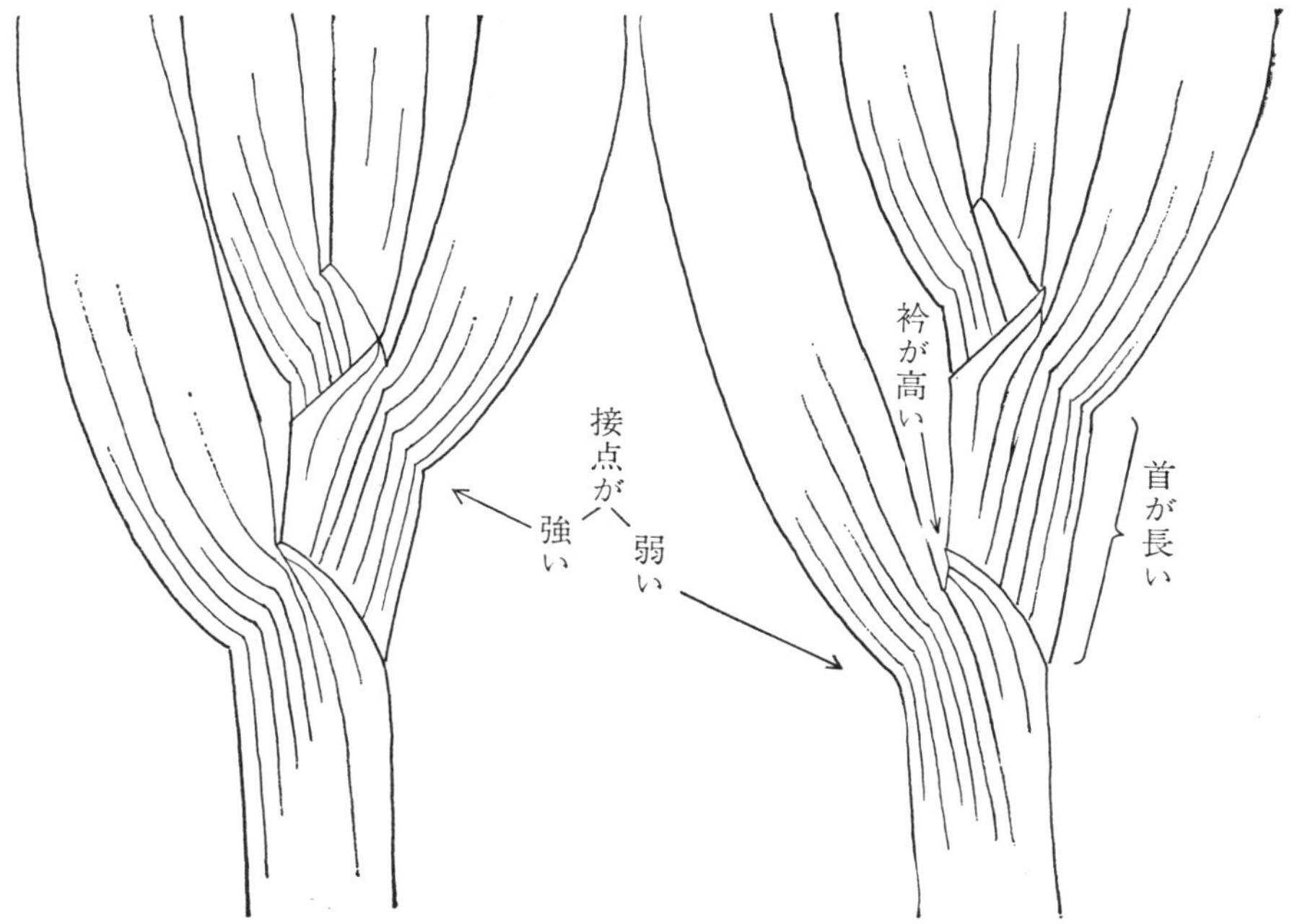

だとすると、根深ネギは、土寄せが問題となる。せっかちな伸長を願って、早くから深く土寄せをすることは、ネギの太りがわるく、首ばかりが長くなって、いよいよ葉の折れやすい体質の弱いネギになることである。

そこで土寄せは、ネギの太りぐあいを見て、それに調子を合わせることである。しかも、衿首は、埋めないように丸出しにしておくことが肝心である(図４)。葉が引き裂けるからといって、一度に深く土寄せすることは、葉のしまりをわるくすることになるから、かえって葉が折れやすくなるし、そこで、また土を寄せるという悪循環がつづくことになる。

それに、ネギの根は、コエをさがすから、根は土寄せした新しい土のほうへ多く伸びる。土は高く積み上がっていくことになるから、根は上へ向かって、伸びる。だから、土寄せのたびに肥料を入れると、根は走り回って、次の土寄せで断根することになる。

基 本 草 姿

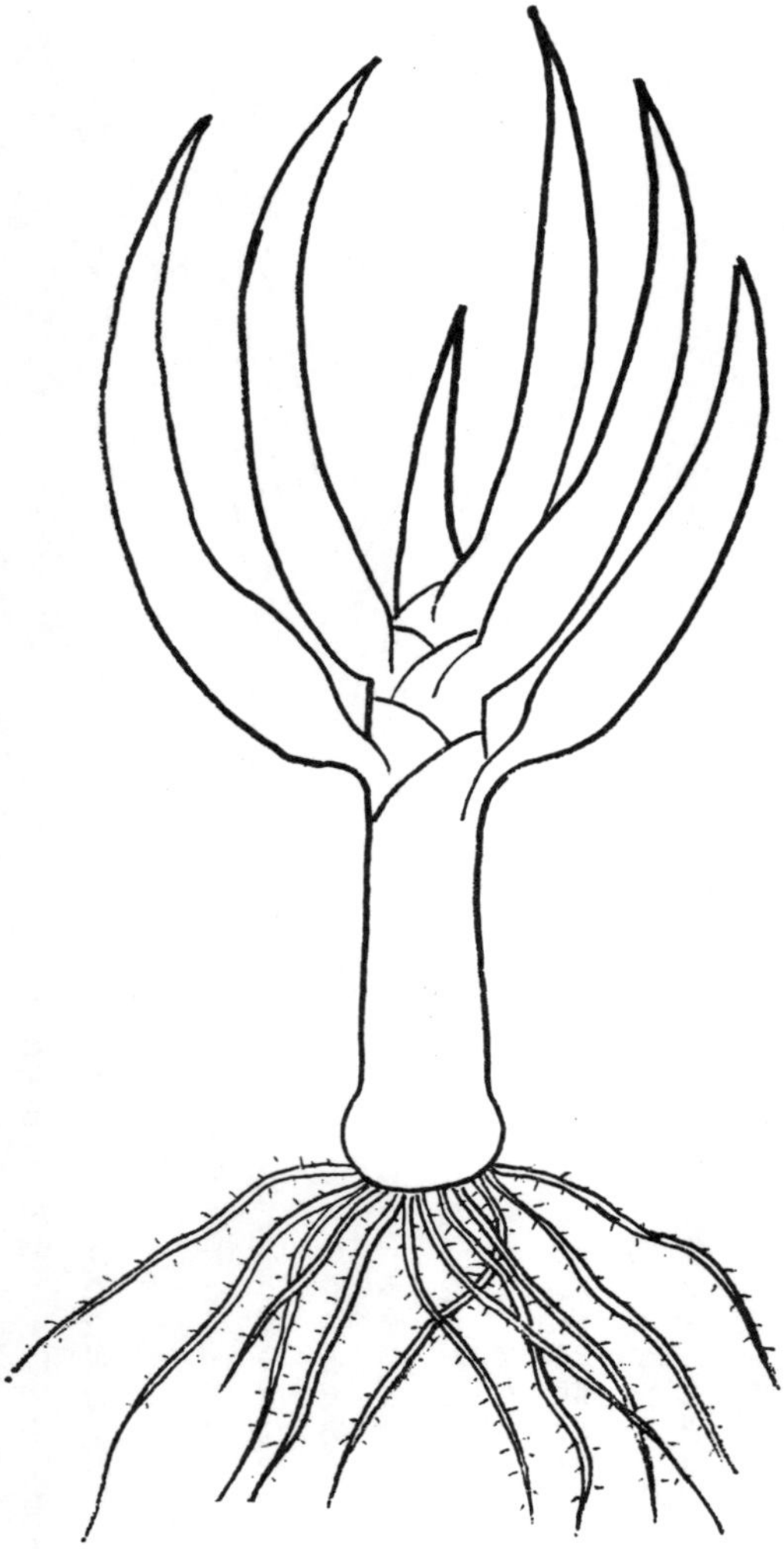

ハラ用品種

牛角型

・しまりよいが葉伸び短い。

・葉折れ少なく病気も少ない。

・葉肉厚く，品質がよい。

　このタイプの代表品種：下仁田のダルマ系，千住の黒柄系，九条の奴系

サト用品種

昇り型

・しまりわるいが葉伸び長い。

・葉折れしやすく病気に弱い。

・葉肉うすく品質おちる。

このタイプの代表品種：千住の赤柄系，九条のあさぎ系

図2 ネギの

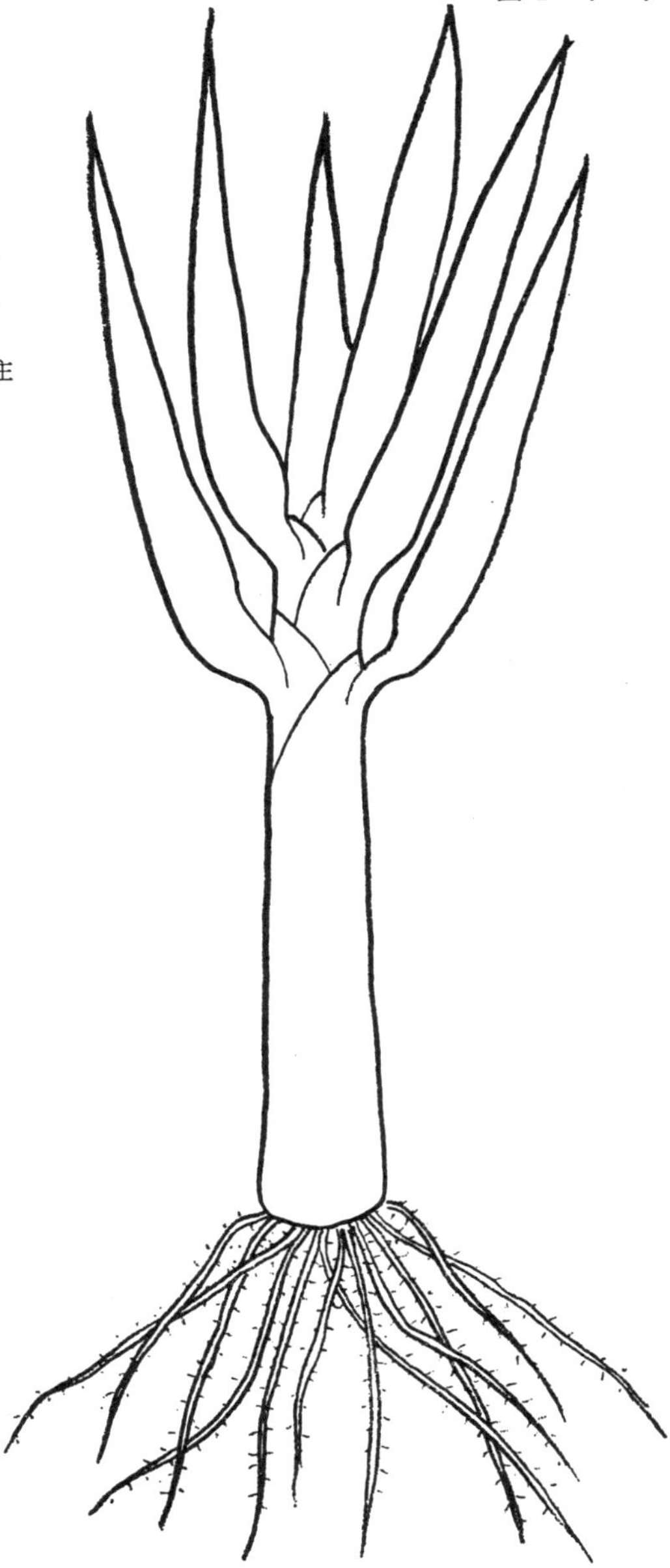

図 3　九条ネギの縦断面と盤茎

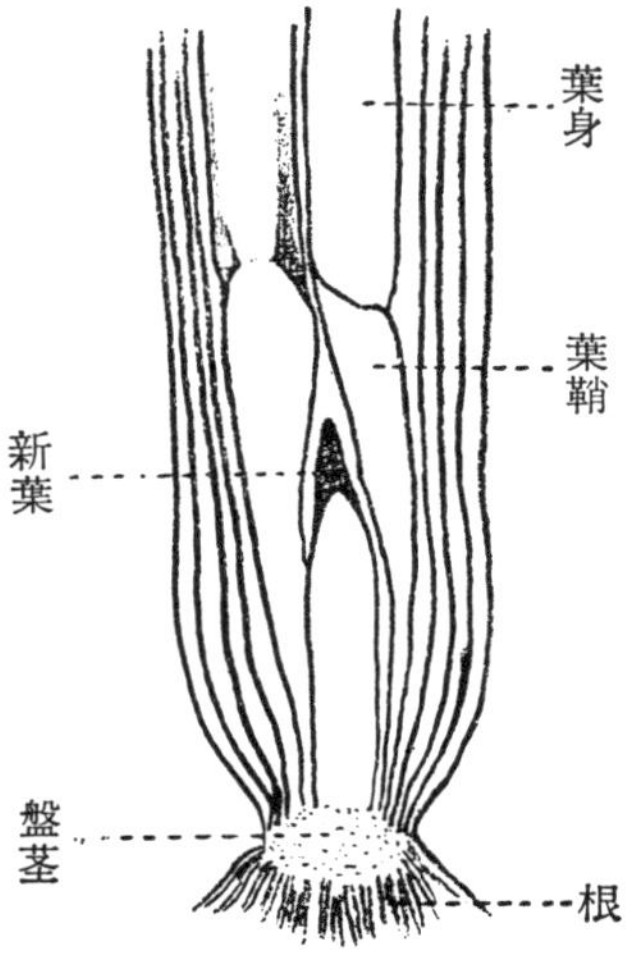

結局、ネギの土寄せは、徐々に土を寄せていくことで、一度に多く土を寄せたり、多肥栽培になったりすると、さまざまな悪条件が重なって、生育を阻害することになる。

◎葉と茎の関係は?

古来よりネギは「キ(奇=葱)」であるという。ネギの形態は、特異だからである。そこで、ネギの奇異な葉を見てもらおう。

図3と図5とをごらんください。葉身部は円筒形の「単面葉」で、表裏が区別されない。葉身の中は、がらんどうになっていて、そこは、湿度の高い保水器官部になっている。葉身の下は、通常〝しろね〟といわれている葉鞘部で、ここも円筒状である。

ネギの茎は、きわめて短く、これを「盤茎《ばんけい》」といっている。盤茎の上半部には、葉鞘が新葉を中心にして輪状に着生している。その状態は、葉間という間隔がない。そして下半部には、放射状に吸収根を出し、直根がない。

ところでネギは、生長の生理も変わっている。ネギの盤茎は、傷がついたり、温度や乾湿度の障害を受けると順調な生育をしない。だから、「盤茎」はネギが生長するうえでの「急所」になっている。

それでネギは、葉が折れると盤茎がわるくなって、生長の生理障害を起こす。筒状の葉は、中がうつろなので葉身内の「飽和蒸気」の状態が変わるからである。それは、ただちに気孔の開閉運動をわるくして、カビ類が気孔から侵入し、ベト病、コクハン病、ボトリチスなどが発生する。

◎奇異な葉の生理

もちろん、ネギ自体にその対策がないわけではない。ネギの単面葉——それじしんは、気孔の開閉運動が、葉の全面で順調に作用するための形態である。そのうえ、葉身の中空と葉鞘の輪胴部は、つねに盤茎を保護する操作を行なう。その合理的な操作は、葉身と葉鞘の接点にカギがある。

そこで葉鞘を切り開いてみると、図6の接点部分に示すように、葉身の中空は、葉鞘との接点で膜によって閉ざされている。しかも葉鞘の側方には、オブラートのような薄膜が張りついていて、葉身からの水分が降下しないようになっている。つまり、この膜は巧妙な弁膜で、温度と湿度の二重調節をしている。おもに葉身部では湿度を、葉鞘部では温度を受け持って、弱い盤茎を保護しているのだ。

いまこれについて比較するために、ネギ属でも平べったい葉のリーキを対照に、図5に示してある。リーキは葉の生理が一般的だから弁膜が必要でないのだ。

たとえ巧妙にできている弁膜でも、巧妙な仕掛けが必要なだけ、ネギは特異な作物だ。ネギは、いつも葉が立っていれば病気をしない理由はここにある。

図 4　土寄せと根張りの関係

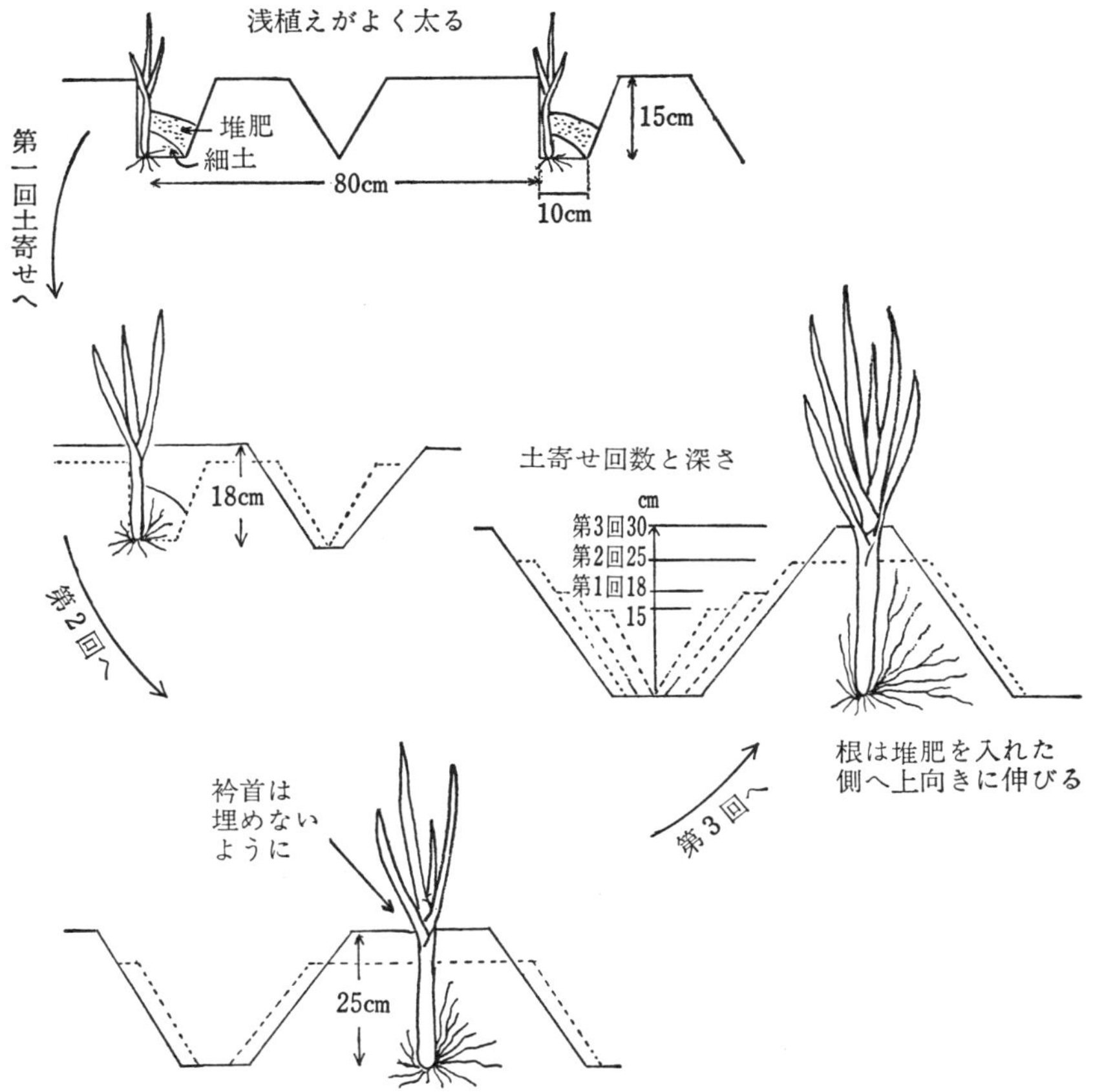

ネギ・植込み畦と土寄せ……３回にこだわらず，回数を多く，徐々に土寄せすること

図 5　ネギの単面葉

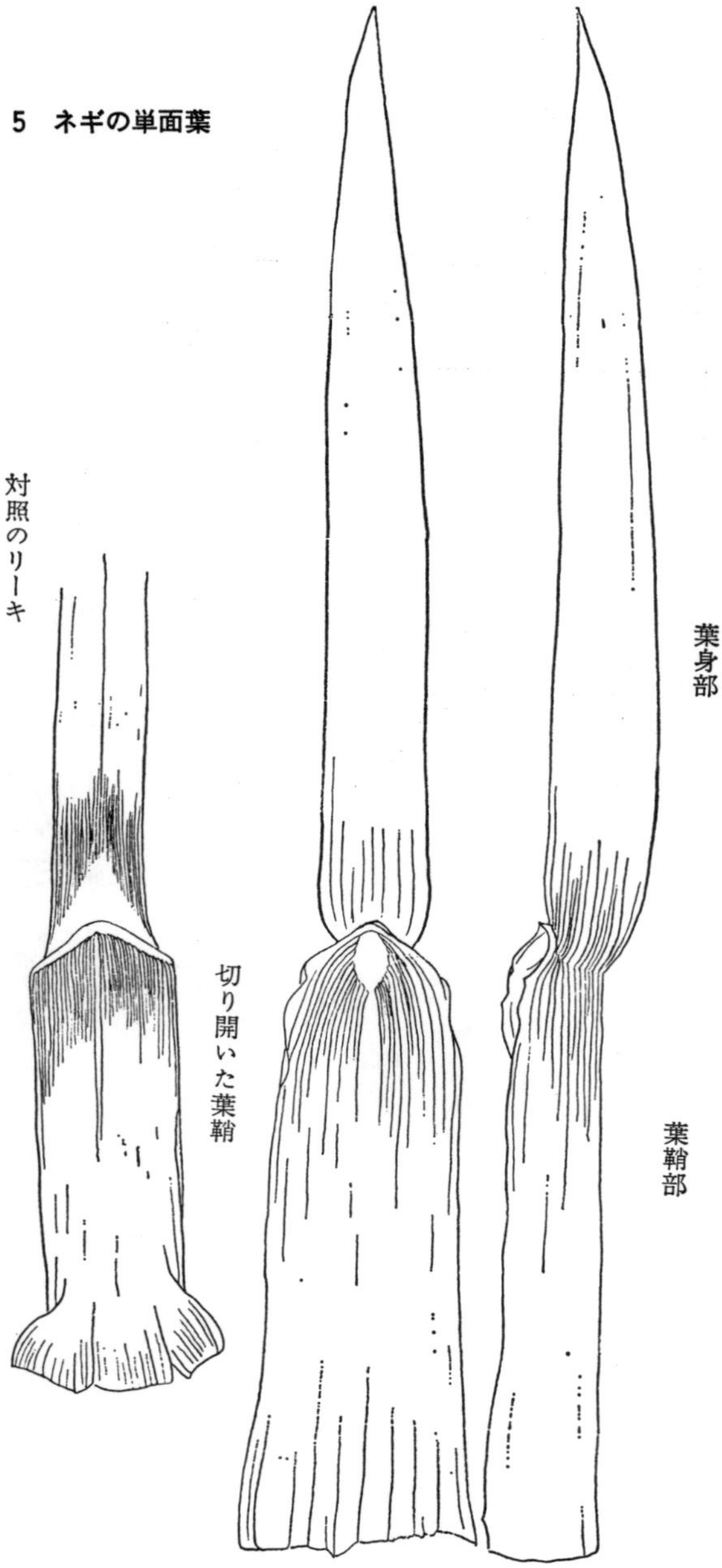

図 6　ネギ単面葉の部分図

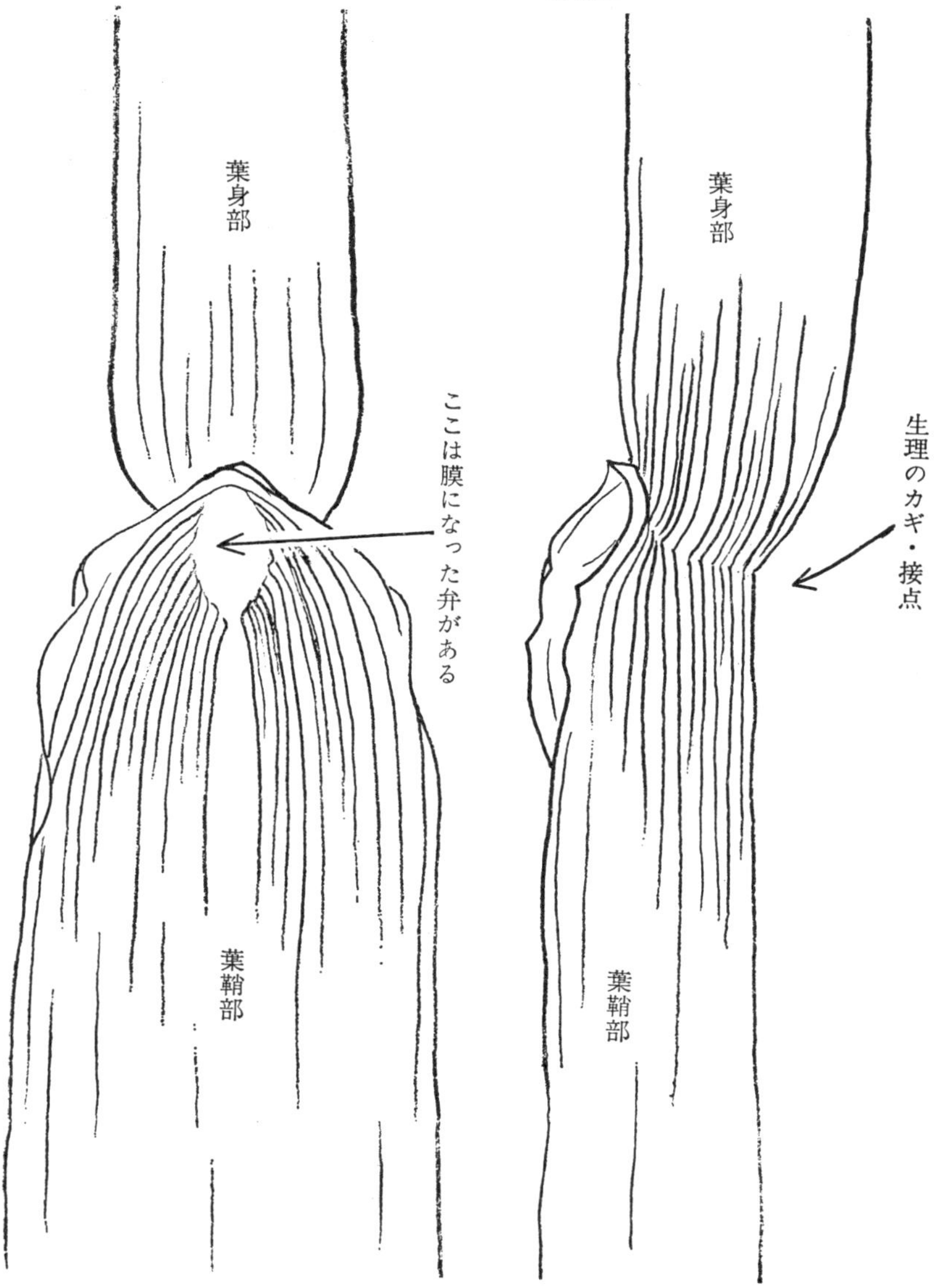

タマネギ

——なぜ腐りやすいか

タマネギは、ネギよりも葉が長い。それだけに扱いにくいものである。昔、水田裏作のタマネギは「しまり」がよくて、貯蔵力に富んでいた。それがタマネギの本性である。

ところが最近は「しまり」のない〝ふやけたタマネギ〟が多くて、貯蔵中に腐りやすい。それは食べる側としても不都合だが、タマネギの本性としても異常である。

◎腐る、腐らない、このちがいは

タマネギの地上部は葉身と葉鞘とに分けられ、タマネギの球は葉鞘が肥厚したものである。つまり「葉の変態」である。

このタマネギの球形成、肥大は高温長日期になると進む。図4は、タマネギの生育と球の肥大とを時期別にみたものである。

高温長日期になると、葉身の生長は抑えられ、葉鞘の下部から肥厚がはじまる。やがて葉鞘部の過半が貯蔵球となって休眠する。その後、再び短日期がやってくると、葉の生長の抑えはなくなるが、それまでに貯蔵葉となった肥厚葉鞘からは、もう普通の正常葉は伸びない。それで中心部が生長するときは、新しい葉を出して、葉鞘球から萌芽することになる。

つまり、人間は、タマネギが休眠中の貯蔵葉鞘球を食べるのだ。

それでは、しまりのよいタマネギとは、そして腐りにくく貯蔵力のあるタマネギとはどういうものか。

図1をごらんください。これは葉身の生長が止まって、葉鞘部の大部分が肥大した〝しまりのよい球〟の分解図である。タマネギの葉鞘は、ネギと同様、輪状になっている。そして葉鞘部は、温度管理室になっていて盤茎を保護している(〝ネギ〟八七ページ図3参照)。

ここで重要なことは、生長の抑えられた葉身が残存したまま、中心部まで緊密になっていることである。

そこで図2をごらんください。しまりのよい球では、この残存葉身が、肥大した葉鞘間のすきまを上部でふさぐフタの役目をして、腐敗菌の侵入を防いでいるのである。

反対に、しまりのわるい球は、肥大した貯蔵部の上がまだ葉鞘で首が太く、内部の貯蔵球は、葉身がまったく発生せず〝ラッキョウ〟球になっている。このラッキョウ部だけはしまりがよい。

このように首が太く、葉身のフタがないため、首を通って雑菌が侵入して

図１　しまりのよい球―葉鞘は輪胴

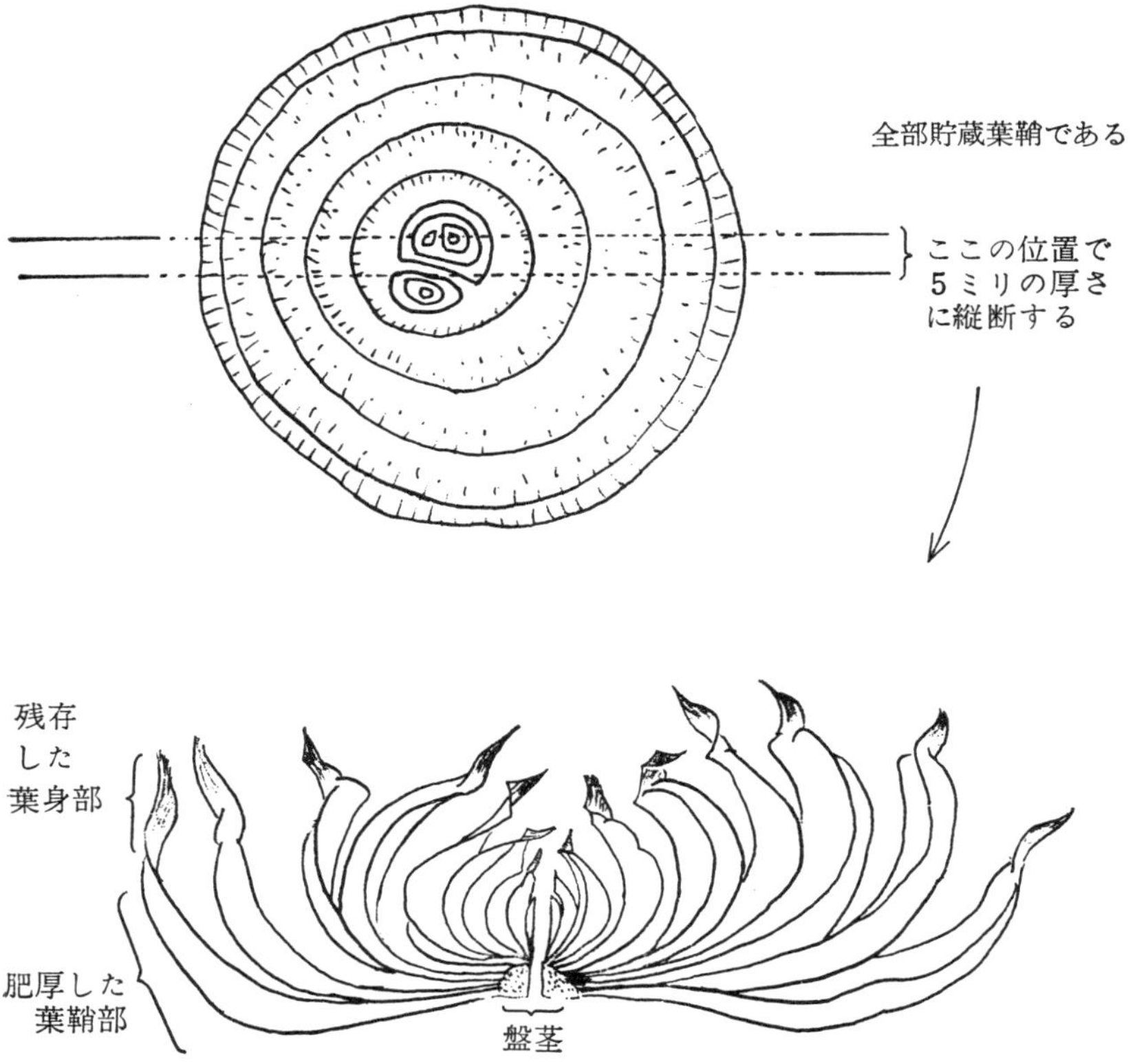

くる。だから腐敗は、下の盤茎部からではなく、肥厚部の上部内面からすすんでくるわけだ。たとえ、収穫後に乾燥処理(キュアリング)したとしても、すでに雑菌が侵入しており、手おくれである。さらに、図2の右端のように適湿でチッソ過多に育ったタマネギでは、ラッキョウ部が小さくて、そのために倒伏もおそくなり、球はよく肥大するが、腐敗は盤茎にまで達し、全球がふやけてしまう。

◎腐りの原因は　土地柄無視の多肥栽培

さてそこで、タマネギの特性を泉南地方の実際について、図3を見ながら考えよう。最初、大阪に土着したタマネギは、日長一三時間性の「泉州タマネギ」であった。だが海辺から山までの幅が狭い泉南地方は、土質のちがいと地温の差が大きくて、タマネギ産地では、土地によって品種の特性（適応型）がそれぞれ異なってきた。いわゆる「泉州黄」から早～晩生の各品種が分化したのだ。

早生種は、地温が高く、砂地で排水の良好な海岸地帯に生まれた。砂質壌土の沖積地帯には、大球で多収性の中生種が、そして粘質壌土の山手では、腰高球の晩生種がそだった。さらに山間地の粘土質では、土壌水分の不足と低地温とで、生育がおくれて中～小型球となるが、しまりのよい貯蔵用タマネギを生産していた。

このように、限られた泉南地方だけでも狭い地域に応じた品種が分化することを考えてみると、タマネギの早晩性（熟期）と球の肥大現象とは、たんに日長時間と気温だけで決めるわけにはいかない。だからそこに、地域の耕地柄に応じた品種利用のデリケートな栽培型があるのだ。

こうした品種分化はつぎのようなタマネギの生育過程によって特性化する。長日感応によってタマネギの草丈（とくに葉鞘部）は急速に伸長する。だがやがて、気温、地温の急激な上昇によって、新葉の発生がとまり、葉も伸長しなくなる。それで内部の若い葉ほど、葉身長と葉鞘長との割合をみると葉鞘長のほうが大きい。この関係で球形はできあがるのである。日照が弱いうちに早く太るほど葉鞘部が短く、偏平球となる。逆に肥大がおくれるほど、長日期になって葉鞘が長くなり、腰高球になる。そして高い気温は葉鞘の肥厚を発達させるが、球内部のラッキョウ状球は、その割に小さいものになる。

こうして図3でわかるように、タマネギの地域性が品種的特性を決めていたのである。

ところが多収穫一辺倒の肥培管理は、タマネギの本性を無視して、地域の耕地柄よりも、つくられる品種の特性に重点をおいた。そのため多肥栽培、とくにチッソの多施用で結球期間が長引き、青立ちして貯蔵性がわるく、腐敗しやすくなった。

図2 タマネギの縦断面

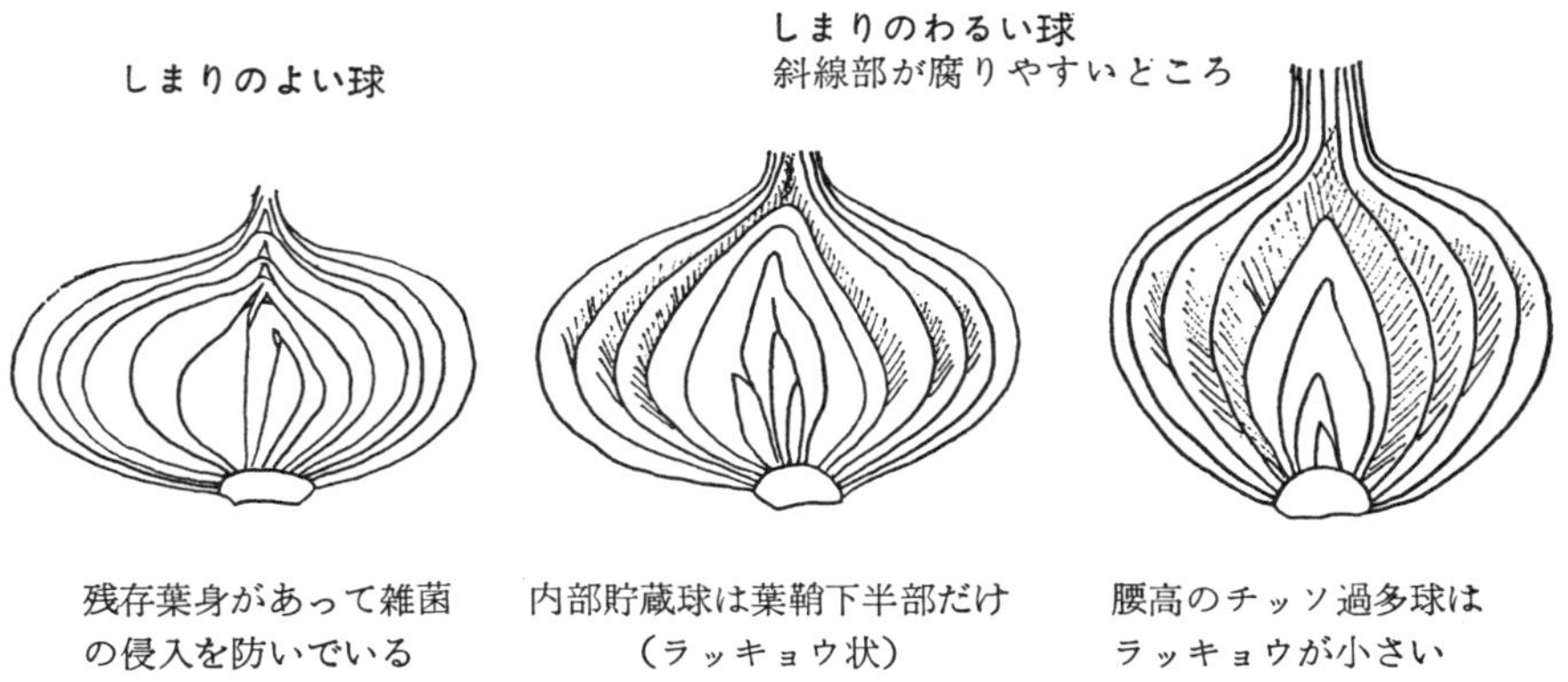

図3 泉州タマネギの耕地柄と球肥大性

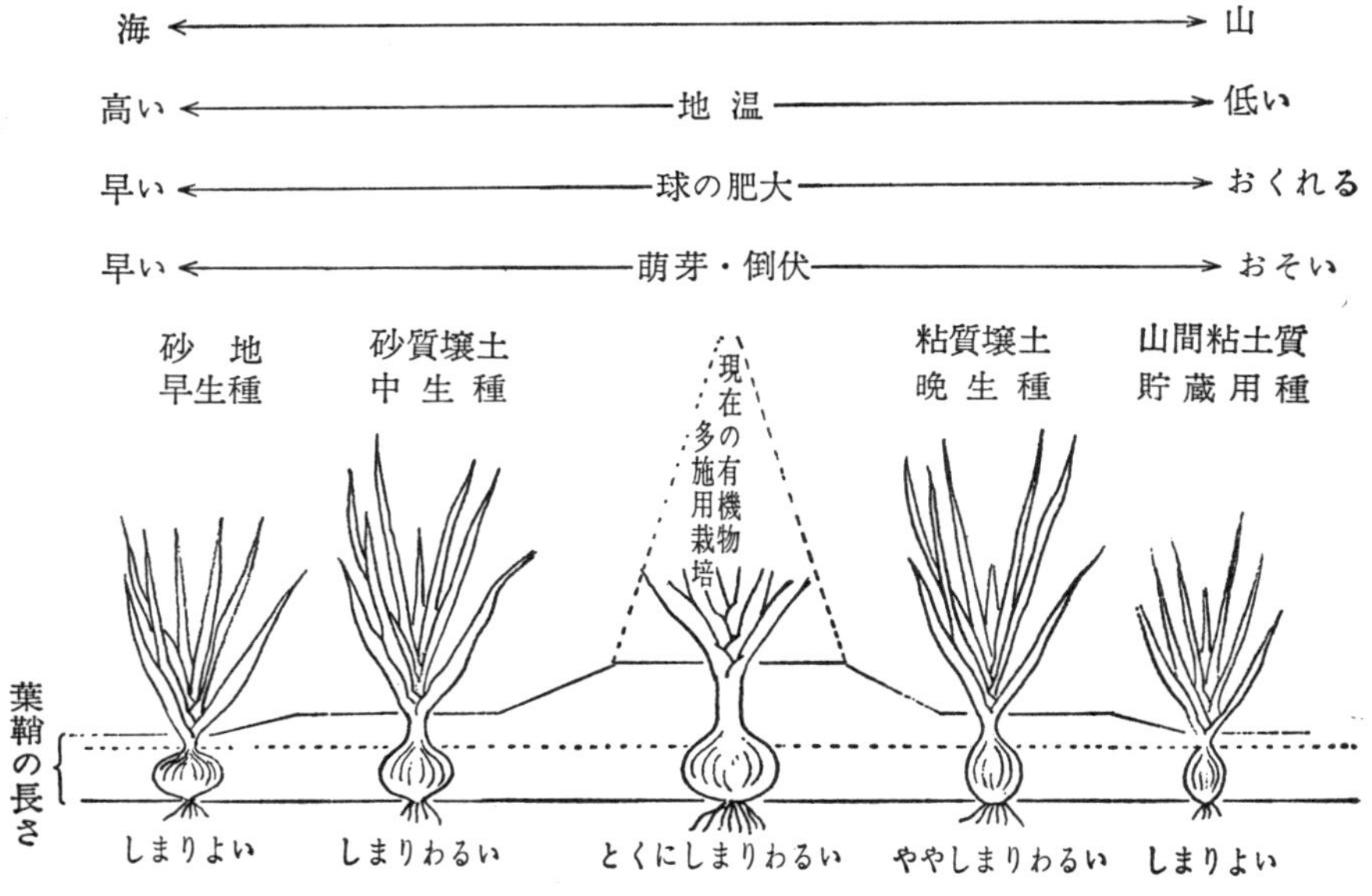

本来、貯蔵用栽培では多収穫をねらうことは腐敗の危険性があり、一方、大球による多収穫でなければ栽培効果があがらず、このあい反する関係は、タマネギつくりの悩みのタネだった。このジレンマのため、ついにタマネギつくりが割に合わないことになって、栽培面積が激減してきたのだ。

そこで近年、MH30の萌芽抑制や冷凍貯蔵などの技術開発がすすみ、青切りに加え貯蔵法との組合わせを考えた多目的栽培に移行してきたのである。

◎有機物多施用の落とし穴

もともと、タマネギの生育と球の肥大とに最も影響するのは、チッソの肥効と土壌水分とである。この関係をつごうよく結びつけて効果的にするのが堆厩肥の多施用である。

堆厩肥をふんだんに施すことは、土壌の物理性をよくし、根の発育を良好にし、保水性をよくして乾燥害を防止し、そのうえリンサンの活性維持に大きく役立つと、ただひたすらに思い込んでいた。

なるほどタマネギには、堆厩肥の多施用が思いどおりに効を奏して、球の肥大は良好になった。しかもその球は、早生の青切り球から晩生の貯蔵球まで、長期間の肥大が続行して、まさに多目的栽培は成功したかにみえた。

だがその反面、どうにもならないわるい作用面があることについては考えていなかった。

有機物を多施用すると、有機物の腐敗過程で、フザリウム菌が繁殖する。また家畜糞尿を多施用すると、塩素(Cl)害による生育障害のため、タマネギの病原菌抵抗力が弱まって、各種病気発生の原因にもなっている。さらに有機物多施用による収穫期までつづく土壌の保水性は球をめっぽう大きくするが、球内の糖濃度を下げる。加えて、青立ちの長引く生育は、首のしまりをわるくする。

こうしたわるい作用が重なることによって、いわゆる〝腐りやすいふやけたタマネギ〟ができるようになった。

タマネギのもつ本性と、それに手をかす栽培との関係は、おろそかにできないことである。

＊　＊　＊

結局、奇になるネギ属は葉が立っていれば病気をしない。ところが葉が折れるとたちまち生理障害を起こし、病気にもかかりやすい。葉鞘球もふやけてしまう。葉が折れるとネギの「急所」がおとろえるからである。ネギ属はまことに特異な形態をもつ野菜である。

すき焼きとネギ属

ネギは、すき焼きには欠かせないものになっている。ネギ属と肉類とは合い性がよいからだ。ツンと鼻をつく臭みは「アリシン」で、この臭みは、タンパク質に吸着されやすい性質をもっている。つまり、ネギ属と肉類との合い性は、共に持ち前の臭みを相殺するということである。

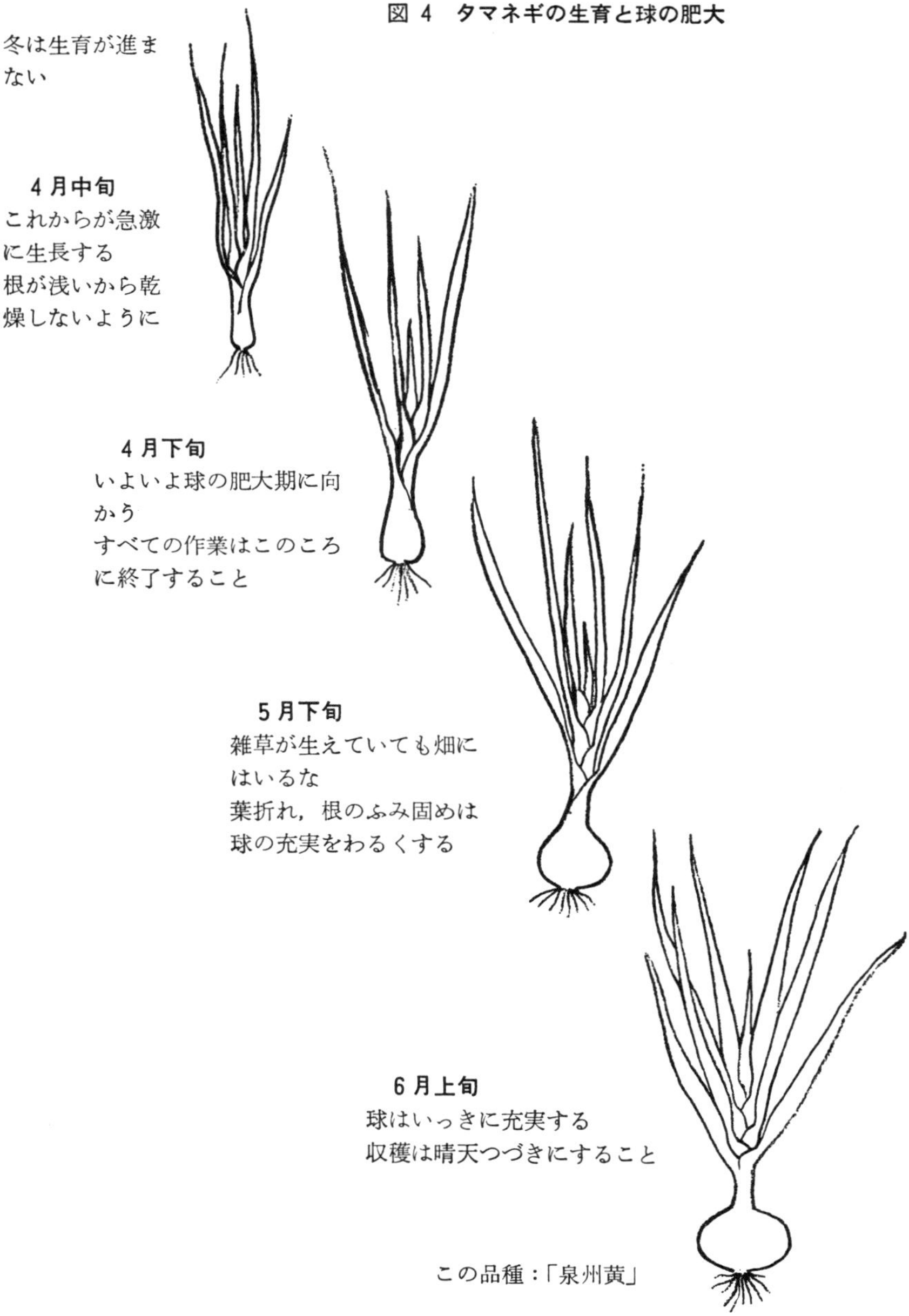
冬は生育が進まない
4月中旬
これからが急激に生長する
根が浅いから乾燥しないように
4月下旬
いよいよ球の肥大期に向かう
すべての作業はこのころに終了すること
5月下旬
雑草が生えていても畑にはいるな
葉折れ，根のふみ固めは球の充実をわるくする
6月上旬
球はいっきに充実する
収穫は晴天つづきにすること
この品種：「泉州黄」

図 4　タマネギの生育と球の肥大

第六章　野良に育つ

◎栽培技術の本質的原論

いうまでもなく《野良》とは、野が良いということである。すなわち「田畑」として良い処という意味がある。晴天の少ない日本列島では、野良は、野菜つくりの好適地にもなるのだ。

かげろうの立ちのぼる野良は、晩秋から早春の気温が、他の土地より二度ほど高くなる。この陽光と暖気の地は、促成栽培の適地ともなる。

冬どりのキヌサヤエンドウ、冬のトマト、それにイチゴの促成などの不時栽培は、この野良からはじまった。

こうした促成栽培への考え方は、単に暖かい場所は作物の育ちがよい、ということで作物をみている。ただそれだけのことである。もしそれが、栽培の基本になるとすれば、栽培は単なる《現象論》にすぎない。

たしかに作物の生長は、表面だけの現われを見る限り〈光と温度〉の感応が端的に現われている。だから、従来の栽培学では「光合成と物質生産」が、主流になってきた。だがこれは〝誤れる増産技術〟をリードしていた、と、わたしは思っている。

当の学者先生たちは〝作物の生育過程において、光合成について技術的に管理されておらないのは、技術上の片手落ちである〟といっていた。

しかし、光合成に加えて施肥技術、この技術的な管理こそえこひいきであろう。光合成研究の本質は、測定するための装置の開発であった。

栽培技術には、生きものを対象にした本質的原論がある。それは、植物の自給体制であろう。

◎植物の自給体制(リーチング)

野良だって、いいことずくめではない。日受けのよい野良は、晩秋から早春までは、ここちよい場所であっても、反面、晩春から早秋までは、ときには晴天つづきが土地をしゃく熱する。

こうした気候を調節するのは《五風十雨》の気象である。五日めごとの風は薫風となり、十日めの雨は、慈雨になるということだ。

そこで植物は、こうした気候現象に対応することによって、自給体制をととのえている。この自給体制は、広い意味でリーチング(溶解―ろ過―吸収)という現象である。

ところが作物を「栽培する」という技術は、作物サイドのリーチングを理解しないで、まるでペットを飼育するように、餌つけ(施肥)しか考えない。だから当然、作物は、植物としての自給体制がくずされてしまったのだ。

今では、リーチングは狭義に解釈されて、雨、露、霧などによって植物の葉や体から、物質が流亡する現象である、としている。それでも、葉面からの物質のリーチングは、植物の生理、生態に関係する一大要因である。

つまり、葉から流亡する水は、アルカリ塩を含んでいるから、リーチングによって植物体内の塩類濃度は、自己調節される。雨や露の多い気候では、過剰な塩類をろ過溶出しているのだ。

もちろん、そんな季節でも、高塩類濃度に耐性のない作物、酸性に弱いといわれている作物は、生育がわるい。また、雨や露の少ないときには、高塩類濃度に強い作物が育ちやすいのだ。

つまり、植物は、雨にうたれること(レイン・シャワー)によって、体内の過剰塩類を調節し、葉からアルカリ溶液を地面に落とし、自根から排出した土中の有機酸を中和しながら、常に、土壌溶液を中性に保つ方向に作用している。事実、この作用は、降雨後にはカルシウムの根による吸収および茎葉への移動を促進している。

多肥料栽培や作物の被覆栽培には、こうした作物の自衛（自給体制）を、まったく無視しているから、土壌の酸性害や塩類集積害がひどいのである。

◎さらにダイナミックな自給

また一般に、葉の表面が、つるつるしている照り葉や、ロウ物質の多い葉は、リーチングされにくい。が他方、ざらついた葉や霧などで長時間ぬれている状態は、リーチングによって、多くの体内物質が流亡する。それで、葉がぬれやすいということは、体内成分が流失しやすいということである。

だとすれば、葉のぬれやすさと土壌水分とのバランスがくずれると、単に蒸散作用だけでなく、体内栄養のバランスも欠いて、作物は疲労することになる。このように植物の葉におけるリーチング現象は、植物体じしんの健康状態と直結している。

だが反面、葉のぬれやすさは、葉の表面にいろいろなバクテリアが生息し、多量のチッソを固定する。そして植物体の葉が溶出する物質で、チッソ固定菌はさかんに活動する。固定されたチッソは、直接、葉から吸収される。が、この際、リーチングにおける組織内からの物質の通路は、気孔でなくクチクラである。

さらにチッソは、雨や露によって洗い流されて、土壌のチッソ含量を増大する。いや、チッソだけでなく、根から吸収した種々様々な物質も、過剰分は溶解されて、また、土へ戻る。このようにリーチングは、植物じしんによって、溶解された物質は、根によって再吸収されるのである。

これは、植物が生育する、というダイナミックな自給体制である。作物も例外ではない。とくに野良に育つ作物は、このリーチングの現象には、それぞれ特色をもっている。

エンドウ

——野良豆は巣まきが最適

◎雨をきらう本性

エンドウは「ノラマメ」である。ゆらゆらとかげろう（陽炎）が立ちのぼる野良で育つマメだから《野良豆》という。それが野良と陽炎の関係で〝炎豆（エンドウ）〟となって「豌豆」の字があてられたものであろう。

もともと、日本列島でのエンドウは、平地の畑に栽培されていた作物ではない。まして水田裏作用の作物だなんて、とんでもない。

エンドウは山地で、木炭生産と表裏の関係で、作付け操作されてきた。急斜面のナラやクヌギの林木は、木炭用材に切り取られる。その跡地の雑木や下草を焼いて、エンドウがまかれる。

こうした傾斜地は、地形的に水はけがよく、寒波や降霜のときは、冷気流が局部的に上昇するので、寒害を受けない。とくに南面の傾斜地は、風当たりが少なく、日当たりは畑いっぱいに日ざしを受けるので、真冬でも日照が多く、エンドウにとっては、格好の土地である。

だから逆に、エンドウは、強い風に当たると、生育伸長がおさえられ、雨の多い年には枯れ上がりが早く、根も滞水に弱く、減収することになる。もちろん、エンドウの適地でない水田の裏作では、多雨は根腐れなどの発病原因にもなっている。

だが、減収の原因は、直接的には日照不足による結実不良である。が、何といっても、多雨がリーチングによる体内物質の流亡を増大したからである。

本来、エンドウの葉は、すべすべしていてリーチングされにくい。エンドウの子実はデンプンが主成分だから、炭水化物の流亡をさけるためである。

リーチングによる炭水化物の流亡は、強光と高温とに比例して増大する。エンドウの結実期は、ちょうど光が強くなり、温度が高くなりつつある時期なのである。加えて、結実期（四月以降）の多雨は、リーチングによる体内物質の流亡で、葉が老化衰弱してウドンコ病のまんえんがはげしくなる。これが減収の最大原因となる。

ついでにいうならば、エンドウのように、リーチングされにくい葉の作物は、有機物を多く施用すると、品質を悪化する。施用した有機物の酸化を自浄する中和作用が少ないからだ（後出サトイモ一六二ページ中段参照）。

◎エンドウは巣まきにする

ご多分にもれず、〝エンドウも昔は病

図１　地下型発芽の初期生育

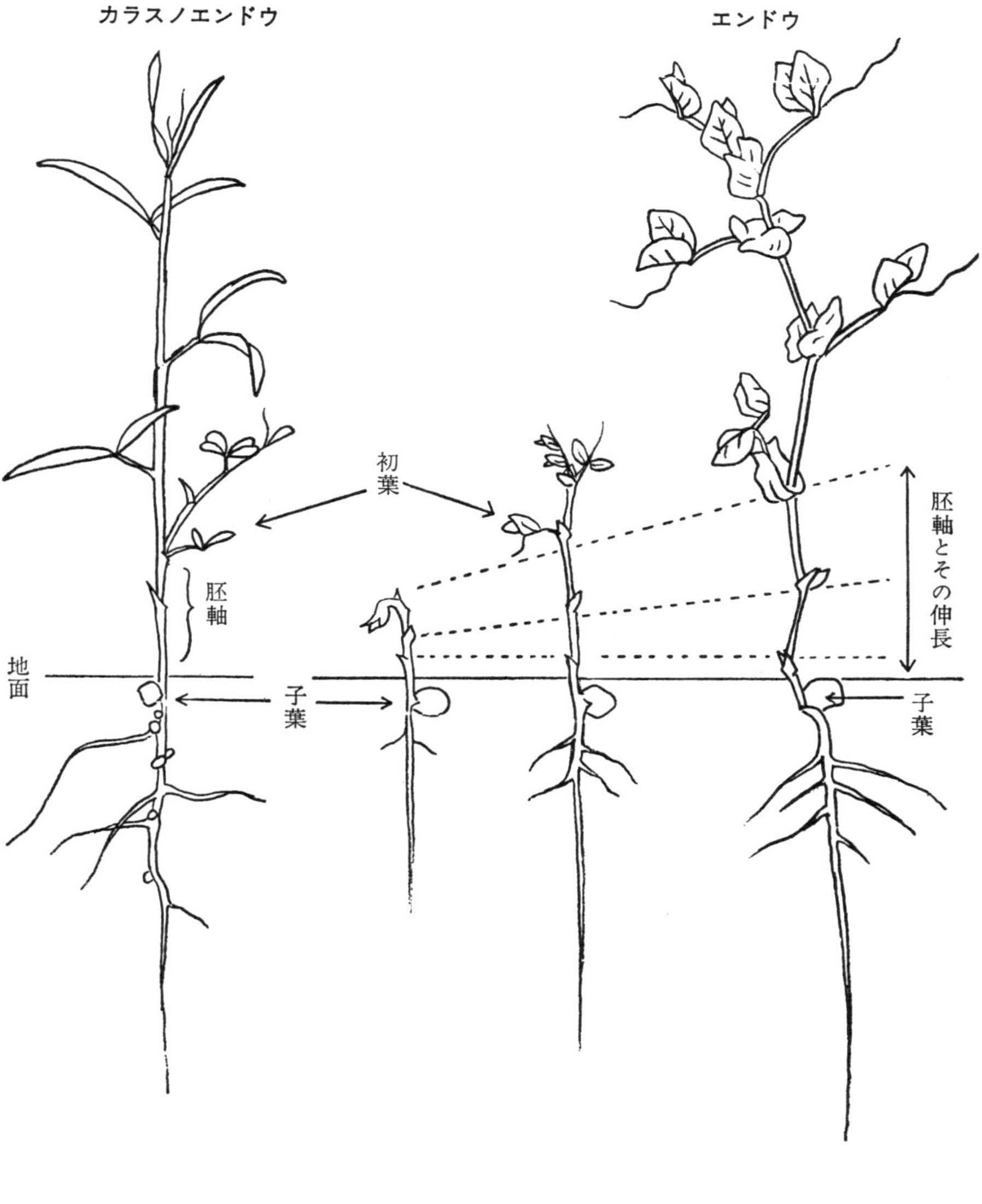

虫害の防除をしなくてもとれていた〃と年寄りはいっている。

それなのに近代の技術は、進歩するほど、肥料や農薬を多く必要としている。それは、ムリな収量をねらうというだけでなく、いま説明したように、エンドウの暮しを無視し、人工的要素で栽培するからである。

とにかく、エンドウは、受光量の増大が増収技術と、はっきりしている。そのための整枝がたいへん労力のかかることなので、無効分枝と受光量との関係が、実用上の問題となっている。

その技術問題は、密植することによって、後期発生の無効分枝をおさえることができても、ツルの過密状態は、受光不足を起こして病気を発生させることになる。とくに水田裏作のエンドウは、水田が適地でないだけに、春の過密生育で「茎エソ病」が発生する。

ところが、エンドウの開花は、主枝上の第一花が最初の結莢につながっている。このエンドウの特性から、分枝で枝数を増加させる技術が間違いのもとになる。

このさい、分枝ではなくて、主枝数を多く仕立てることである。といって株間を狭くした密植は、ツルの過密になりやすいので、株間を広くとって、タネは《巣まき》にすることである。たとえば畦幅四尺、株間二尺の点播で、一カ所に六〜八粒のタネをまくのだ。

エンドウの巣まきがよいということは、同じ野良で密生して育つ近縁近似のカラスノエンドウの草姿（密植性）と共通している。

図1を見てください。発芽時に子葉が地下に残っている《地下型発芽》性の幼植物の特性は、ダイズやインゲンの地上型発芽性（〃エダマメ〃一七七ページ図1参照）とちがって、発芽当初から胚軸《はいじく》が長く伸びて、ひょろひょろする。それは密生していないと倒れるという草姿である。

事実、発芽当初の倒伏は、ただちに「立枯れ病」が発病している。それだから、倒伏防止のために十分な土寄せをすることは、三月中旬ごろから下葉に「灰色カビ病」が多発して、早期に枯れ上がってしまうことになる。

◎発芽不ぞろいを好む

エンドウにとっては、まだ高温すぎる秋の巣まきは、発芽当初は、おたがいにカゲをつくりあって地温を下げ、そのうえ、水分が保持され助けあって育つ。さらに助けあいを強めるためには、巣まきのタネが同時発芽するのではなく、発芽は不ぞろいがよいのだ。

不ぞろい発芽は、幼植物の草丈も不ぞろいになる。胚軸が、つつつウと伸びる発芽当初の生育状態は、おくれた発芽が先に発芽伸長した胚軸を守る役目をしている。その後も何かにつけて、短い方の胚軸は、つっかい棒に役立っている。そのうえ、ひとかたまりに寄り合った根張りは、それぞれ直根が深く伸長する。

本来、エンドウの根は、直根が深根

性で、通気を好んでよく伸びるが、側根は、あまり伸びないものである。この根張りも巣まきに向いている。もし高温適湿で一斉発芽すると、この根張りの性質がなくなって浅根性になる。

そこで、こうした初期生育を考えての発芽をさせるには、タネまき後の灌水は、禁物である。

一般に、灌水したり、順調な降雨があると、三〜四日して一斉に発芽する。それを発芽そろいがよいとしているが、発芽そろいは、発芽直後から過保護で育てなければならないから、病虫害の防除が必要になる。

晴天つづきで無灌水なら、タネまき後一〇日から二〇日もかかって、ぼつぼつと発芽する。その状態が〝順調〟ということである。

それは、エンドウが野良のマメであるからだ。

◎連作障害とリーチング

連作障害の起因は、作物の単作にある。自然の状態、つまり植物の生態系としては《混生》が正常である。

同一地に同一作物を連続して栽培する単作は、生育が不良で、収量が減少する。けだし当然のことであろう。それを「連作障害」といっているが、それは《生態系の異常》というべきだ。

なのに、連作障害は、土壌伝染性の病害に起因するとして「土壌消毒技術」で、解決策が考えられている。それがたとえ、いくらかの解決をみたとしても、かえって悪循環をまねくだろう。

エンドウは、連作障害の最もはげしい作物である。しかし、その原因は、まだ明らかにされていない。

興津伸二氏は、エンドウの連作障害について〝春に伸長するはずのエンドウが、茎葉を黄化し、葉はウイルス状の縮れを見せ、主枝も側枝も伸長せずに矮化し、結局、早枯れになることが、最も特徴的な症状である〟と説明している（『農業技術大系野菜編10』農文協刊）。

この症状は、一般的にみれば〝植物が土壌乾燥の状態で、餓死する姿〟に似ている。

だとすれば、エンドウの連作障害は、エンドウ自体がリーチングされにくいことに原因があって、栄養分の溶解—流亡—再吸収がスムーズに行なわれていないからだと考えられる。

といって、リーチングによる養分の回転作用は、敏速でしかも最も合理的であるから、とても施肥ではうめ合わせができない。

つまり、エンドウは、他の植物と混生していて、その植物につかまって、おまけに周辺植物のリーチングによる恩恵で、健康を保つという共生植物なのである。

それは、サトイモが雑草の中で生育する《混作の原理》（一六二ページ参照）と、まったく同じである。

そこで、従来の連作障害のいくつかの原因説を考えるとき、リーチング現象を考慮する必要がある、とわたしはそれを指摘したい。

トマト
——葉の本性を生かす栽培を

トマトもエンドウと同様「受光量の増大が増収技術」と、はっきりしている。にもかかわらず、いまだにトマトの生理的障害は、どうにもならない問題であるという。その問題をよけて、現在の「春トマト」の作型が工夫されてきた。それは、八月下旬まき、十月下旬定植、一月から六月ごろまで収穫出荷するという作型である。

ではなぜ、トマトは、冬の乾燥期にハウス栽培をするのだろうか。

◎トマトのリーチング

トマトの葉は、エンドウとはまったく反対に、リーチングされやすい。それは、リーチングによって過剰な塩類を除去するためである。加えて、リーチングのはげしい作物は、有機質の多い土壌で、土の物理性が高いほど生育がよい。先にのべたように、リーチングによって、土壌が中和されるからである。だからトマトは、有機物施用の効果があるのだ。

ところで、日本列島でのトマトは、温度的には、たしかに夏向きの作物である。しかし夏向きに作型を組めば、トマトは雨季に弱いから、梅雨期が邪魔になる。そのうえ梅雨の晴れ間の強光で、トマトの生育が旺盛になりすぎて、その異常さが、トマトを草ボケさせてしまう。いわゆるチッソ過多である。つまり、トマトにしてみれば、チッソ過多は、あげくのはての姿であろう。——その成り行きはこうだ。

日中に降雨、あるいは葉面がぬれることは、光合成作用の阻害と、リーチング作用によって光合成物質（糖類）が流亡することになる。それが夜間では、光合成作用がなくて、リーチングだけの作用で、どんどん生体物質を消耗している。

ところが、リーチングされた物質は、葉面で固定されたチッソとともに、アルカリ溶液となって、自根の上に滴下する。トマトの根からは、生育を抑制する物質(未詳だが一種の有機酸か)が出ているといわれているが、それでもトマトじしんは、葉からの滴下物質を根によって再吸収する。それで葉は、いちじるしく葉面積を増大（二〇〜三〇パーセント）する。

このサイクル（リーチングの影響）は、意外なはやさで進行するので、降雨後の地上部の変化は、その後、晴れ間における光合成作用に急激な影響をあたえることになる。このトータルが、チッソ過多になるのだが、それは、着果後よりも、着果前の草状において、影響がより大きいものである。

というわけで、リーチングの影響をごく小さくするために、春トマトの作型は成立した。だが、そのために低温とカルシウム不足とは、トマトの乱形果を多くしている。また、維管束の褐変する「スジグサレ病」も、さけられない問題となっている。

◎お日さまとともに育つ葉の機能

トマトは、ひとめ見てわかるように、複雑な葉形をしている。そして毎日、見るたびごとに葉形が変わっている。さらに、じっと見ていると、あの複雑に切れ込んだ葉(小葉の葉先)が、わずかにゆれ動いている。下葉も新葉も、風がなくても動いているから、「トマト畑に入るとスッとする」と栽培農家は言うわけだ。それは熱気がたまらないようにしているから、病気も発生しにくいのだ。

その説明をするために、ここに一枚の葉を描いてみた。とくと図1を見てもらいたい。もしここであなたが、葉の主脈(中心線)に目ざわりを感じ、葉の重なり(立体感)が目につき、それらの動きがなんとなくわかるならば、あなたは、トマトつくりの名人クラスということだ——いま、あなたが感じたというそれは、「間葉」のはたらき、つまり、葉の動きである。

トマトの葉は、日光を受けると窓のトビラを開くように、まず「間葉」が立ち上がる。光が強くなると「小葉」の基部にある「小間葉」も上向きに立ってくる。それだけ光線をそらしているのだから、光は下葉へ当たり、さらに葉間をくぐって地面にも達する。すると地面は、温まって熱を放射する。そこで空気は対流するが、熱気は「小葉」のすき間を素通りして上昇し、暑さが葉裏にただよわない。だから、人もトマトも、スッとするのだ。

夏の高温期には、間葉、小間葉の操作では間に合わないので、それぞれの小葉の縁《ふち》が巻き込んで葉を細める(巻き葉現象)。このようなはたらきが、いつもうまくできるように、トマトの葉は「不整形羽状複葉」になっている。葉のはたらきがうまくいくからこそ「ハカビ病」や「エキ病」が発生しないのである。

◎露地とハウスの葉のちがい

ところが、葉のはたらきを無視しているのが「ハウス栽培」である。

トマトは、特異な開度九〇度の葉序で葉がでるから、理屈では葉が重なっていく。だが現実には、上の葉は「葉柄」が長くなって、各小葉は、重ならないようにズレができている。露地栽培は、それが図2のようにうまくいっているが、ハウス栽培では、葉柄の操作はそのようになっていても、光が拡散するから、葉の傾きは、垂れ下がることになる。そうすると、直下に葉があるから、その下葉よりも外側へ突き出ようとする。その作用は「頭葉」が葉の伸長をうながして、葉身の方向を指示する。

→110ページ

図１　複雑な葉型＝不整形羽状複葉
——お日さまとともに育つ機能——

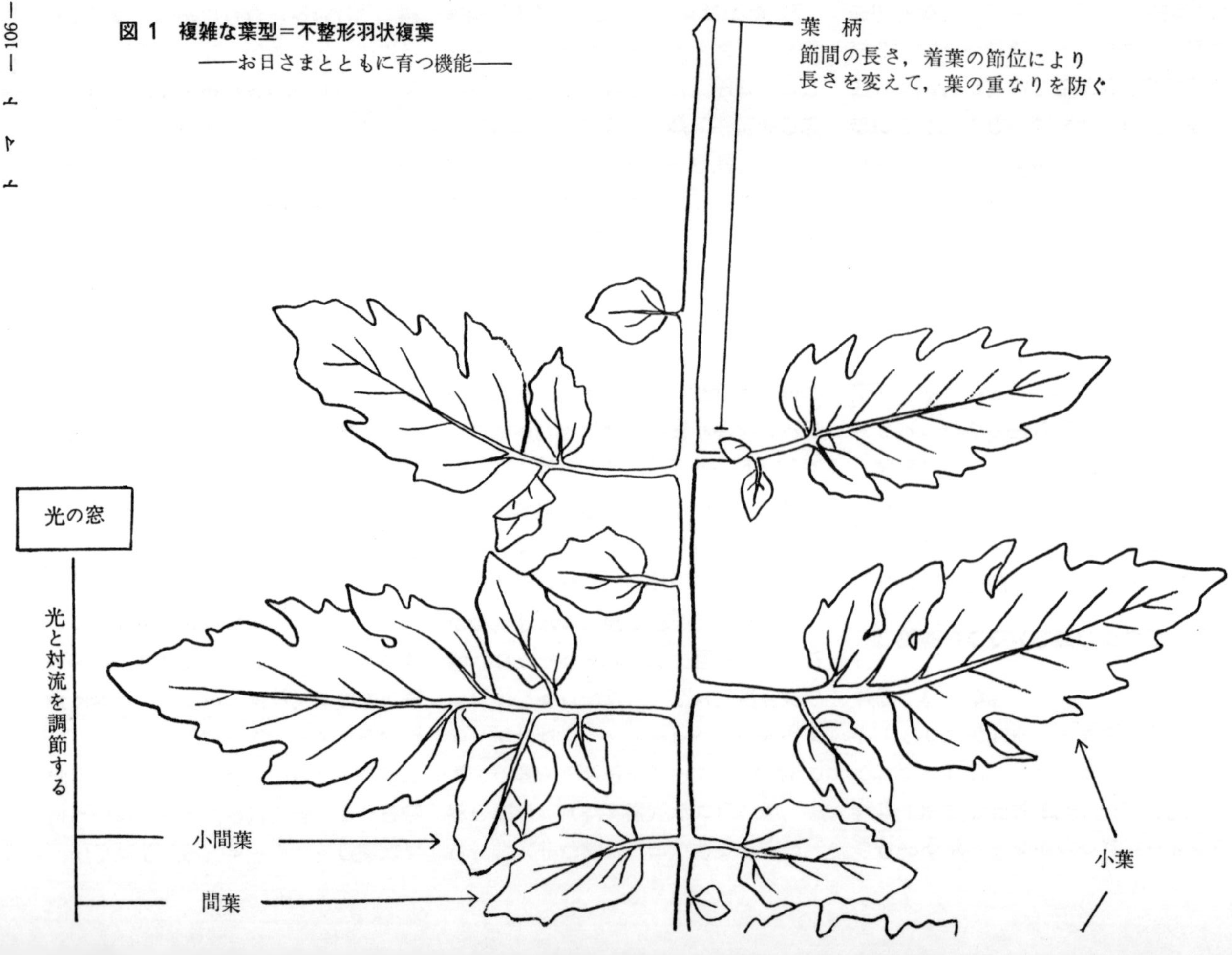

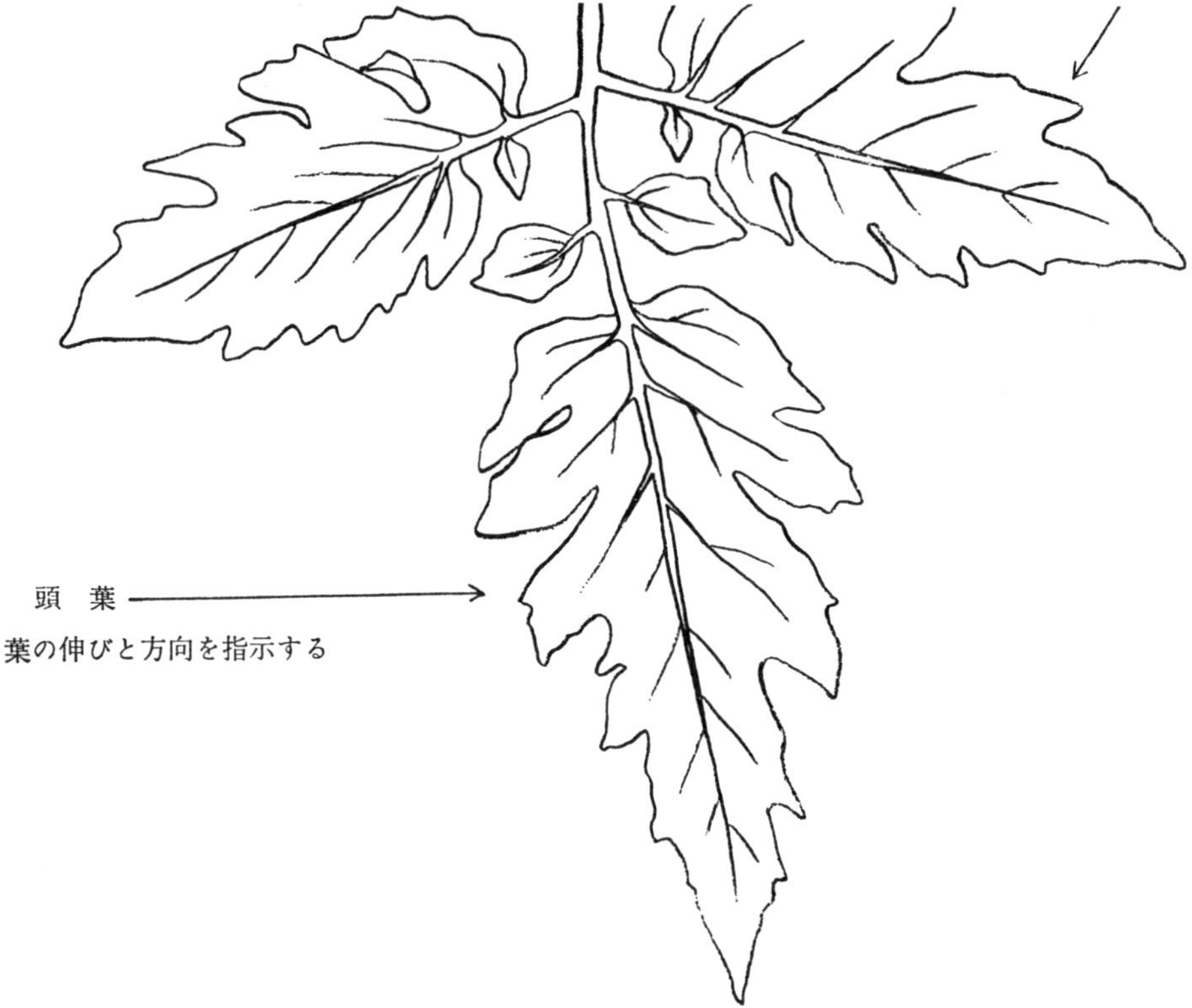

品種：グローブ系「かがやき」（筆者育成種）

図 2 露地とハウスのちがい

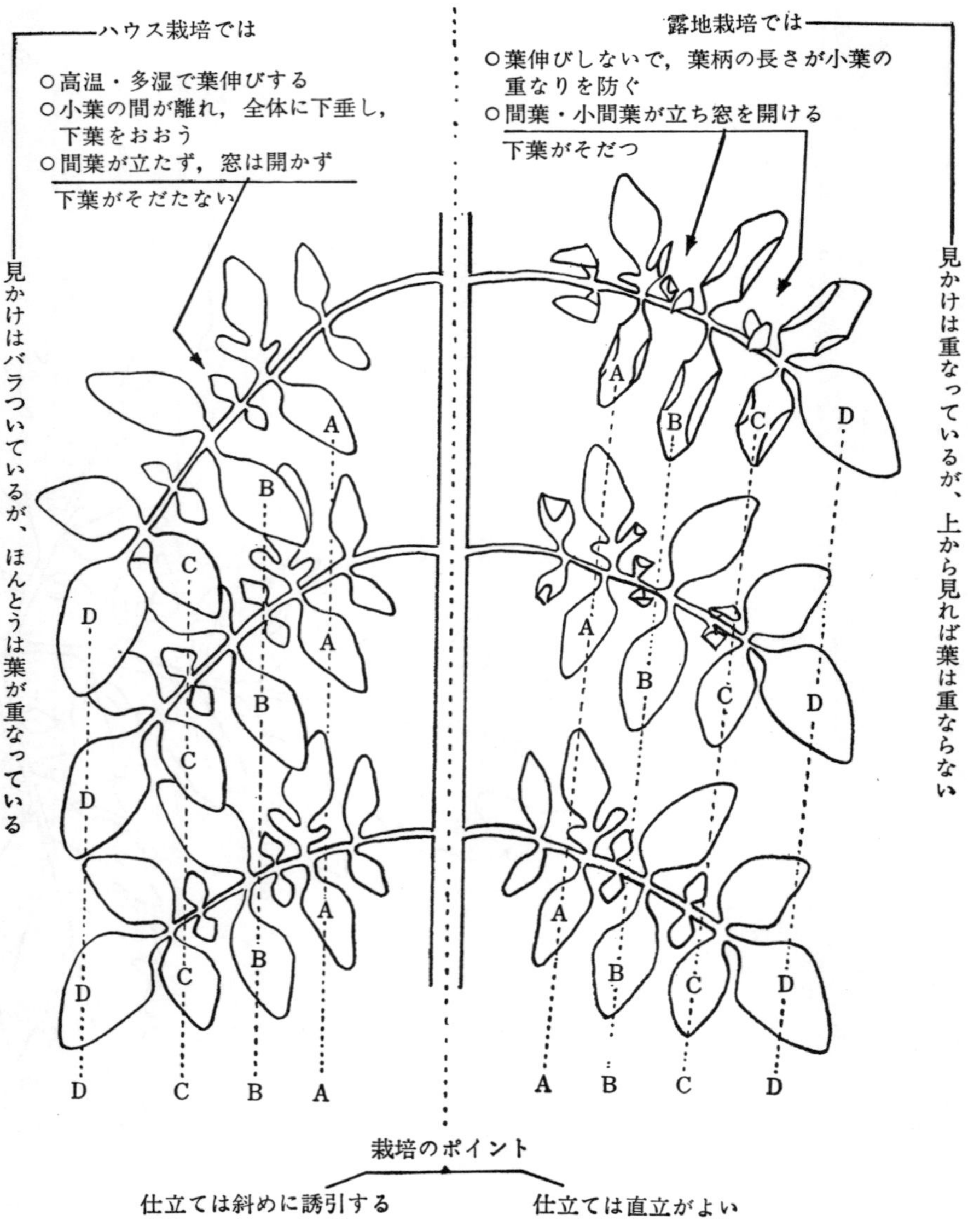
ハウス栽培では
○高温・多湿で葉伸びする
○小葉の間が離れ，全体に下垂し，下葉をおおう
○間葉が立たず，窓は開かず
下葉がそだたない
見かけはバラついているが，ほんとうは葉が重なっている
露地栽培では
○葉伸びしないで，葉柄の長さが小葉の重なりを防ぐ
○間葉・小間葉が立ち窓を開ける
下葉がそだつ
見かけは重なっているが，上から見れば葉は重ならない
A
B
C
D
栽培のポイント
仕立ては斜めに誘引する
仕立ては直立がよい

図 3 葉は第 1 葉から本性を発揮する

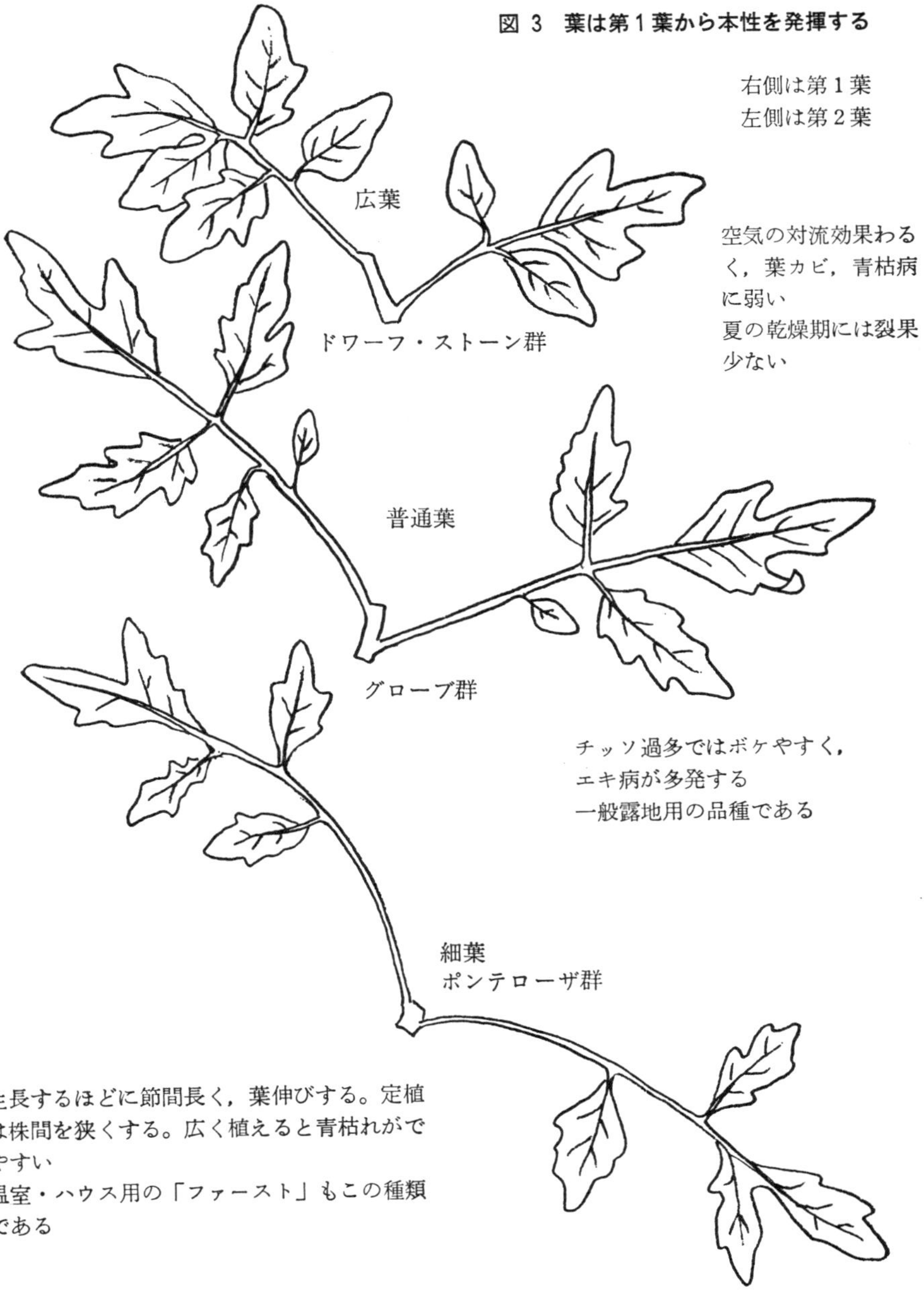
右側は第 1 葉
左側は第 2 葉
広葉
ドワーフ・ストーン群
空気の対流効果わるく，葉カビ，青枯病に弱い
夏の乾燥期には裂果少ない
普通葉
グローブ群
チッソ過多ではボケやすく，エキ病が多発する
一般露地用の品種である
細葉
ポンテローザ群
生長するほどに節間長く，葉伸びする。定植は株間を狭くする。広く植えると青枯れがでやすい
温室・ハウス用の「ファースト」もこの種類である

幸か不幸か、葉伸びには都合のよいようにハウス内では、葉質がやわらかく育っているから、小葉間は、グングン伸びるようになっている。葉伸びすると葉先が重くなって、葉はますます垂れるようになる。皮肉にも、葉柄が長くなったことが、葉の傾きを大きくして、小葉間の伸びが無意味になり、それぞれの小葉は、重なってしまうことになる。

しかし、露地の直射とちがって、ハウスでは光が拡散している。だから葉が重なっても、立体的に空間があれば、葉の機能はすこしは劣っても、枯れ葉にならない。それだけに、葉の重なりは、対流の上昇をさまたげることになる。それは葉間に暑さがただようことであるから、さっそくハカビ病が出る。つづいてエキ病。さらに温められた空気が長時間にわたって停滞すると、果実はスジグサレ病になる。そのとき高湿度だと葉が黄化する。これらは光合成作用が少ないために発生する生理病で、いってみれば「蒸れる」という窒息症状だ。

もちろん、ハウス内の葉は光が弱いから間葉や小間葉は横向きに開き放しになり、光の窓は閉めきったままである。これは空気（対流）の通路を遮断していることになる。

この「一枚の葉」の機能が理解されないで、こうした生育状態を立毛で見ると、ハウス栽培は、小葉の間隔が広いので、いかにもバラついているように見える。一方、露地栽培では、小葉の位置がズレているだけに、目には、わずらわしいほどいっぱいに見えている。それは、見る人の目の位置からは錯覚で、太陽は、もっともっと高い位置＝真上から照っている。葉は、高い太陽と向かいあっているのである。

◎葉の本性を生かすには？

さて、そこで栽培のポイントは、葉の本性を発揮させるためには、露地栽培では支柱を直立にして、すなおな生育をはかればよい。

ハウス栽培では、どれだけのズレをつくるかが決め手。葉柄の操作を大きくうわ回るだけの斜め仕立てにすれば、小葉にズレができるわけだ。

もっとも、品種によって葉形に差(細葉、広葉）があるから、いちがいにいえない、というが、そうではなくて、特性は細葉系ほどきびしく発現し、広葉系は、もともと葉の切れ込みの意義が少ないということである。

図3を見てもらおう。トマトの葉は、本葉第一葉から本性を発揮している。その比較をした図である。

だから高温期の露地栽培では、細葉の巻き葉性のものが適応していて、ハウス栽培では、広葉系は病気に弱く、実用的でないということだ。また、チッソ過多で葉がやわらかく、大きくなることは、リーチングの項目で説明したように病気発生の最大原因となる。

日ごとに草状を変化するトマトは、まさに生きものである、と実感する。

イチゴ

——朝露を踏むイチゴ畑に

促成栽培が主流となったイチゴは、冬期間の晴天日数の多いことが、良果多収の条件となっている。

それとともに、イチゴの生長、開花、結実、そして休眠などの生理反応に対するリーチング（雨、露、霧などの）の影響も、きわめて大きい。これらの生理反応が、いちおう体系的に研究された作物は《イチゴ》であろう。

だがその結果、栽培技術としては、イチゴの本性を巧みに利用することでしかなかった。そしてさらに、わるのりした技術は、イチゴの品種生態をこえたムリな栽培が、次つぎに開発されたことである。

そのことは、イチゴをだましつづけて商品化することであったから、いつのまにか本来のイチゴの生理、生態を忘れて、人工的要素だけの作型開発になってしまった。

もう今では、体系的なリーチングの研究どころか、雨を拒否した栽培が普通になった。

ほんとうは、イチゴは、野良で芝づくりされていて、朝露を踏んで収穫するものである。イチゴの葉には、葉縁に水孔があって、朝は露滴がついているからである。

葉縁の《露滴》——その排水作用は、そこから体内物質が流亡していることである。しかしその露滴は、アルカリ溶液なのである。そしてこれは、イチゴが健全に生育するためのカギになっている。

◎イチゴの生育周期

もともと、イチゴは宿根性の植物である。定植したその年に「連作障害」がある、とは考えられない。イチゴは、嫌地《いやじ》性ではないからだ。また、イチゴは、気象的にみても日本列島のどこででも栽培ができるので、特別な地域性もない。

だから、イチゴは、露地の《芝づくり》が本来の生育生理で育っていることであろう。いまはイチゴの芝づくりは、長野県や青森県の広い耕地で、施肥をしない粗放栽培で、収穫の手間だけの労力で、加工原料用としての栽培が残っているくらいである。

本来のイチゴの生育では、さわやかな五月の気候に収穫していたイチゴが、六月になると、長日、高温しかも強光で果実がならなくなる。そのかわりにランナーが伸びて、その先に子苗がつく。その間、親株は、八日に一枚の割で新葉を展開する。このときは五分の二葉序で、葉柄も長く伸ばしている。

→116ページ

「福羽」から「麗紅」まで

図1　主要品種の育成経過図

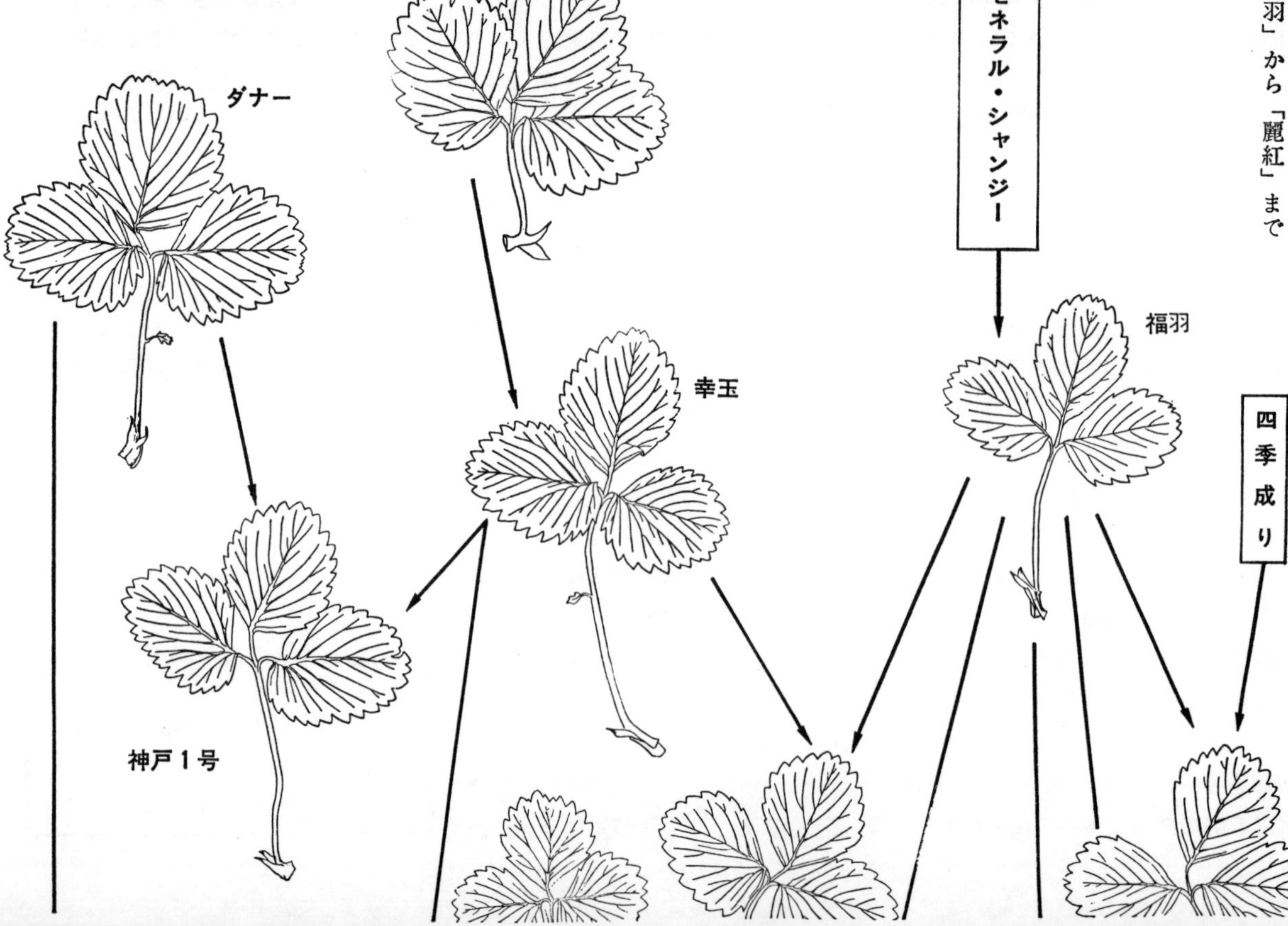

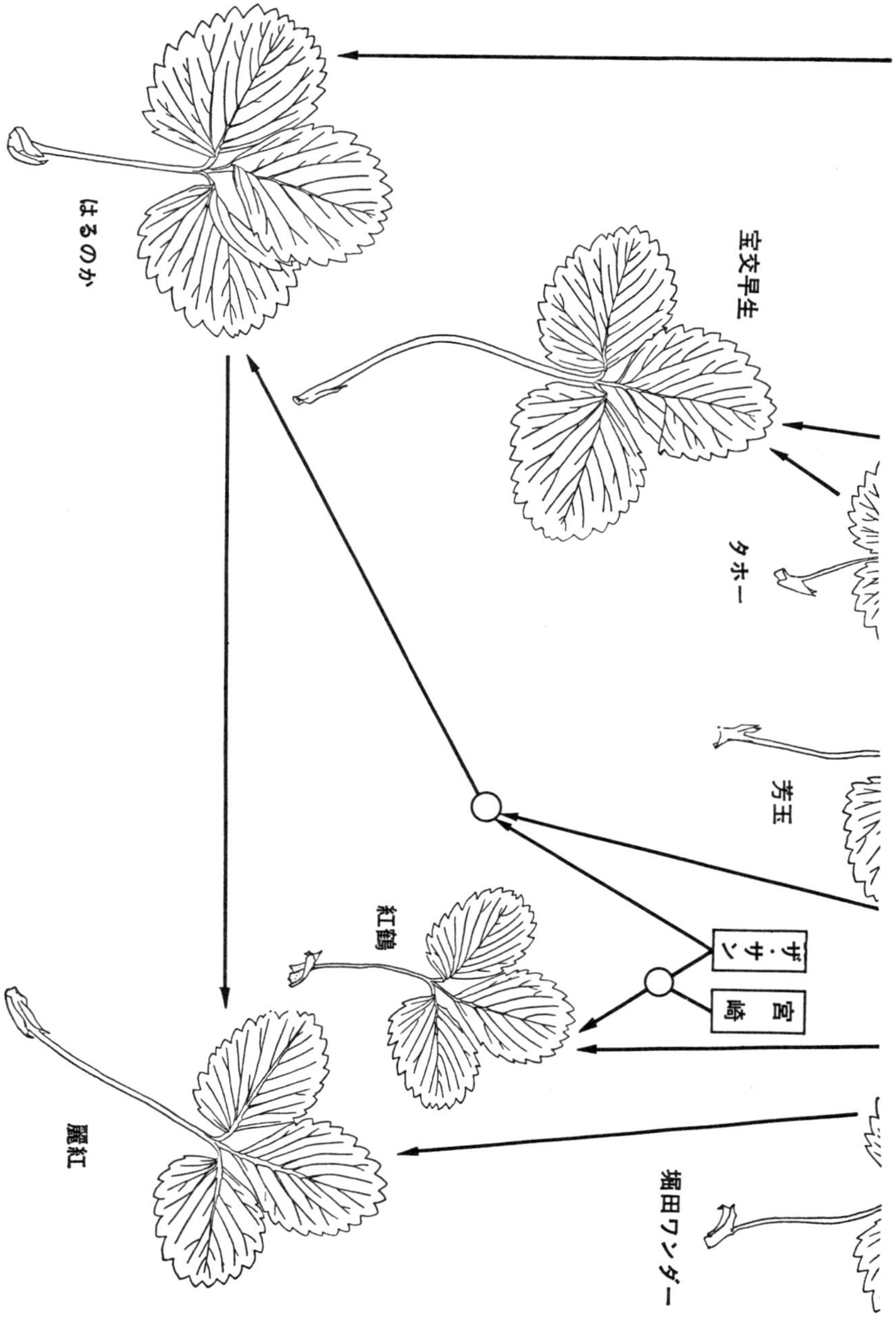
はるのか
宝交早生
タホー
芳玉
紅鶴
ザ・サン
宮崎
麗紅
堀田ワンダー

図 2-①　フラガリア・チロエンシス《原種》

鋸歯との関係をみる

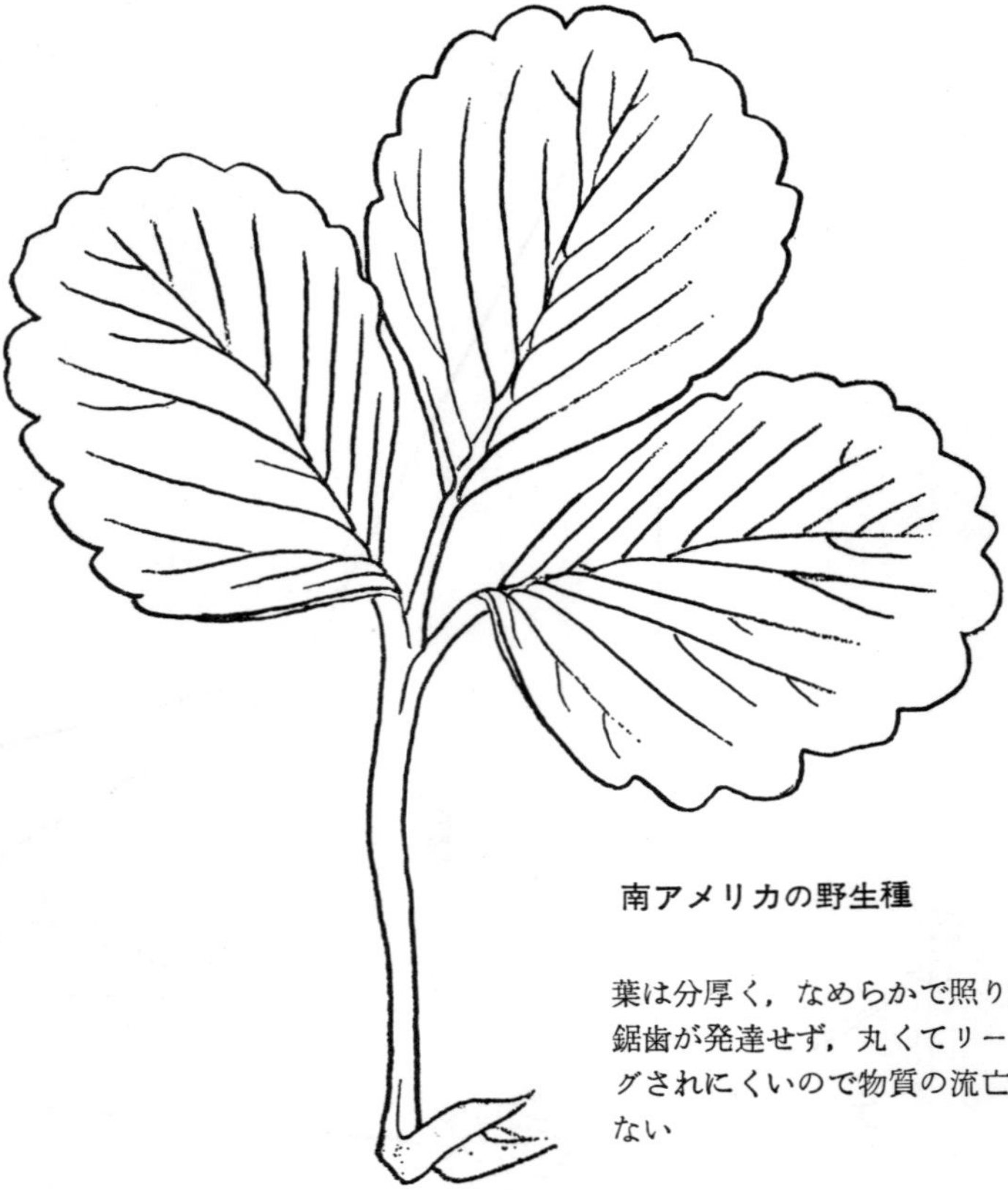

南アメリカの野生種

葉は分厚く，なめらかで照り葉。鋸歯が発達せず，丸くてリーチングされにくいので物質の流亡が少ない

（実物大）

図 2-② フラガリア・バージニア《原種》

葉面積と

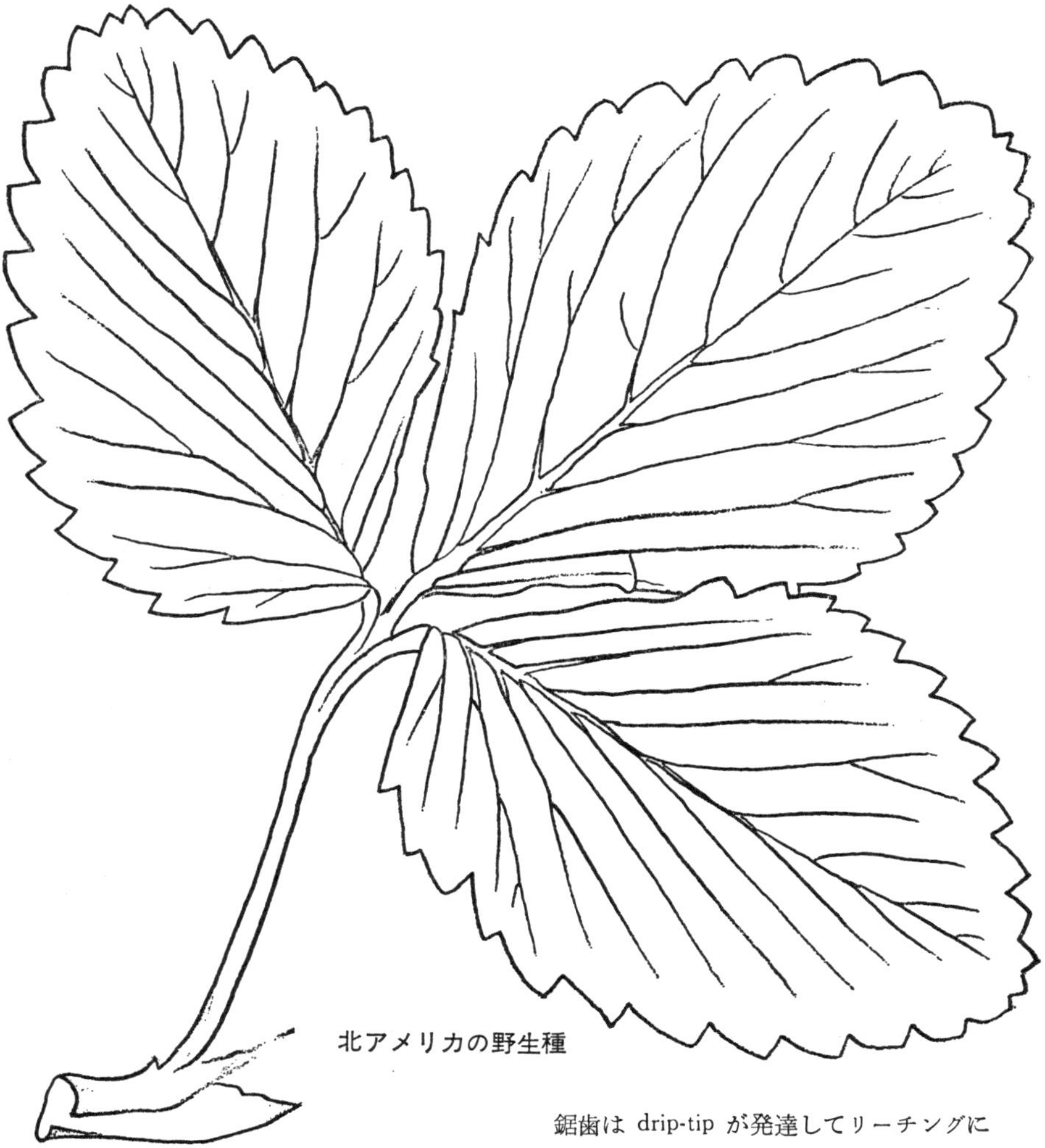

鋸歯は drip-tip が発達してリーチングに
よる物質の流亡を減少させている

九月になって、日が短くなると、花芽が分化する。十月以降、気温が八度以下になると、短日と低温との相乗作用によって「休眠」するという。さてここで、一般にいわれているイチゴの休眠とは、葉柄が短く、葉面積も小さく、全体が矮小化する「矮化」現象のことである。すなわち、春先に気温が上昇するまでの〝寒さにちぢこまっている姿〟を休眠といっている。しかし……そうではない。

正しく理解するならば、イチゴが冬に矮性化するのは、葉序がロゼット様の葉組みに草姿を変えたものである。それはもう、今さらいうまでもないが〝光を求めて寒さに耐えて栄養分をためこんでいる〟草姿である。

それではイチゴは、なぜ冬にそうするか。冬のイチゴは、体内に花芽を宿しているからあたりまえのことだ。つまり、イチゴにとって冬は、大事な妊娠期間なのである。

妊娠中の花芽は、八度以下の時間が合計して四〇〇～五〇〇時間を過ぎると、体内で動きはじめる。やがて日が長くなり、気温があがると花が咲き、五月ごろには、果実は真赤になる。

これがイチゴの一年である。

◎ダイナミックな葉の働き

そこで、こうしたイチゴのみごもり（花芽形成）は、日長時間や低温刺激を、まず葉で受けて感応する。そして、リーチング作用で自給の態勢をとる。もちろん、日常生活として、葉は光合成作用もする。

つまり、葉は、多種多様なダイナミックな作用をしているのだ。それで四季変化の大きい日本列島では、栽培技術を左右するものは、実は《葉》である、と理解してほしい。イチゴは、その典型であることを、ここで説明しよう。

まず、イチゴの《原種》を図2で見てもらおう。

現在の栽培イチゴは、北アメリカの「バージニア」（図2-②）と南アメリカの「チロエンシス」（図2-①）とが原種になっている。これがヨーロッパで交配されて、現在の大粒イチゴの祖先が生まれた。そしてヨーロッパやアメリカの各地で栽培されて、かおりや味のよい今のイチゴ品種ができてきた。それで、この二つの原種が持つ性質は、結合されたり、配分されたりして、土地柄に応じた生態系品種が分化し、成立したとみている。

ところが、この二つの原種は、この葉形図で見る通り、形態的には大きな違いがある。にもかかわらず、生態的機能は、同じなのである。つまり葉におけるリーチングの効果がひとしいということである。

バージニア種は、葉が大きいが葉縁の先端が発達していて、とがった鋸歯は、雨水が滴下しやすく、葉面が乾きやすいので、リーチングによる物質の流亡を減少させている。

チロエンシス種は、葉が小さく分厚

図 3 福羽＝イチゴの王様

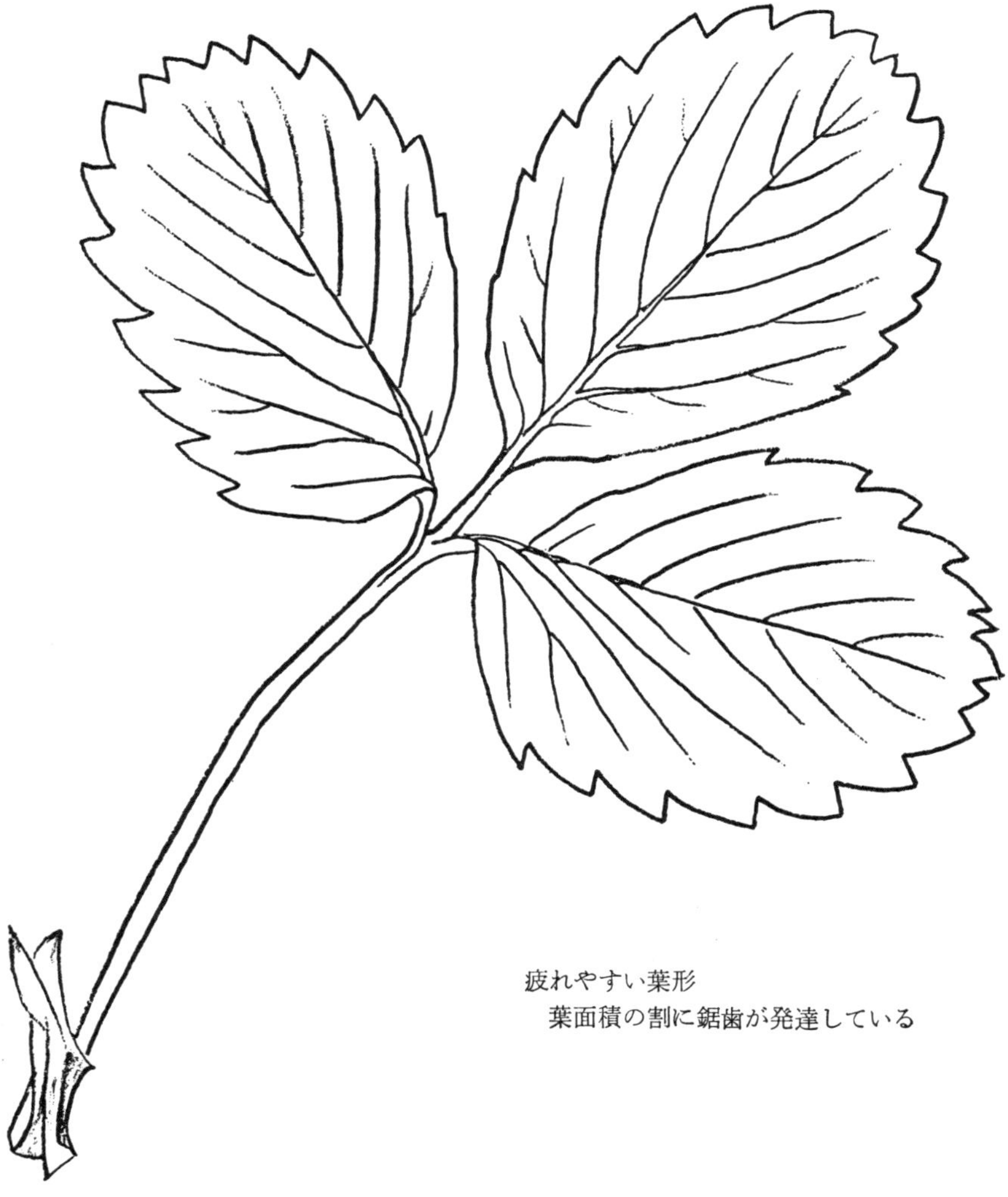

疲れやすい葉形
葉面積の割に鋸歯が発達している

くて、なめらかで光沢がある。いわゆる厚肉照り葉で、葉縁の欠刻がほとんど発達せず、丸っこい葉をしていて乾燥にも強く、リーチングされにくい形態である。

というわけで、この両者は、葉形こそちがっているが、リーチング効果（葉の働き）としては、どちらも体内物質の収支をつぐなうようにしているものである。

それなのに、イチゴの品種育成では、現在の品種成立までの過程において、いや今でも、この《葉》すなわち葉形と葉縁鋸歯との関係（光合成作用とリーチング現象）を、重要視していないようである。

◎福羽系品種

小さな葉に発達した鋸歯

日本列島では、イチゴといえば「福羽」である。だから、イチゴの品種は「福羽」にはじまって、いま「麗紅」に至っている（図1と8参照）。

明治初年、イチゴの品種が輸入されて、各地へ普及していった。そしてそれは、水田裏作用につくられたので、栽培が成功したわけではなかった。

もっとも、イチゴは、排水のよい、日当たりのよい、温暖な野良が適地となって芝づくりされる作物であるから、水田向きには適応しなかったのだ。

そこで水田に馴化するように育成したのが「福羽」である。いちおう〃イチゴの王様〃とまでいわれたが、「福羽」は高温乾燥に弱く、肥料障害（ガス害）を起こしやすく、そのうえウドンコ病には、格別に弱い品種である。

反面「福羽」は早生で、低温にもよく生育し、結実するので、促成栽培において品種の真価を発揮し、王座を占めることができた。

その後「福羽」の弱点をなくすために、品種は改良されてきた。だが場当たりの商品化こそよくなったとしても、残念ながら基本的な成功品種は、まだできていない。次へ次へと類似点を伝えている葉形の流れを図1で、とくと見てほしい。

そこで、こんどは図1の葉形を拡大した図3を見てください（以下同様、図7までは各品種の葉形を拡大したもの）。この図で見るかぎり「福羽」は、先の二つの野生原種とくらべて、ひとくちにいってしまえば、中途半端な葉形なのである。この葉形が、その後の改良品種といわれている福羽系（図4）において、改良されずに残っているのである。

つまり「福羽」にはじまる福羽系の品種は、葉肉が少なくて、葉面積の割に鋸歯が発達しているとはいえ、光合成作用（生産）よりも、リーチング作用（流亡）が上回るので、葉が疲れやすいのだ。それだからウドンコ病が、福羽系品種の致命傷になっている。

葉が疲労すれば当然、根が弱くなる。それが「乾燥に弱い」ことになるのもあたりまえであろう。しかし、たとえリーチング作用が大きくても、そ

図 4 福羽系品種

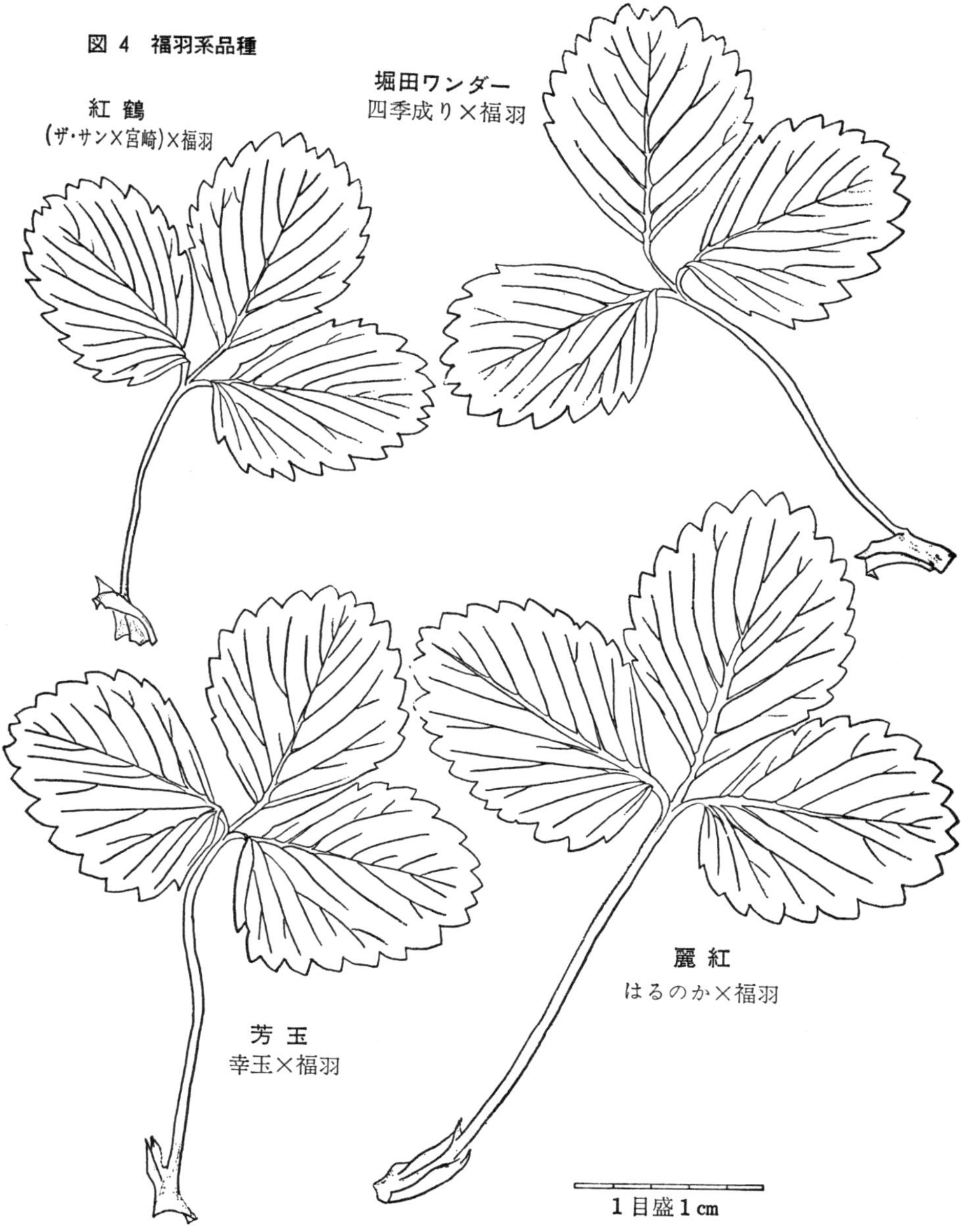

紅 鶴
(ザ・サン×宮崎)×福羽
堀田ワンダー
四季成り×福羽
芳 玉
幸玉×福羽
麗 紅
はるのか×福羽
1目盛1cm

の物質の再吸収が順調であれば、トマトのように強い生育をするものである。だが夏の乾燥期や雨を拒否した促成栽培では、そうはいかない。

といって、葉面灌水をする温床栽培では、醸熱物の発酵と発熱とを促進して、アンモニアガス害と徒長を促し、開花をさまたげるから、ガラス障子の促成栽培は失敗している。

だから福羽系の促成栽培は、ただひたすらに太陽熱をうまく利用することだけを考えて、ついに日本独特の《石垣イチゴ》が誕生した。

でもこれからも、促成栽培のイチゴが十一月から二月の出荷期で、消費形態が伸びるかぎり、生食用の福羽系品種は、まだまだ魅力がある。促成栽培には、花芽形成や矮性化に関する生態がきわめて好適しているからだ。

ともかく「福羽」の育成から七六年めに「麗紅」が育成された。これは他の福羽系とくらべて「はるのか」を通して「ダナー」の性質（太い葉脈）がはいっているだけに、根が強くて、それだけ生育も旺盛である。

その成果は、完全とはいえないが「麗紅」の葉形は、光合成作用とリーチング現象との割合が、太い葉脈の効果によって、いくらかバランスを保ってきたことである。

それで「麗紅」の葉形には「チロエンシス」と「バージニア」との中間的な性質がうかがえる。とくに小葉の葉脚のそげ方には、野性的な効果があらわれるのではなかろうか。

そこが、この品種の強味であろう。

◎ハワード系品種

自給率を高めたリーチングの効果

福羽系の諸品種は、促成栽培に好適な生態型をもちながら、しだいに高品質をもつハワード系品種に圧迫されてきた。近年の体系的な研究によって、作型が開発されてきたからである。

図5の「ハワード一七号」の葉形を見てください。明らかに福羽系とちがった葉形である。これがイチゴの品質を高めるための基本的な性質をもった葉形なのである。

この「ハワード一七号」の葉形は、光合成作用とリーチング作用とのバランスがよくて《葉の働き》の効率がよいので、この葉は、自給率を高めたことになる。その結果は、果実の品質がよくなるのである。

この高品質をもった品種は、図6に示した幸玉系の葉形をもった〈幸玉」—「宝交早生」—「ひみこ」〉の一連の品種群である。

なかでも「宝交早生」は、葉面積と葉縁の鋸歯とが、葉の働きをするうえで、まことにバランスのよい葉形に仕上がっている。その成果が「促成型長期栽培」というこれまでになかった作型を開発したことである。また、露地から株冷蔵抑制栽培まで、きわめて幅びろい作型適応性がある。

この特色は「宝交早生」の自給率の高さが作型適応性にあらわれているも

図 5 ハワード17号 品質を高める葉形

1目盛1㎝

図 6　幸玉系品種

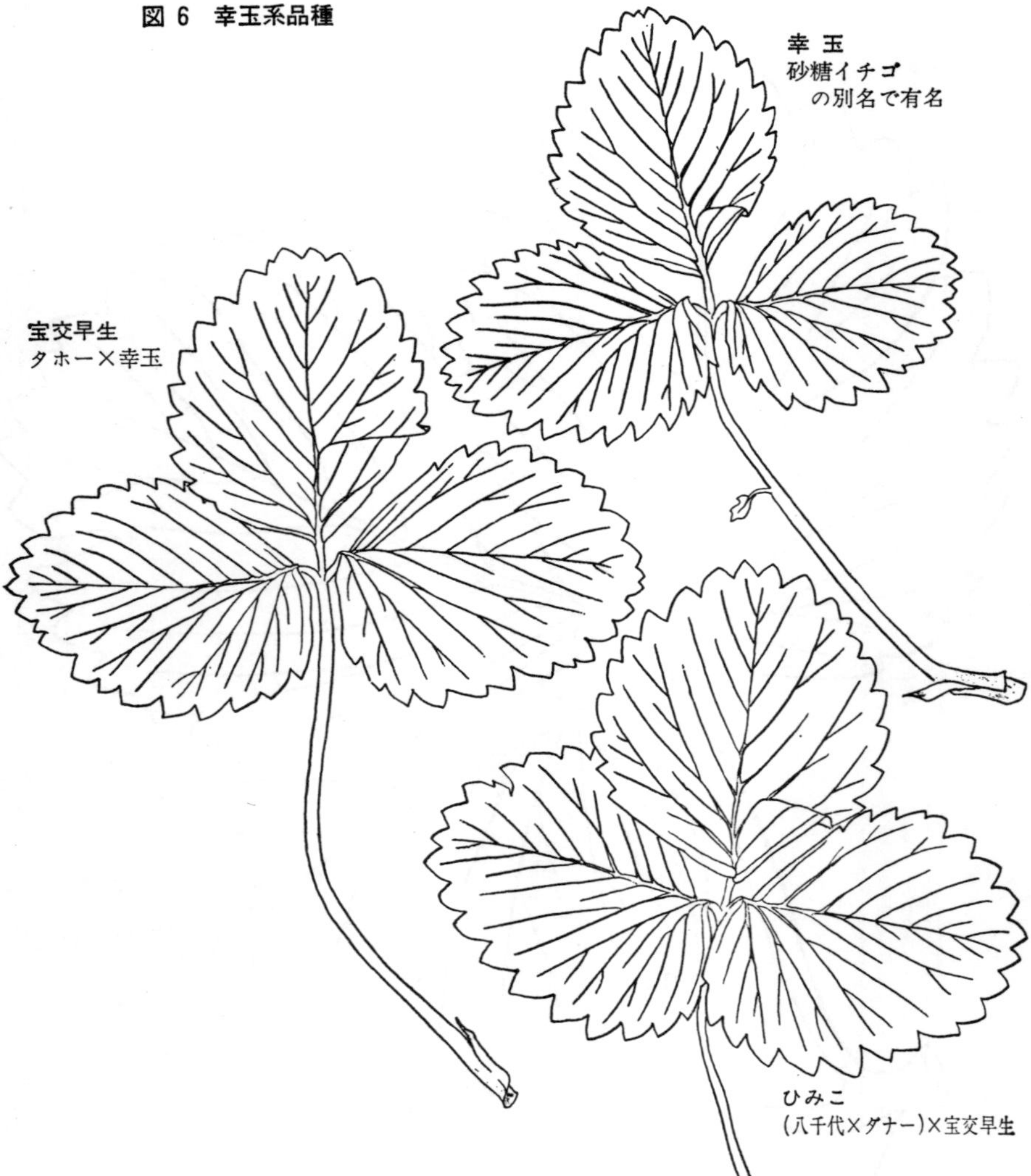
幸 玉
砂糖イチゴ
の別名で有名
宝交早生
タホー×幸玉
ひみこ
(八千代×ダナー)×宝交早生
1 目盛 1 cm

図7　ダナー系の特徴

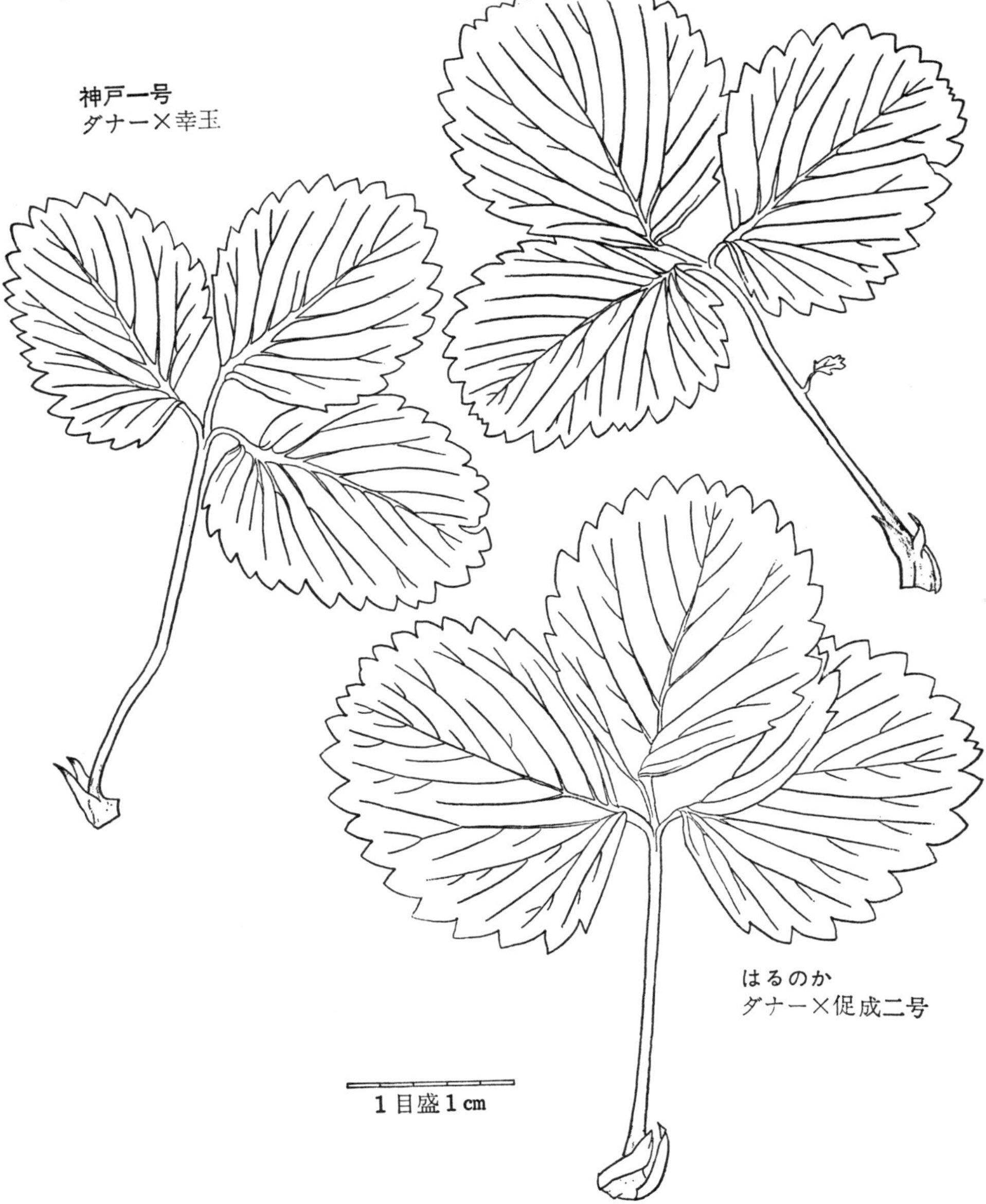
ダナー
太い葉脈が特徴
神戸一号
ダナー×幸玉
はるのか
ダナー×促成二号
1目盛1㎝

のである。それなのに今は、必要以上の多肥栽培で多収穫をねらうものだから、「宝交早生」でも持前の自給力を弱めている。

一方、別のスタイルで露地特有の強さをもち、日本特有の品種として定着したのが「ダナー」である。そして半促成栽培用の主要品種として、図7のように〈「ダナー」―「神戸一号」―「はるのか」〉のグループがある。

ダナー系の葉の働きは、幸玉系とよく似ている。が、さらに露地型あるいは暖地型として、構造的な特徴は、葉脈の発達である。

イチゴのリーチングは、葉縁の水孔と鋸歯とがその作用点になっている。これに葉脈が太く発達してくると、リーチングの作用は、よりダイナミックになるのである。

それは、流亡が多くなることではない。短時間に効率よくリーチングが終わるのである。つまり、葉脈は樋《とい》（水路）になって、葉面が乾きやすいということである。

だからそれが、輸送性のある固い果実（硬果性）にしている。そのうえ旺盛な生育は、ランナーの発生が多く、増殖率が高く、さらに半促成露地栽培が安定する。

◎中間型は育成できるか

ところで、幸玉系にしてもダナー系にしても、「はるのか」や「ひみこ」は、それぞれのグループ内では、葉面積が大きくなりすぎている。そのことは気になる。

これらの品種の大葉化は「はるのか」は〈福羽とダナー〉の中間型を、「ひみこ」は〈幸玉とダナー〉の中間型を、それぞれの長所をねらったのであろう。

だが、このねらいには「ダナー」を利用して輸送性を高め、おカネをもうけよう、という魂胆がみえすいている。だからせっかくの葉の働きは、バランスがとれなくなっている。

人間の恣意な品種改良は、もうすでにこのアンバランスの弊害が病害としてでているのだ。そのことは「ひみこ」や「はるのか」が「麗紅」に傾斜し、あるいは「てるのか」にかたむいていくことが証明するであろう。

だがしょせん、それだって中間型の品種であるから、そう長持ちすることはなかろう。

現在のイチゴ品種と作型との関係は、実用種として限定された品種しかない条件のなかで成り立っている。それらの品種を検討するために、葉形が目安になるだろう。

また参考までに、代表品種の一覧表として、図8をそえておこう。

（付記）ここに図示したイチゴの葉は、すべて六月下旬生育中のものである。

＊　＊　＊

作物にとって、リーチングの現象は、地域や地点によっても、デリケートに作用する。それは、人工的な施肥技術や施設栽培でうめ合わせができない。それ以前の基本的問題である。

図 8 イチゴ主要品種の育成経過図

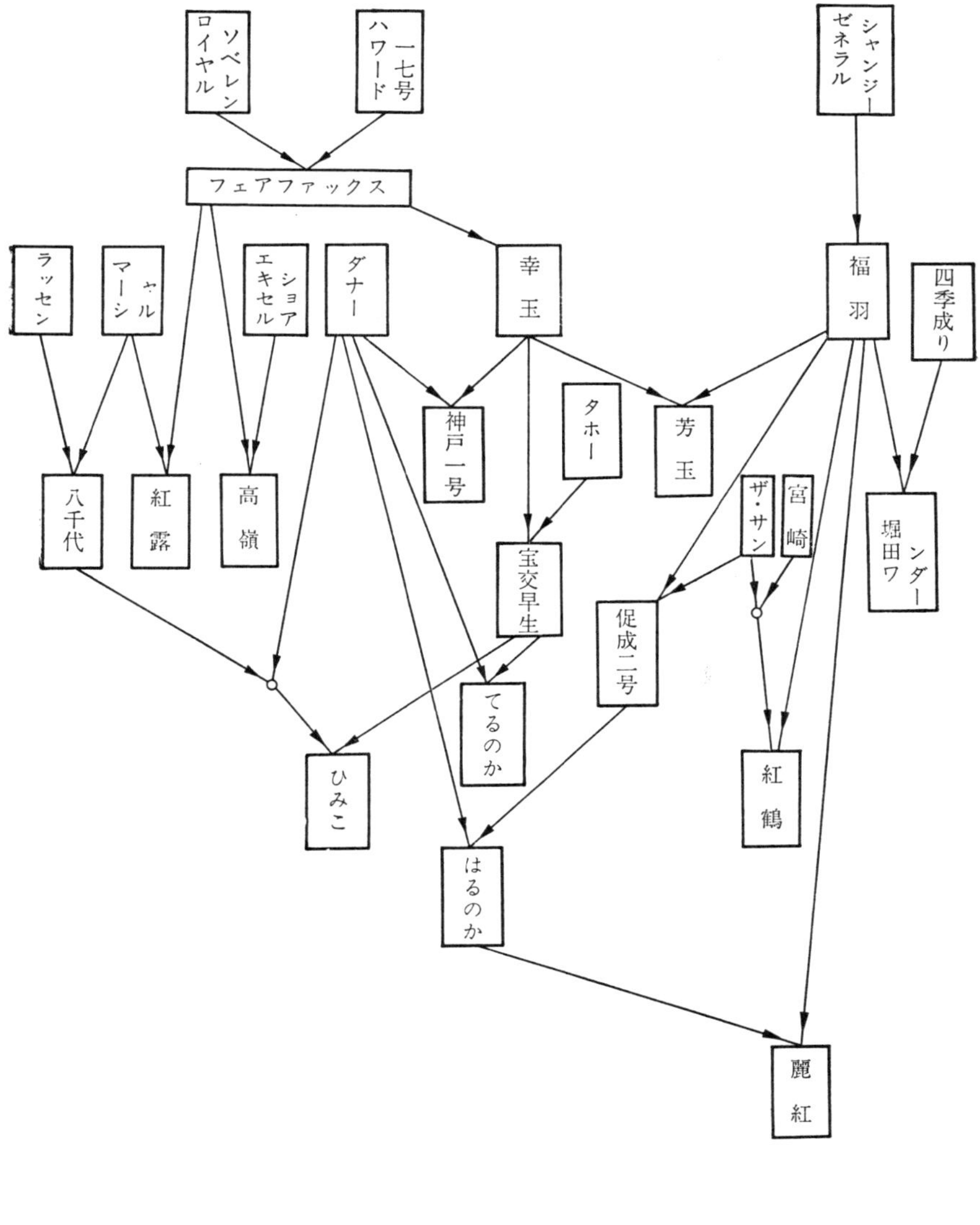

リーチング（Leaching）について

植物の葉形——どうして、こんなにいろいろあるのだろうか、わたしは長い間、考えつづけてきた。

葉の働きが光合成や蒸散作用だけのものならば《広い葉》でよいわけだ。

もちろん、葉形のもつ意味は、わたしなりに、いくつか考えている。植物が群生するためには、葉形が大きな要素になっているのも、その一つである。

この本では、体内の栄養バランスを保つ器官として、葉のリーチング作用が重大であることをとりあげている。

葉には、物質の生産と流亡と再吸収と、それぞれのバランスについて、まだまだダイナミックな役割があることを、これからも考えつづけたい。

降雨により、葉から物質が流亡することは、すでに一八〇四年に de. Saussure が実験的に示している。その後、雨やリーチングが、植物の生理生態にどのような影響を与えるか、多くの興味をもたれてきた。

日本では、光と温度を重視して「光合成と物質生産」（九八ページ参照）が、学問的に優先してきた。それでリーチングは「物質の流亡」と解釈してきたので、物質生産上、流亡がマイナスのイメージを深くうえつけてきたものだ。

リーチングは、作用としては物質の〈吸収—溶解—ろ過流亡—再吸収〉という植物自体が健康な生きざまをつづけるための自給体制である。

この自給体制が、なかなか理解されないのは、葉の働きが、あまりにも不可思議なことであったせいもあろう。とくに葉の作用するスピードは、なんとも理解できない早さであるからだ。

たとえば、葉緑素が太陽光を吸収する作用は、一瞬である。また、葉面に接触した水は、アルカリ塩を含むこと、水に浸した葉から無機養分が溶出することなども、ほとんど瞬間的に作用する。これらは単なる現象では考えられない。緑葉がもつ本質である。

とはいえ今まで、リーチングについて何も気がつかなかったわけでもない。むしろ日常、なにげなく実行している。夏の夕方、庭木の葉面に打ち水をして涼しさを求めている。これがリーチングである。夏に、庭木を健全に育てる最高の技術であろう。

野菜つくりは、干天に灌水をつづけても、一向に野菜がよくならないのに、ほんの一雨で生きかえったように野菜は、元気になることを知っている。

もっと変わったところでは、季節の木の葉を水に浮かせて飲用する。これは単なる風流ではない。自然が教えるミネラルウォーターである。みな、リーチングの恩恵である。

いずれにせよ、植物の生きざまは、まだまだ研究する必要がある。それも現象を測定することでなく、測定することのできない本質を、十二分に見極めることである。

第三編　光と水を受けて

第七章　川端のもの——白と黒

◎コメと密着した野菜

川の多い日本列島、そこに住む人間にとって、いちばん親しみぶかい野菜は、ダイコンとゴボウである。

この親しい間柄は、よく人間関係のやゆにも使っている。ダイコンは、魅力的な女性の二の腕にたとえられる、かと思えば、白くて太い足がダイコン足だ。やせていて色ぐろいのは、ゴンボ（ゴボウ）である。

このように野菜の生育と人間の成長とを、いつも白と黒で対照していた。それは、コメを食べる人間にとっては、欠かせない野菜であるからだ。

日本米の良質な糊化性(のり化)は、胃壁や腸壁に粘着して、食べものの消化、吸収をさまたげる。それで野菜の繊維質は、胃壁や腸内のふき掃除をするものだ。とくに、ゴボウの繊維やダイコンのジアスターゼは、白米食の消化、吸収には良好な食べものである。

◎互恵の関係が輪作体系

ところで、ダイコンとゴボウは、単に白と黒の色彩の対照だけではない。どちらも、そのふるさとをたずねると《川》である。

ではなぜ、同じ川端で育ちながら、ダイコンとゴボウという対照の妙ができるのであろうか。

そこで問題は、白と黒とがどんな関係をもっていたかである。とかく極端な対照ということは、両者に、互恵の関係があるはずだ。それが根圏微生物に、はっきりと現われている。

十字花科（アブラナ科）のダイコンと、キク科のゴボウは、同じ土地で生育しても、ちがった根圏微生物を養っている。だから、キク科の微生物は、アブラナ科に有害な土壌微生物のセンチュウに、防除効果を働きかける。

実際には、マリゴールドによるセンチュウの防除が実施されている。

ダイコンは、太く水ぶくれに育って、リンサンを好み、ゴボウは、残された多くのミネラルで生育する。

つまり、根圏微生物が有効な働き手となって、輪作体系が組まれている。こうした〈根と土と微生物〉の関係は、地力とも密接な関係があって、作物は、健全に生育する。しかも地力は、いつまでも維持されることになる。

それにしても、こんなにも違いのある作物は、同じ川端の土地でそれぞれの育ち方に、どんなちがいがあるのだろうか。それは、ひとくちにいって《葉の本性》が違うのだ……ということを栽培技術で検討しよう。

ダイコン
——「すかした葉」のもちあじ

ダイコンは日本じゅう、どこへいってもつくられている野菜である。そして生食、煮食、漬物、切干しなど幅広い用途は、日本人の食生活と密着している。

さらにダイコンは、日本列島のそれぞれの土地柄に密着した多彩な品種に分化している。そしてダイコンは、コメの常食とともに、いつでも食べられるように〝真の周年化〟に成功した最初の作物であろう。

ダイコンの多彩な品種は、四季折々の食べ方に合わせて、栽培の時期と方法とが工夫されていた。それは今の「商品の周年化」ではなく〝食べものとしての周年性〟である。つまり、必要だからするという周年化の真意だ。

だからダイコンは、季旬に合わせ、土地柄に適した品種でなければ、もちまえの本性を発揮しないはずである。

◎特有の根形と耕地柄

まず、図1をごらんください。品種特有の根形は、その品種が、元来育ってきた地域に根づいているありさまを示したものである。これを見ると、品種と耕地柄（気候、土地条件）とが、いかに密接不可分に結びついているものであるかがはっきりとわかる。

もうひとつ、ダイコンの根形には、大きく分けて二つのタイプがある。抽根性の「あがり系」と、吸込《すいこみ》性の「しずみ系」との二つだ。

あがり系のダイコンは、主として水田や海岸、河岸の砂地でつくられ、そこは水に近いところだけに、地下水位が高くて抽根性になる。そのうえ、砂地は、陽光熱の照り返しがあるので、葉が立性である。また常時、風が吹いているので、葉の毛が少なく全体が繊細な形態である。こうした形質の基本的な品種が「白上り」である。

この「白上り」の葉は、図11（一四九ページ）に見るように均整のとれた、いわば標準型の葉形である。葉姿は立性であるから、翼葉はブラインドのように、すき間をつくって並んでいる。平たくおさえれば図のように、翼葉のすき間がなくなる。まさに砂場特有の熱気に対応した葉である。

また「白上り」が山へ登って「ねずみダイコン」ができる。根身の先がネズミの尾のように細く伸びているダイコンである。これは、土が重く乾燥気味で育っているから、根端まで太くならないのだ。そして地温の低い山地性で、「伊吹」や「支那青」やらの辛味の強い小さなダイコンがある。それは地温が低い関係で、葉は立たずに開張性か伏性(ロゼット様化)になっている。

そして一枚の葉は、平面化するので、翼葉の間隔があらくなってすき間ができる(図11「支那青」参照)。

いっぽう丸尻は、尾のないダイコンである。高い地下水位で、直根の伸長がとめられて、丸まったものである。尾のある尻の「ねずみダイコン」とは本性がちがうので、「先つまり系」といっている。

もう一つのしずみ系のダイコンは、あがり系が畑に出て確立したダイコンである。水田から、あるいは川から遠ざかるほど地下水位が低くなって、乾燥もひどくなる。それで根は、下へ下へと伸びて、しずみながら肥大したものである。このダイコンは、土壌中の水分が少ないので、細根で味も辛い。

俗に〝大きなダイコンからくなし〟といわれているが、根身が太く長大なものほど土壌水分が豊かで、通気のよい好条件で育ったダイコンのことである。

また、栽培期間が好天にめぐまれ、湿気の少ない土地では細根になる。乾燥には、細根やねずみ根は強いが、丸尻は弱いということだ。早太りは、文字どおり早生型で、短日肥大性の「あがり系」に多い。他方、「しずみ系」の肥大は晩生型である。

こういうようなことで、それぞれの品種は、耕地柄を生かしてはいたものの、人間の側の利用部が根身に集中されたために、地上部の葉は、光と水を受けて独自の対応をしてきたわけだ。その結果、ダイコンじしんの生育には《頭葉》の使命が大きくなった。

◎ダイコンの葉形には二つある

ダイコンの形態診断といえば、おもにダイコンそのもの——根身が対象物であるが、ここでは、とくに「葉形について」考えてみよう。

さて、ダイコンの葉は、いずれの品種でもだいたい四～五葉期の成形葉が「大根葉」らしくなるので、そのチャンスをえらんだ。そして葉形は、代表的な品種について、双葉から第五葉までの変化を描いた。

まずダイコンの葉形は、葉先の頭葉の形状と、翼葉の発達(裂片)過程とに特徴がある。そこで葉形を頭葉の形で分けると、長い頭葉(長頭系)の「二十日大根型」と、丸い頭葉(頭大系)の「支那青大根型」との二つになる。

長頭系のグループは、図2、3、4で、頭大系のグループは、図5、6である。

◎長頭系ダイコンの特性

頭葉が長いということは、適当に風になびく特性をもつということである。そのために中肋が細く、なよなよしている。しかも草状(葉の全体)は立性である。そしてまた、立性であることは、翼葉の発達が貧弱で、葉片のすき間が多く、地表温度の上昇による対流が速やかに行なわれて、熱気の葉間停滞がなく、密植性であ →145ページ

図1 ダイコンの耕地柄と基本品種

タイプ	細根				太根									
	先ほそり系								ねずみ系			先つまり系		
耕地柄	低温性		高温性		耕土深い				耕土浅い				耕土深い	
	乾燥				適湿				湿地	乾燥	地下水位高い		地下水位低い	
群	二年子			みの早生	方領	宮重	練馬ほそり		聖護院	白上り			練馬つまり	
代表品種	二年子	鬼若	時無し	みの早生	方領	宮重	練馬尻細	中ぶくら	聖護院	ねずみ	田辺	和歌山	秋づまり	練馬尻丸

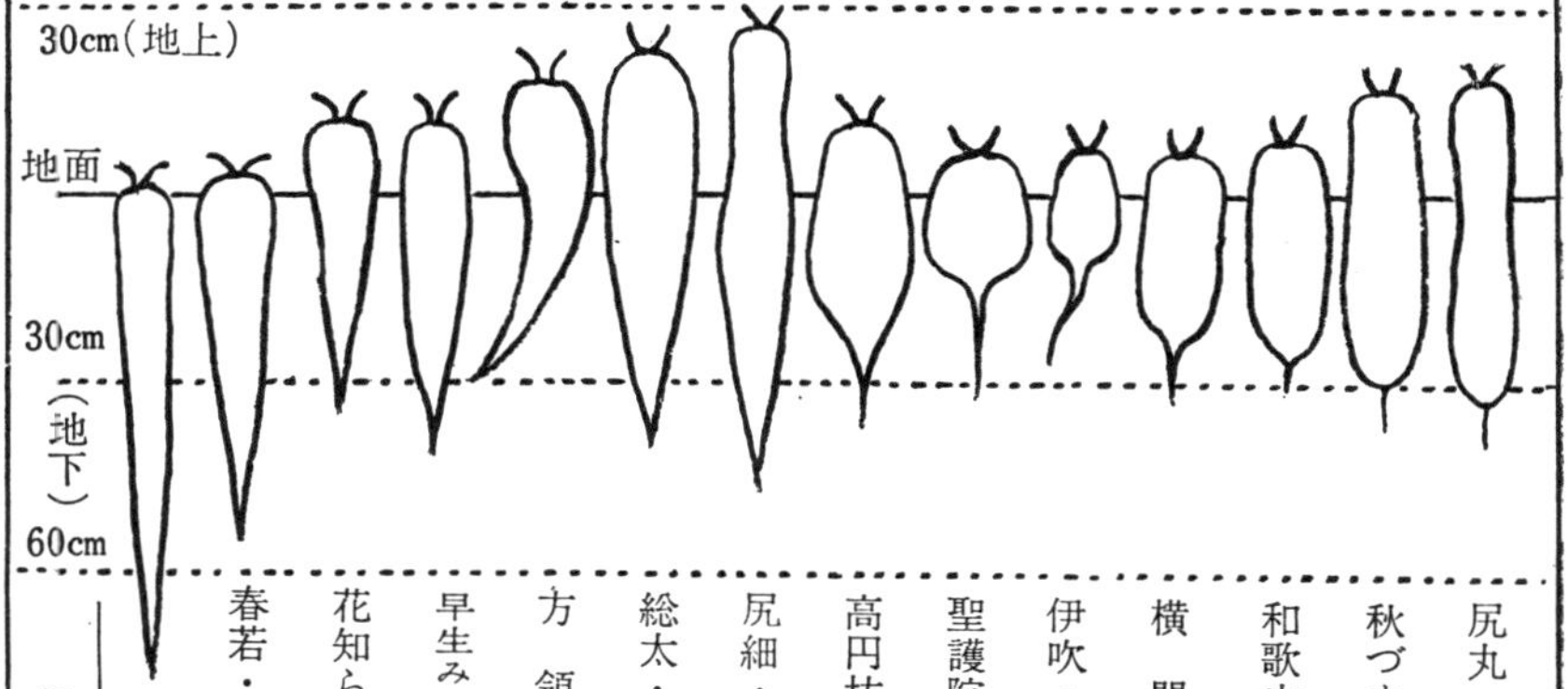

類似品種	二年子	春若・鬼若	花知らず・寒越	早生みの・春みの・黒葉	方領	総太・源助	尻細・高倉・あずま	高円坊・三浦	聖護院・鷹ヶ峰	伊吹・山田・支那青	横門	和歌山・天満	秋づまり・大蔵	尻丸・理想
型	粗放栽培								集約灌水栽培					

日大根コメット

③ ④ ⑤

図 2　長頭系の葉形＝品種：赤丸二十

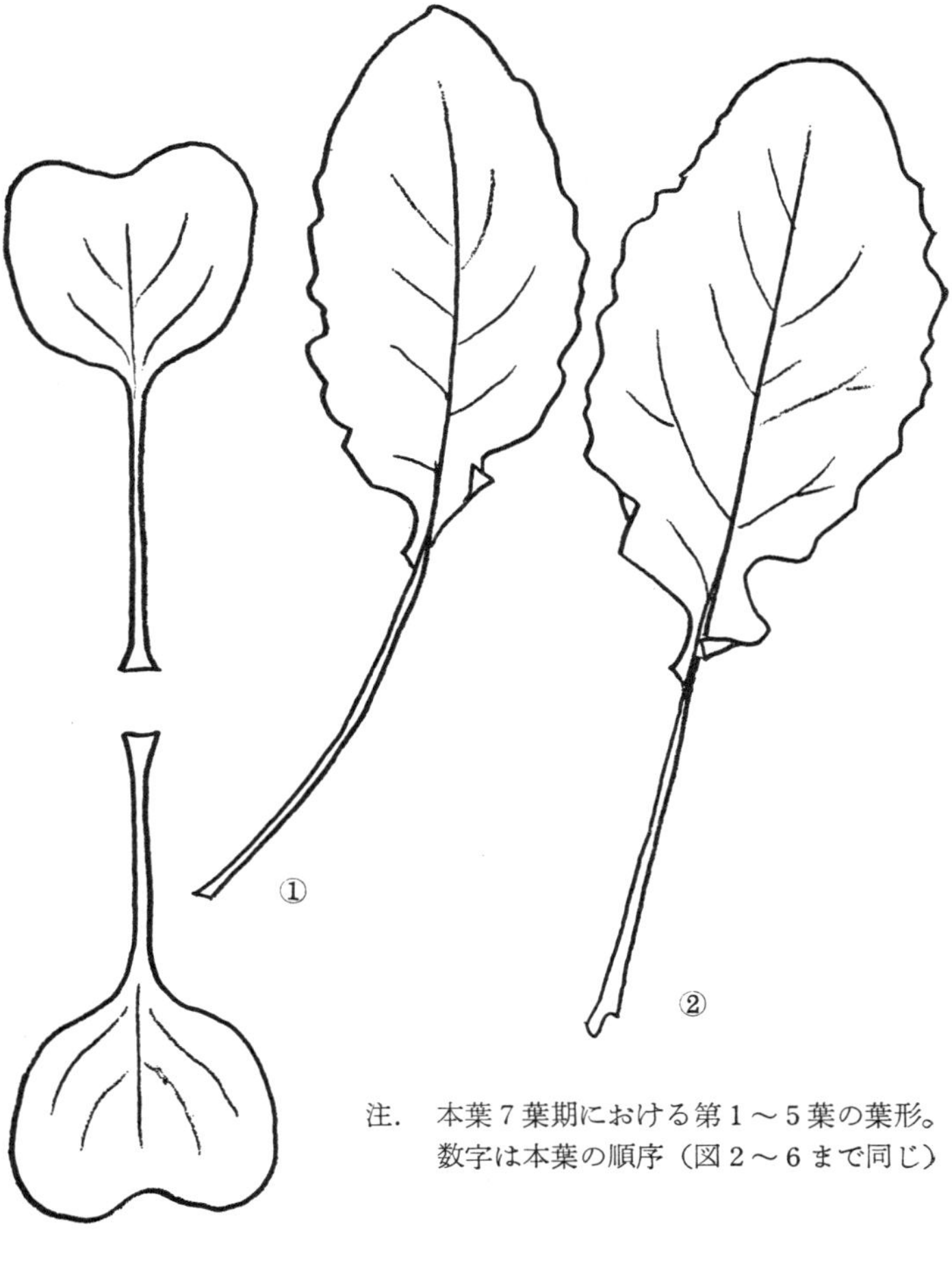

注.　本葉７葉期における第１～５葉の葉形。
数字は本葉の順序（図２～６まで同じ）

品種：白上り

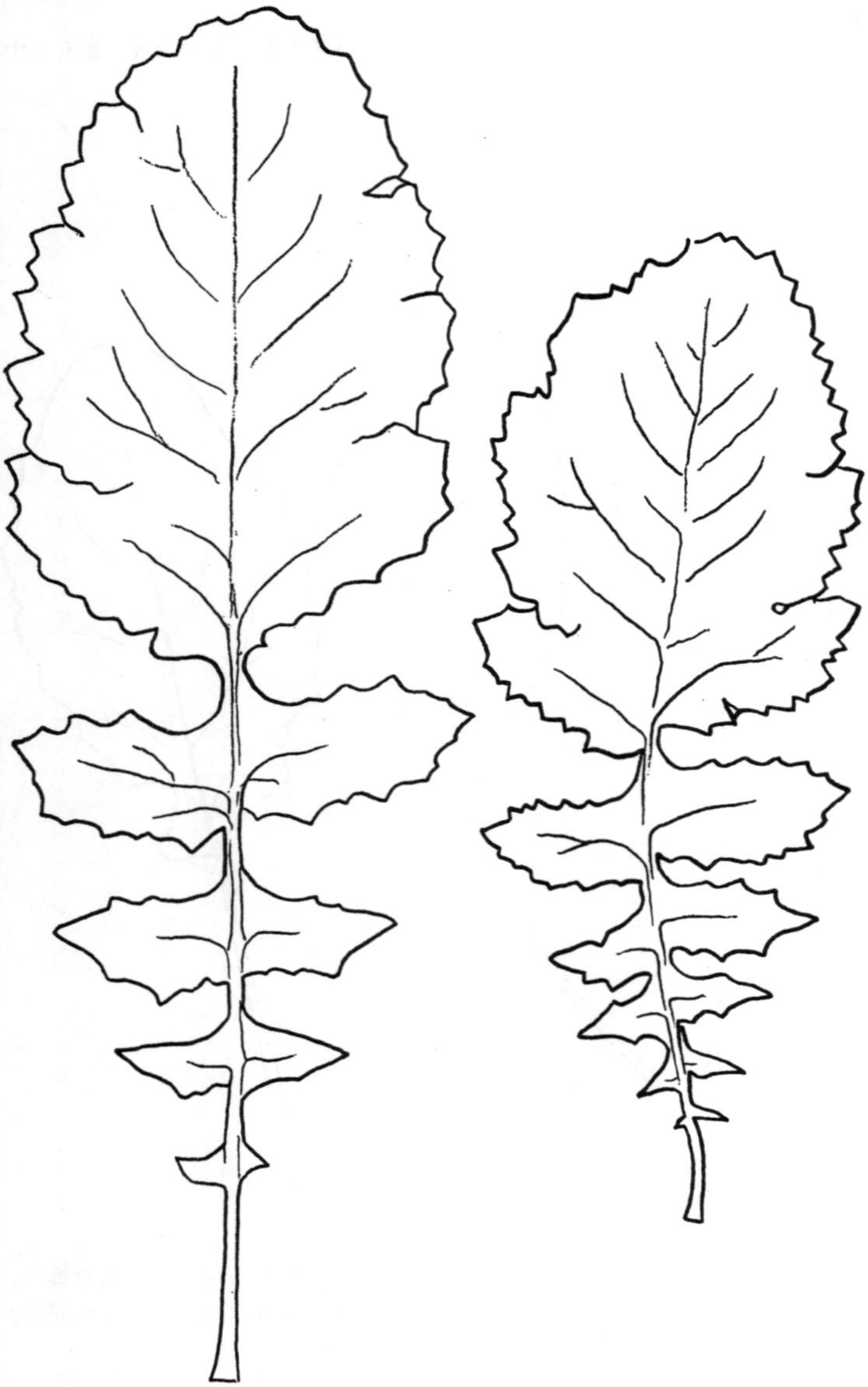

図 3 長頭系の葉形＝

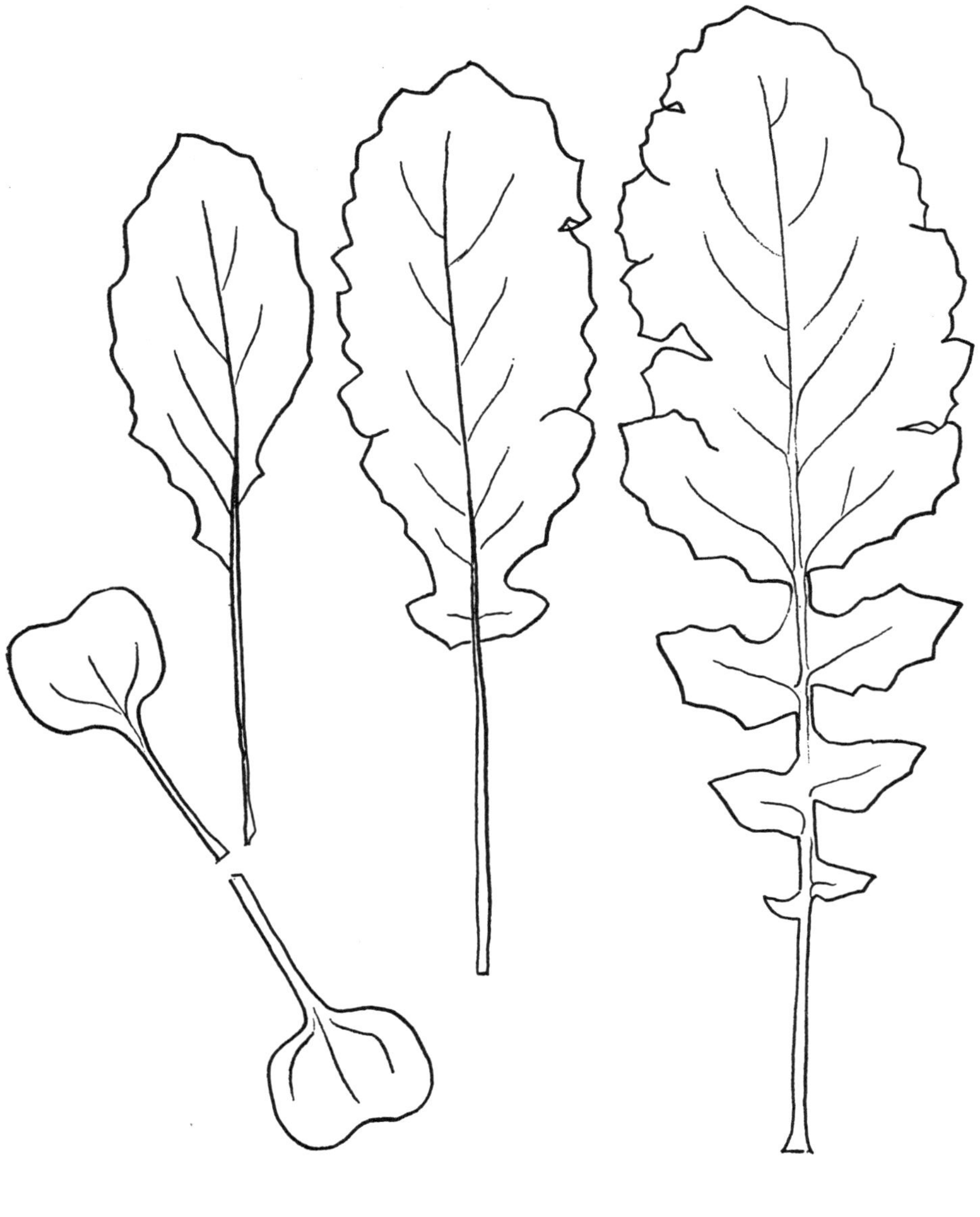

＝品種：みの早生

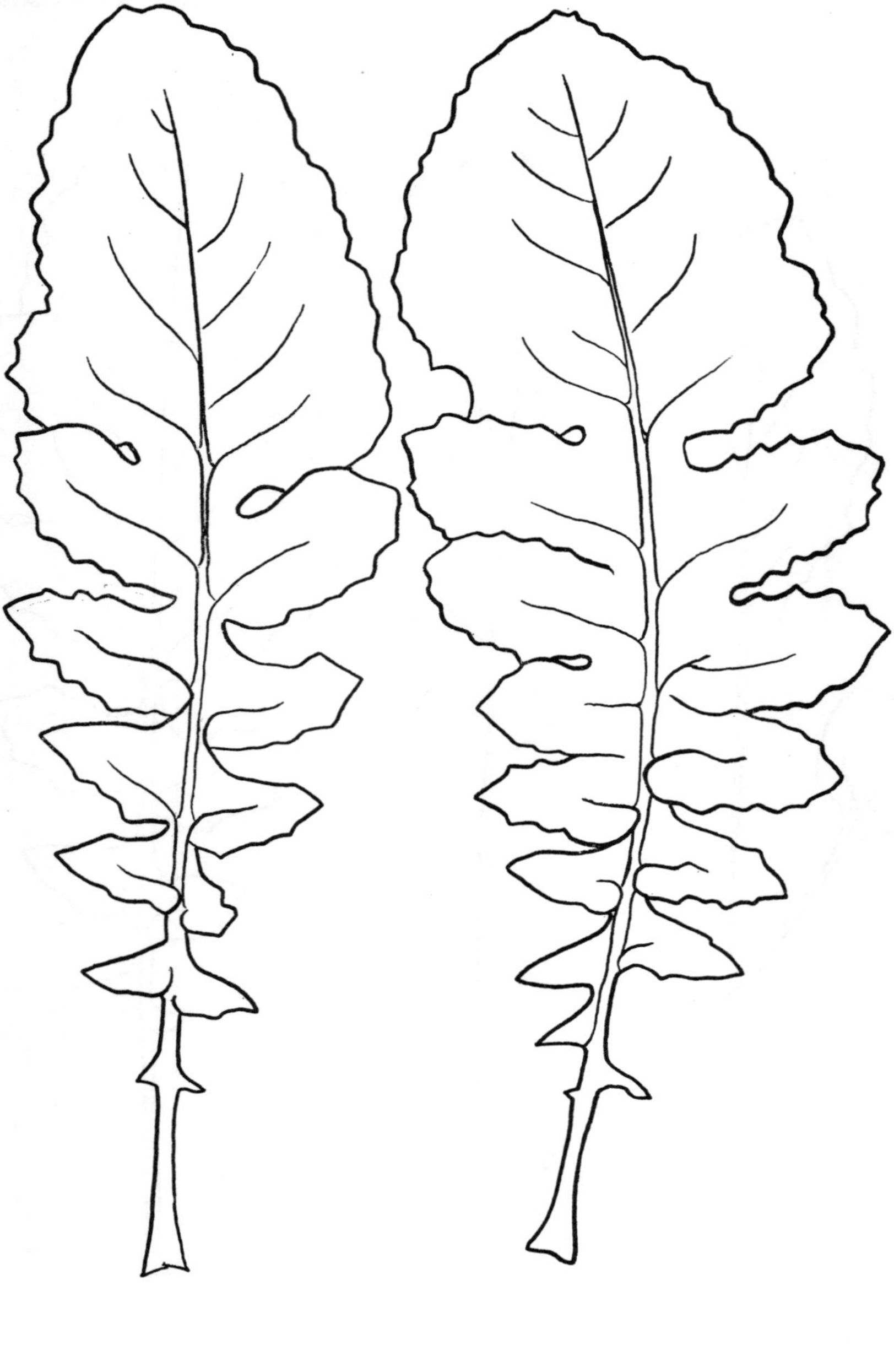

図 4 長頭系の葉形

＝品種：支那青

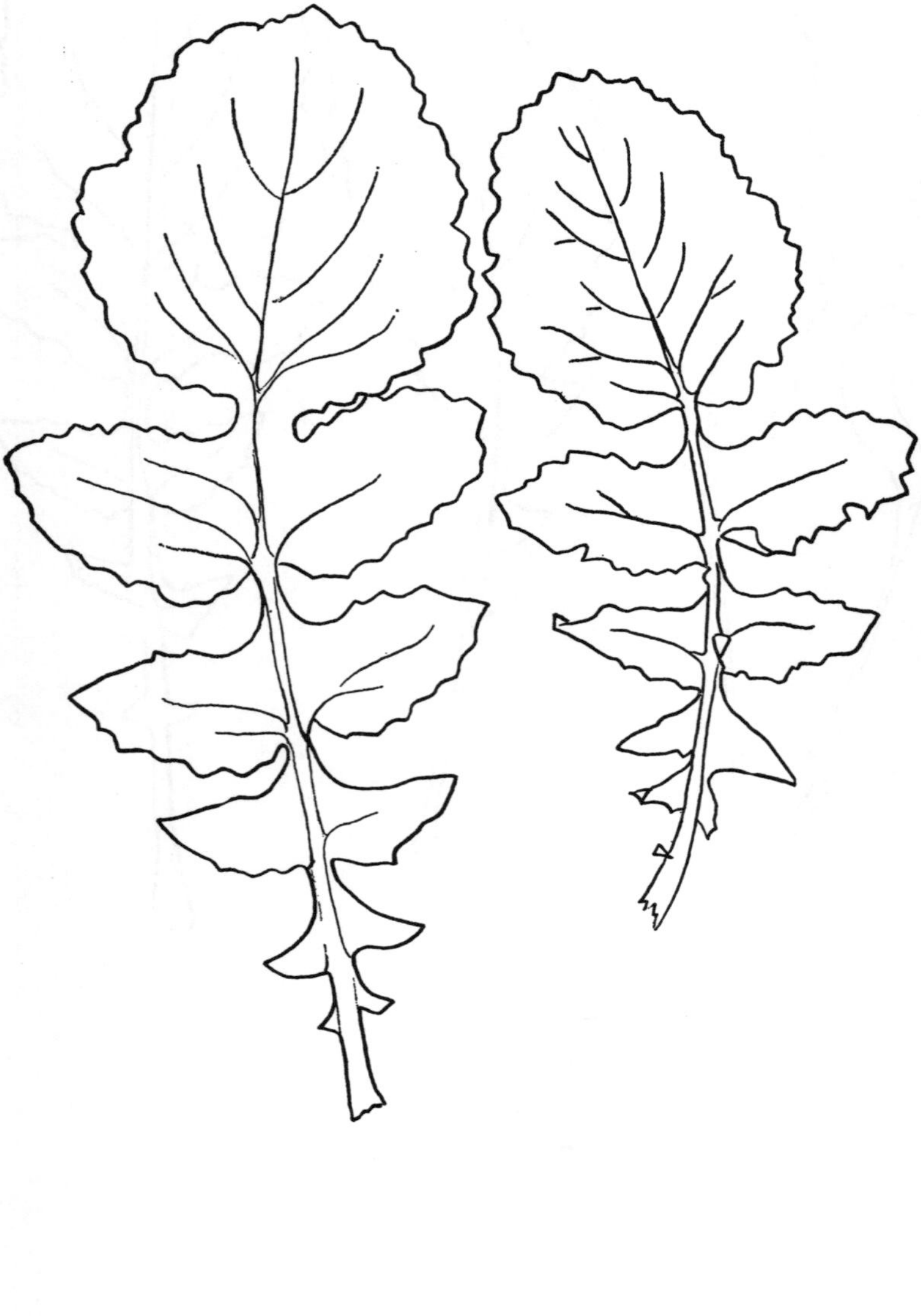

図 5 頭大系の葉形

＝品種：大蔵

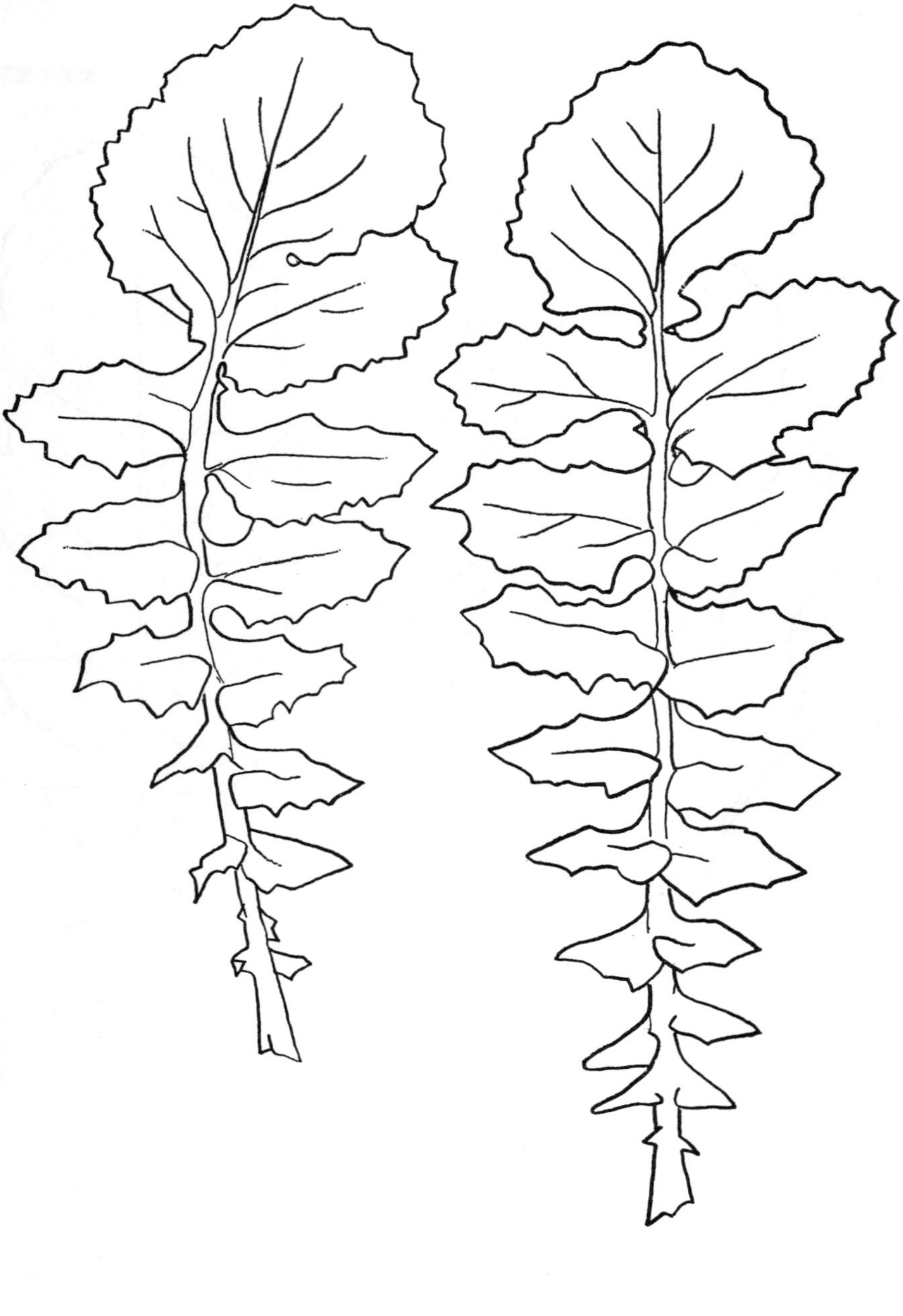

図 6 頭大系の葉形

伏性のすかした葉（第7葉の発生時の状態）

Ⓐ 品　種：大　蔵

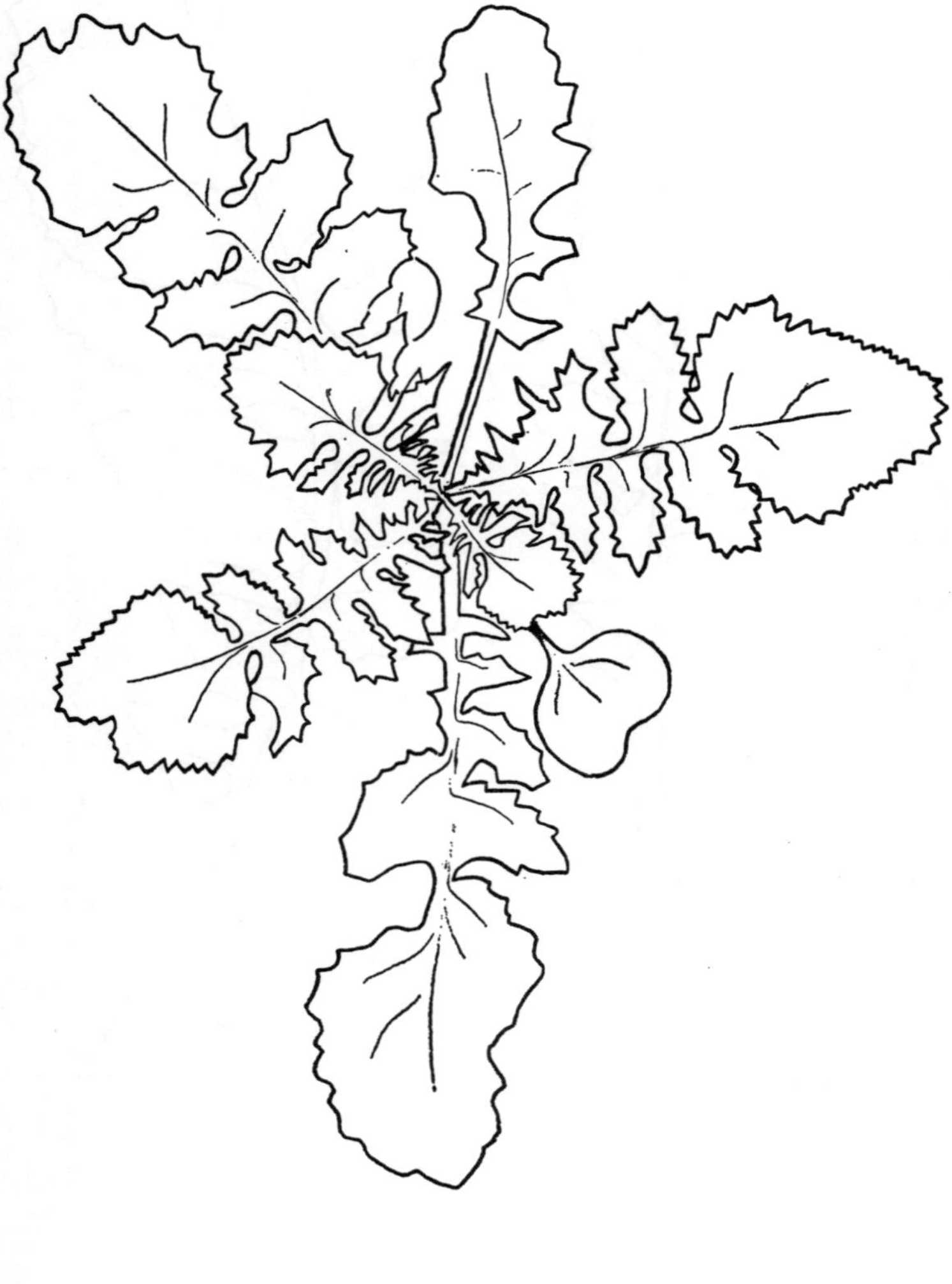

図 7-① 頭大系

Ⓑ 品 種：支那青

図 7-② 長頭系から頭大系への葉形
© 品種：みの早生（中間的品種）

第5葉ころまでは長頭系立性で，第6葉ころからは頭大系伏性に。翼葉の発達がよい

る。そのうえ、この種の葉は、葉の実面積が小さいので蒸散量が少なくて、リーチング作用での流亡も少なくなって、それだけに根身の肥大が速い。たとえば図9のラデッシュのような小さくても効率的な形質がある。だから生育初期（初秋）の高温に強く、根身肥大期(初冬)の乾燥にもよく耐えることになる。ひとくちに適地といえば、平地の早まき早どり用品種といえよう。

　だが長頭系のグループでも「みの早生」は、翼葉が逐次発達しているから、葉数の増加とともに、葉は地面に伏す。それとともに、頭葉は丸みをもってくる。つまり「みの早生」は、生育後半は頭大系のグループに近い形状を示してくる。

◎頭大系ダイコンの特性

　図5、6の頭大系のグループは、翼葉がよく発達して、全体に葉の幅が広く、中肋も太い。しかし、これらの形質は、風には弱いので、草状は開張性で、葉は早くから地面に伏して風を避けている。このことは、高温にも弱く、葉間に熱気がこもると多くの病害が発生する。つまり、高温時の早まきができないのである。だが、冬はロゼット様の草姿になるので、寒さには強い。従来は、もっぱら山間冷涼地の品種として育ってきたのである。関東の代表品種「練馬」も、この頭大型で、関西よりも地温の低いところに適していたわけだ。

　ところが練馬系のなかで、下部翼葉の小さい系統ができて、葉が斜立し、根身の早太り型になったのが「秋づまり」である。この秋づまり系の根身肥大型を効果的に活用したのが「大蔵」である。

　「大蔵」は、頭大葉の本性と根身の肥大性とがうまく生かされて、おそまき早太りの本領を発揮したので、暖地の平地にも向けられるようになった。

◎葉形に応じて栽培を変える

　ところで、ダイコン葉のような切れ込みの多い複雑な葉は昔は〝すかした葉〟といっていた。下（地面）をすかしているからである。

　図7―①を見てもらおう。これは頭大系の草状伏性（葉が地べたに伏せる性質）の生育状態を真上から見た図、いわゆる葉の〝すかした〟状である。

　同じタイプの葉形をしている品種でも、葉柄の長い「支那青」は、初期生育は速いように見えるけれども、実は、株元が透けすぎて根がいたみやすいので、耐病性がない。その点で「大蔵」は、巧妙なすかした状で株元を守っているから、早くから一本立ちにしても、生育がよいばかりか、根身もスムーズに太りはじめるわけである。これが「大蔵」が耐病性を発揮したゆえんである。

　いまひとつ、中間的な、といっても中間性ではないのだが、「みの早生」（図7―②）は、ごく初期は長頭系で、立性で、密植にも耐えているが、六葉期ごろから頭大系となる。それとともに開張性になり、さらに伏性になって、ロゼット様の草姿になるので、光合成の効率がよくなる。それは根身の肥大を良好にして、品種的に早生化する。

だからダイコンの間引きは、ただ本葉の枚数だけで株立数を決めたり、株間を広げたりしても意味はない。この〝すかした〟状がどうなっているかを観察して、すかした葉に応じた間引きのテンポがかんじんである。それこそ葉形によって表わされる価値である。

もちろん、品種特有の葉形をしているからといって、葉形のタイプで間引き方法の処方箋ができあがるわけではない。発芽後の気象条件——日照、温度、雨量、土壌湿度など——によって、葉の生育状態が予想通りの葉形には、なってくれないのがふつうである。

いずれにせよ、ダイコンの一般的な間引き方は、図10に示した通りである。要は、いつも葉先がからみ合うくらいで、葉と葉のふれあいを大切にすることである。

とくに、葉の長さ(全長)は、きわめて不安定な要素である。同じ葉形であっても、長く伸びているときは、一般に「徒長」といって、それはそもそも、弱体化への傾向である。いわゆる、すかした状はすけすけで、株元を自衛していないから、なかなか一本立ちにできないのだ。

かといって逆に、乾燥は、葉を短小化するが、ダイコンのそれは、がっちりした生育状態だとはいっていられない。水分を貯蔵する根身を太くすることが目的だからである。

今では、ダイコンの

図 8　土壌湿度による根身の変化（品種：大蔵）

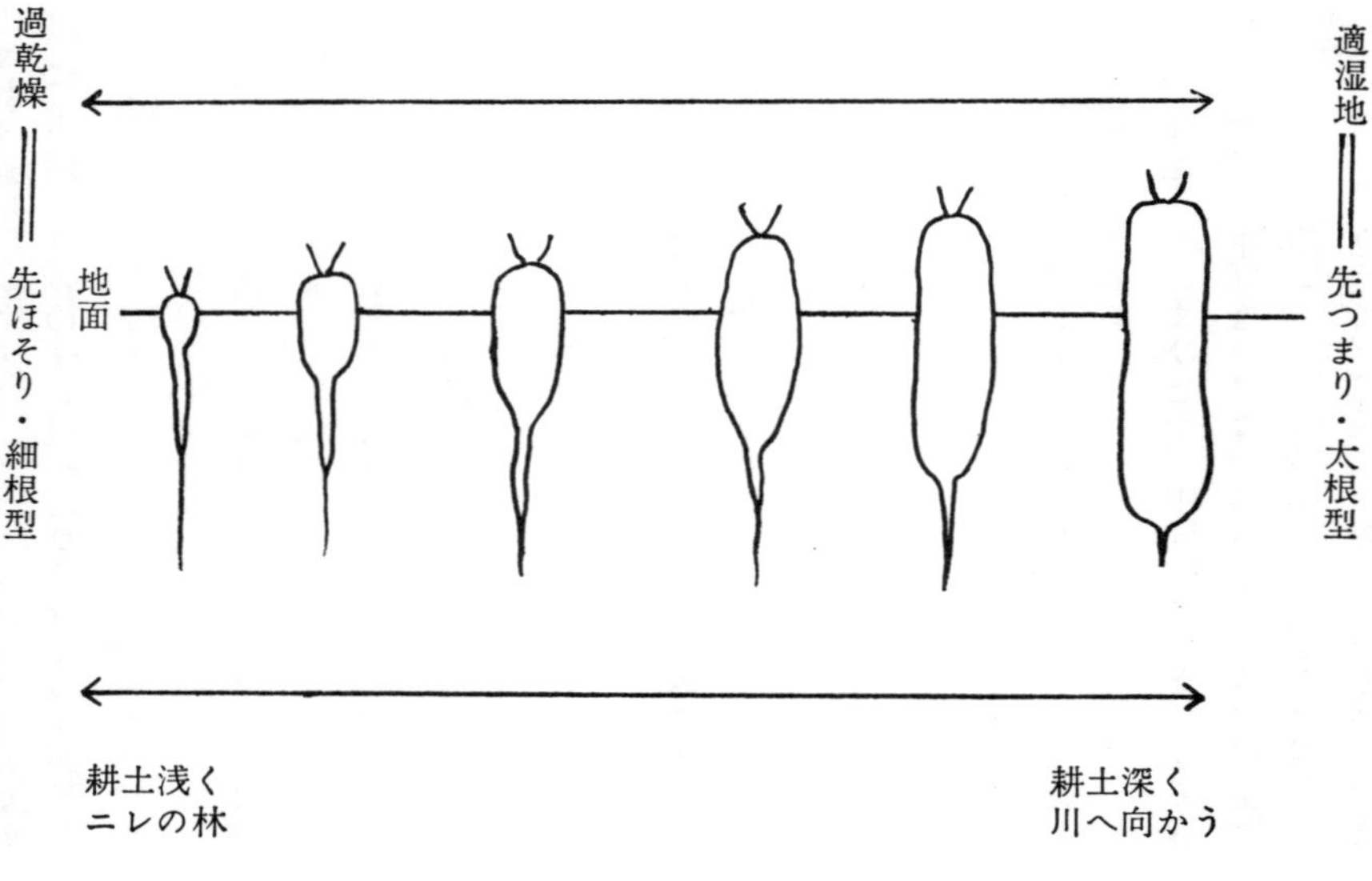

図 9 ラデッシュ（赤丸二十日大根）

密植性のスタイル
生育日数30日

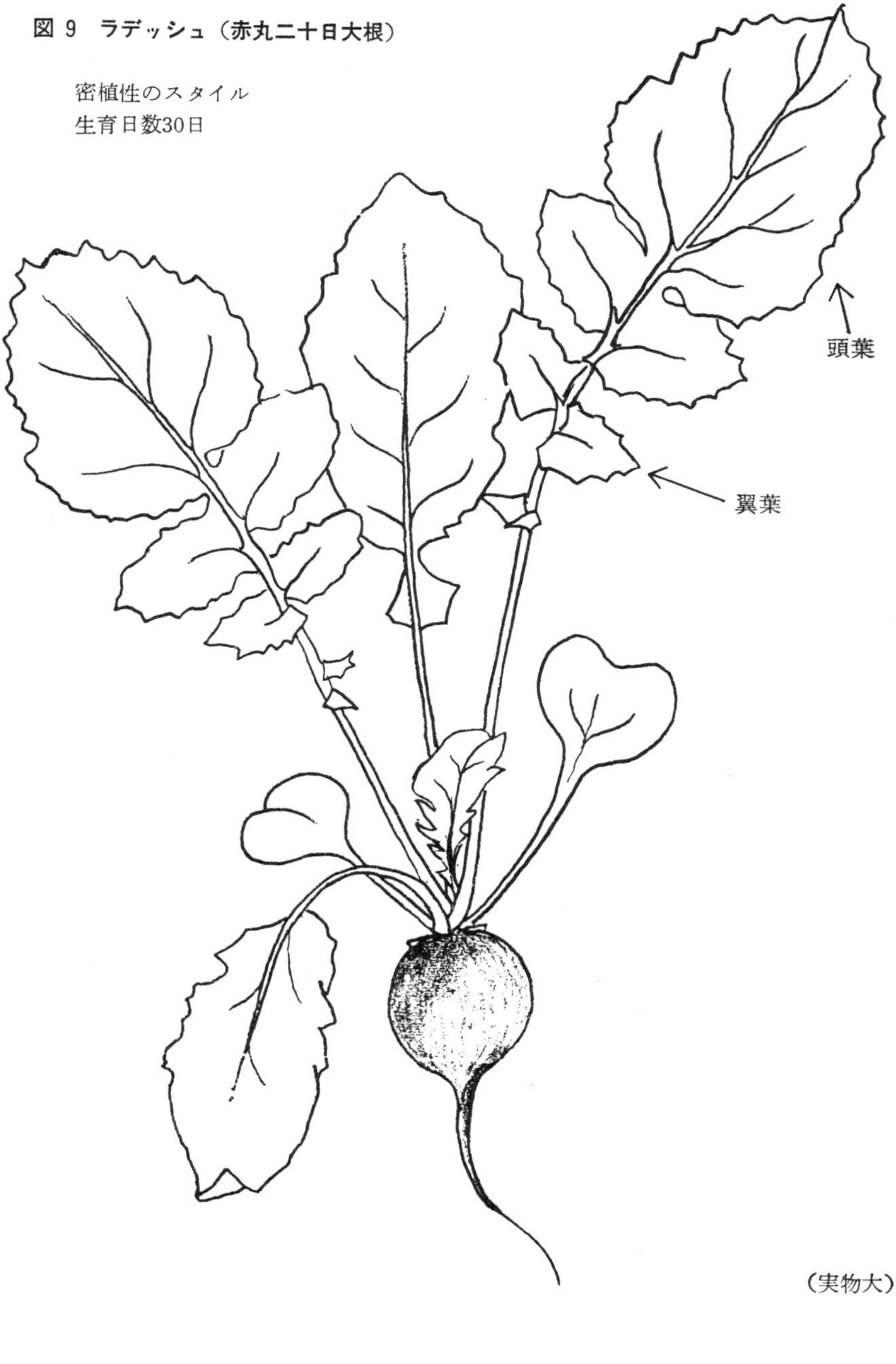

（実物大）

図10　間　引　き

- ひとうね1条まきで，間引きが大切
- 早くからの1本立ちは危険
- いつも葉がふれあう状態で育てる

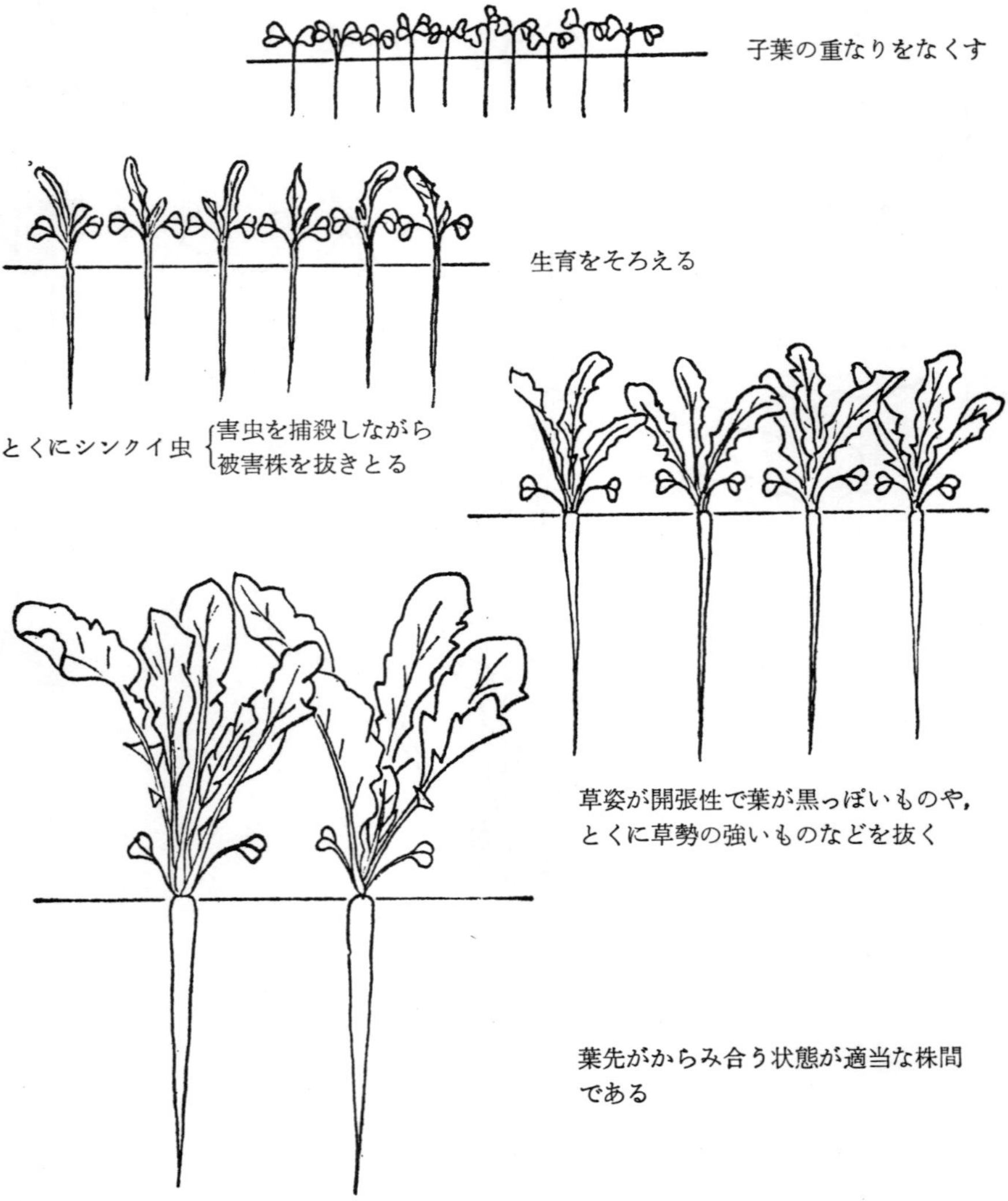
子葉の重なりをなくす
生育をそろえる
とくにシンクイ虫{害虫を捕殺しながら
被害株を抜きとる
草姿が開張性で葉が黒っぽいものや，
とくに草勢の強いものなどを抜く
葉先がからみ合う状態が適当な株間
である

図 11 葉姿の基本成形葉

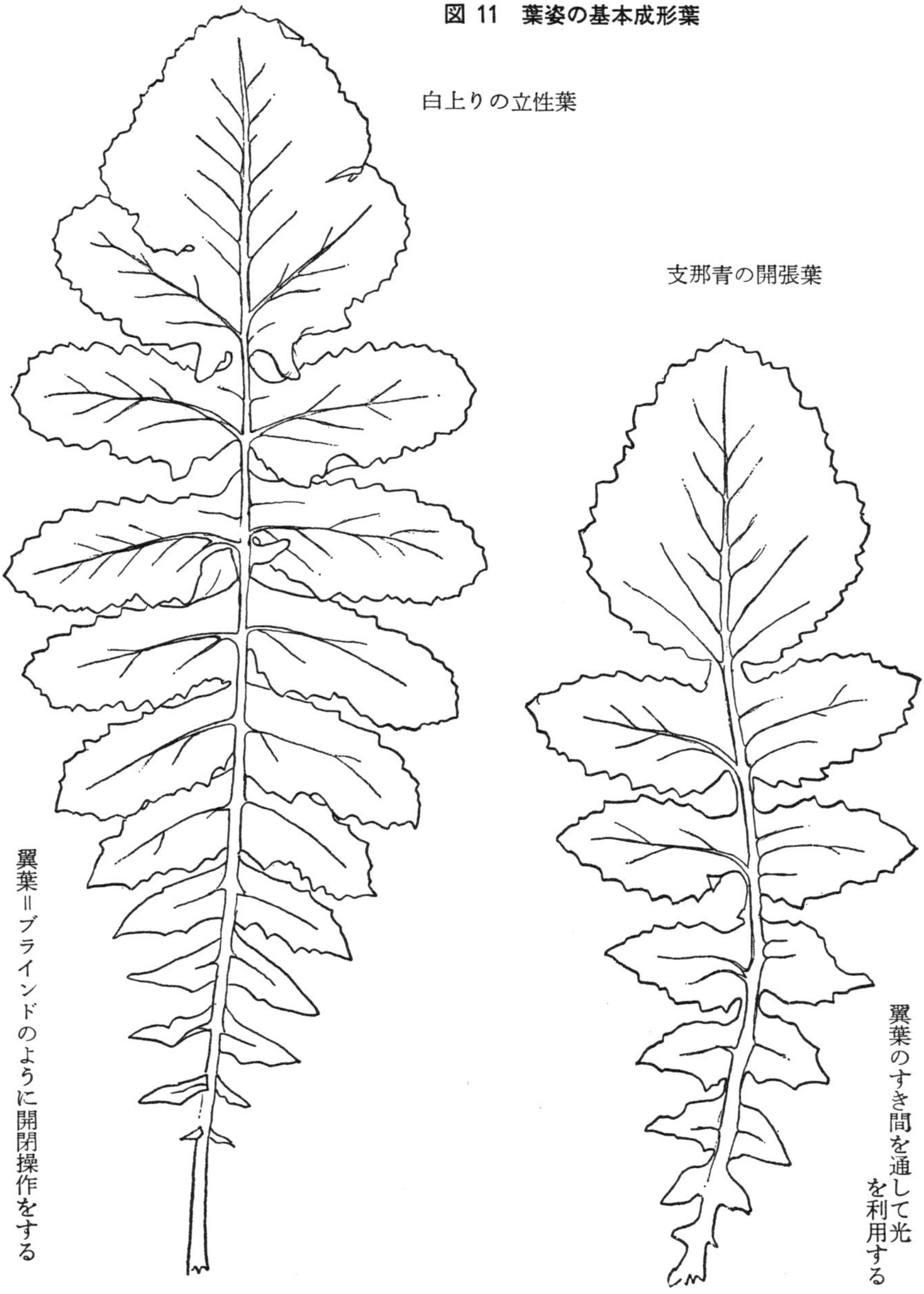
白上りの立性葉
支那青の開張葉
翼葉＝ブラインドのように開閉操作をする
翼葉のすき間を通して光を利用する

増収栽培は《灌水》技術によって決定されるものである。

◎同じ品種でも　土地柄で大きな差がつく

わたしの畑の一隅に、土壌乾湿の極端な場所がある。一九七六年の九月十七日、そこへ「大蔵」をまいた。本葉発生後は無灌水放任（もっともわたしは完全無肥料、無農薬栽培である）のまま根身肥大の姿を観察した。それが図8である。

この畑は川寄りの砂質壌土で、耕地面は平ら。地盤は強粘土層が川へ向かって傾き、雨後でも排水がよすぎてすぐ乾燥する。とくに、耕土の浅い乾燥のひどいほうには、落葉樹のニレが茂っていて、夏は過乾燥状態である。ダイコンの生育後半期は、ニレが落葉して、枝越しに陽光が照り込む。

こうした土地で根身の変化を見たものだが、同一品種で、こんな変異があるからわれながらおどろいている。つまり、先つまり系から、ねずみ系、さらに先ほそり系まで、みなあるのだ。

従来、根身だけで品種の特徴(形質)を説明していたが、生育環境によって、つまり地域の耕地柄によっても根形は、かなりの差異があるだろう。そしてこのちがいは、すでに現在の「品種間差異」よりも、幅の広い変異を示しているということは、根形の育種には一考を要することであろう。

◎これでよいか土地柄無視の育成

従来、ダイコンの品種は、いくつかのグループに分類されている。わたしは、耕地柄と基本品種の関係を、一三一ページの図1のように分類した。しかし、現在の細分化された品種分類は、もう品種の特性ではなくて栽培管理(土地柄の前提条件)による一定のワク内での表現形質であろう。だからダイコンづくりは品種特性的表現栽培——すなわち処方箋による栽培の一律化——になっている。もう「土地柄と品種」の関係は、すでに断絶した。

ということは〝土地柄を無視した品種育成〟は、現在の多肥料、多農薬、多灌水が「最適の条件」を前提にしてつくるかぎり、どんな品種でも、どこにでも〝適する？〟ようになっている。

それは品種的に中途半端（交雑型）になっているのである。だから、求めている根形は、生育の時期と灌水量で決まってくる。つまりそれは生育段階と根形の変化ということだ。

たとえば「みの早生と時無し」「みの早生と理想」「秋づまりとみの早生」「宮重とみの早生と練馬」などの組合わせで三元、四元交配の品種が軌道にのっている時代なのだ。それで根形は品種の特徴ではなくなり、どの品種にも好みに応じた太さ、長さが、生育段階のどこかにあるというわけだ。これが系統的な育種体系だとは思われないから、これでよいはずがない、とわたしはただただ考えさせられている。

ゴボウ

——葉の本性から間引きのコツを知る

ゴボウは、日本列島特有の野菜である。はじめは薬用として利用されていた。また、糊化性の強い良質米には、ゴボウの繊維質は、腸内を掃除するのに欠かせない食べものである。なのに現在は、良質米が普及して、ゴボウを斜陽野菜とみる向きが多くなった。食べものに関心がうすい証拠である。

幅狭い日本列島には河川が多く、しかも急流である。流れは水だけでなく、養分をまじえた土砂をも流す。急流はたびたび、ところどころで思わぬ洪水がある。そこがゴボウ産地になるのだから、全国的に分布している。

つまり、ゴボウは、河川の氾らんによってできた深い沖積土に良品を産する、というきびしい宿命がある。川端のゴボウつくりは、いつどうなるかわからない河川の洪水は、覚悟の上ということだ。

それなのに篤農家は、ゴボウつくりを洪積地へもっていった。それがためにゴボウつくりは、連作障害や酸性害やらに、苦しまなければならなくなった。

◎お日さまをまともに受ける葉

ゴボウの葉の本性は、お日さまをまともに受けるようになっている。この葉は、虫食いの穴一つあっても惜しい気がするほどの受光盤である。それだけに強い光線も必要である。といって、一枚の葉だけが健全に育っても、一本のゴボウができるわけでもない。

図1をごらんください。ゴボウは、大葉だけに、それぞれの葉は心している。他の葉にカゲをしたり、新葉が古い葉をおさえつけたりしないように、葉は∨状に葉の縁を上へ向けている。それが健全な葉である。逆に、葉は弱ってくると、∧状に葉縁がたれ下がる。

《力脈の操作》—あの大きな葉が∨状、∧状に都合よく操作できるのは、いったいどこに起因があるのだろうか。

図2を見てもらおう。この図は、ちょうど展開して間もない葉を、葉脚の方から見たものである。そして、この葉は、若い働き葉である。

ゴボウは、葉のつけね（葉柄との接点）にはバチ状に開いた太い葉脈がある。わたしは、この部分の葉脈を《力脈》といっている。

この力脈の開度によって、大きな葉が支えられている。すなわち初期は、開度がせまいから葉の∨状もよく立っている。

生育がすすむにしたがって、葉は大きくなり、力脈も長くなる。そうなると、力脈は、だんだん開度がひろくなって、左右の葉脚から垂れはじめる。やがて葉は、全体が二つ折れするように∧状となる。

いちおう、∧状化は、葉としての老化現象なので〝弱った葉〟といってはいるが、葉の働きが終わったわけではない。葉の光合成作用は弱ったけれど、まだまだ必要なリーチングの作用が働いているのだ。

《葉脈の働き》――さてそこで、お日さまを受ける葉は、雨ももろに受ける。ところが、ゴボウの葉は、ざらざらしていてリーチングされやすい。だから、葉面積の広いゴボウは、ダイコンのように太くならないのだ。

そこで、雨に対する用意もしなければならない。そのためには、葉脈は、水の流れる筋（樋＝トイ）になっている（図3）。

∨状の健全葉では、水が主脈にうまく集まって、葉柄を伝って株元へ下がる。そして、葉面の水は、∨状の若い葉では、無機要素の流亡（リーチング）が少なくて、多くの水分を株元に補給している。

いっぽう、疲れている∧状葉は、成熟度がすすむほど、リーチングによる物質の流亡が大きくなる。そのうえ、葉は∧状になっているから、水は支脈を伝って、葉の縁からポトポト落下する。それはさらに下葉に当たる。このようにして疲れた葉は、ますます弱る。

だがこの際、成熟葉ほどカリの流亡が多い。そのことは、古い葉は、一枚一枚が次つぎに老化していくけれど、流亡したカリは、根から再吸収されて、株自体は衰弱しない。それで、ゴボウは、長期間の栽培に耐えられるわけだ。

でも、たびたびの雨や、雨つづきには、こんなゴボウでもどうにもならない。念のために雨の中でゴボウ畑を見てみませんか。

◎間引きの秘訣ここにあり

ゴボウは四月にまくと「死にゴボウ」といわれるゆえんも、実は〝間引きどきが梅雨〟というダメージを受けるからである。

それで昔から〝春まきの早まきに失敗はない〟といわれているほどで、関東以北は三月下旬まき、暖地では二月からまきはじめる。

発芽後、順調に生育すると、本葉一枚ふえるたびに三センチ株間を広げていく、といわれている。だが、ゴボウの間引きは、すかした葉のダイコンとは、かなりちがった意味がある。

ゴボウの間引きは、常に生長の速度に負けないように、間隔の調節がたいせつである。しかもそれがむずかしく、技術的にも苦労する。

なにはともあれゴボウの間引きは、梅雨どきまでに終わっていて、大きな葉を支える強い葉柄と、葉が∨状に展開しているように仕上げることが肝要である。葉面だけが大きくて、軟弱な過繁茂状態にすることは、葉の働きが少ないというだけでなく、梅雨期に雨

図 1　お日さまをまともに受ける葉

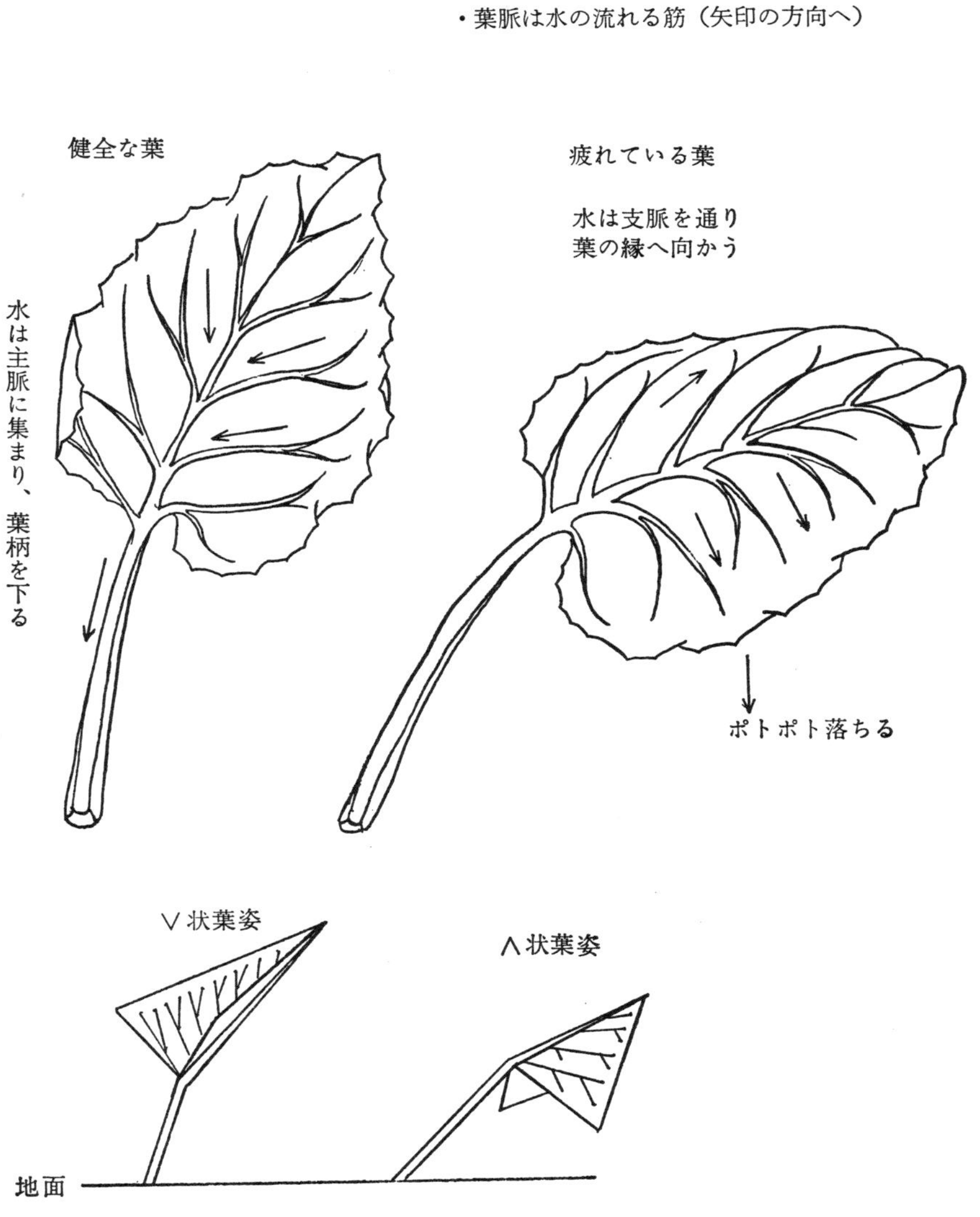
・葉脈は水の流れる筋（矢印の方向へ）
健全な葉
水は主脈に集まり、葉柄を下る
疲れている葉
水は支脈を通り
葉の縁へ向かう
ポトポト落ちる
V状葉姿
Λ状葉姿
地面

図 2 ゴボウ・葉姿の支点＝力脈

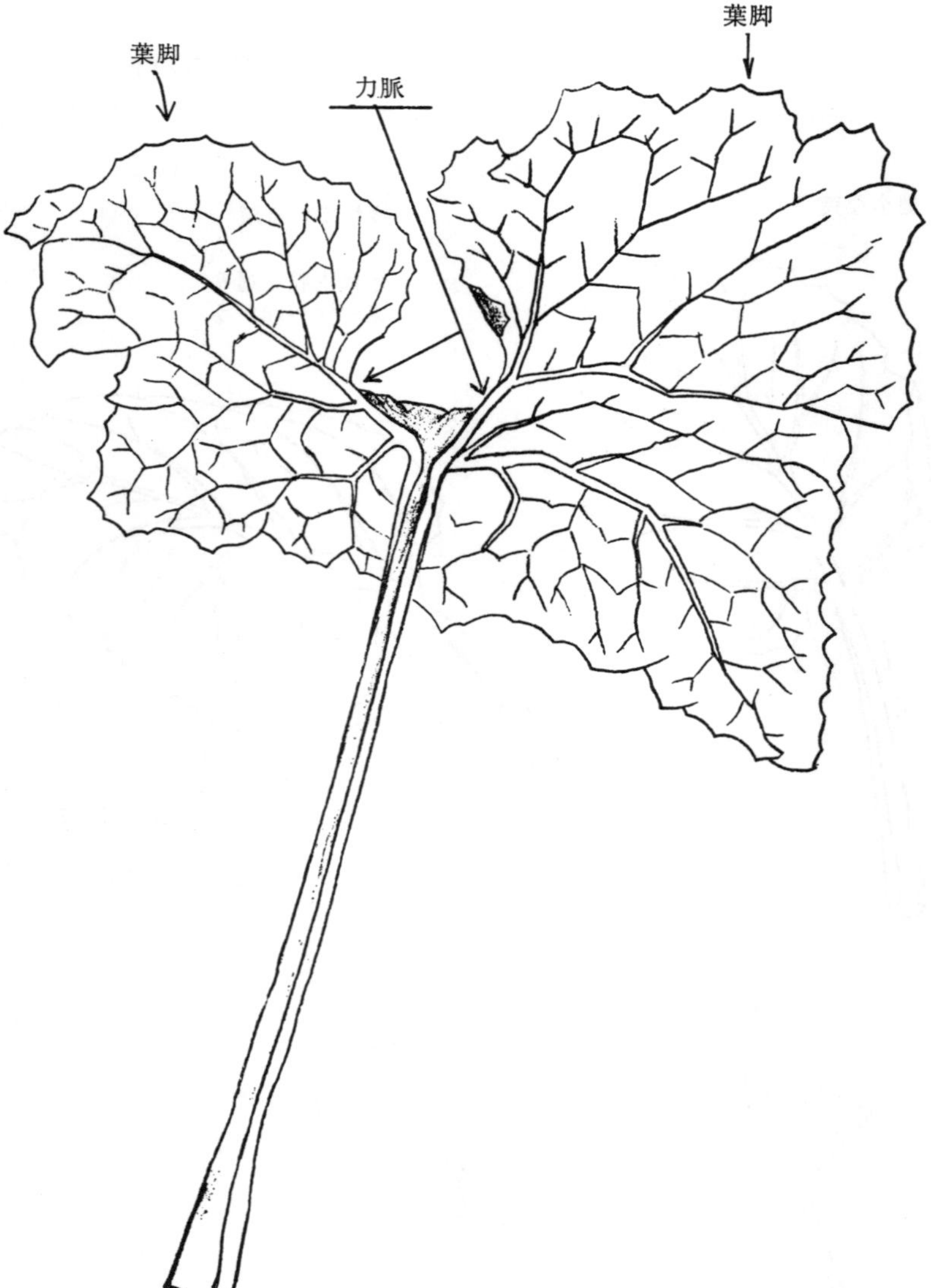

図 3 ゴボウの葉脈

葉面の水路(樋《とい》)

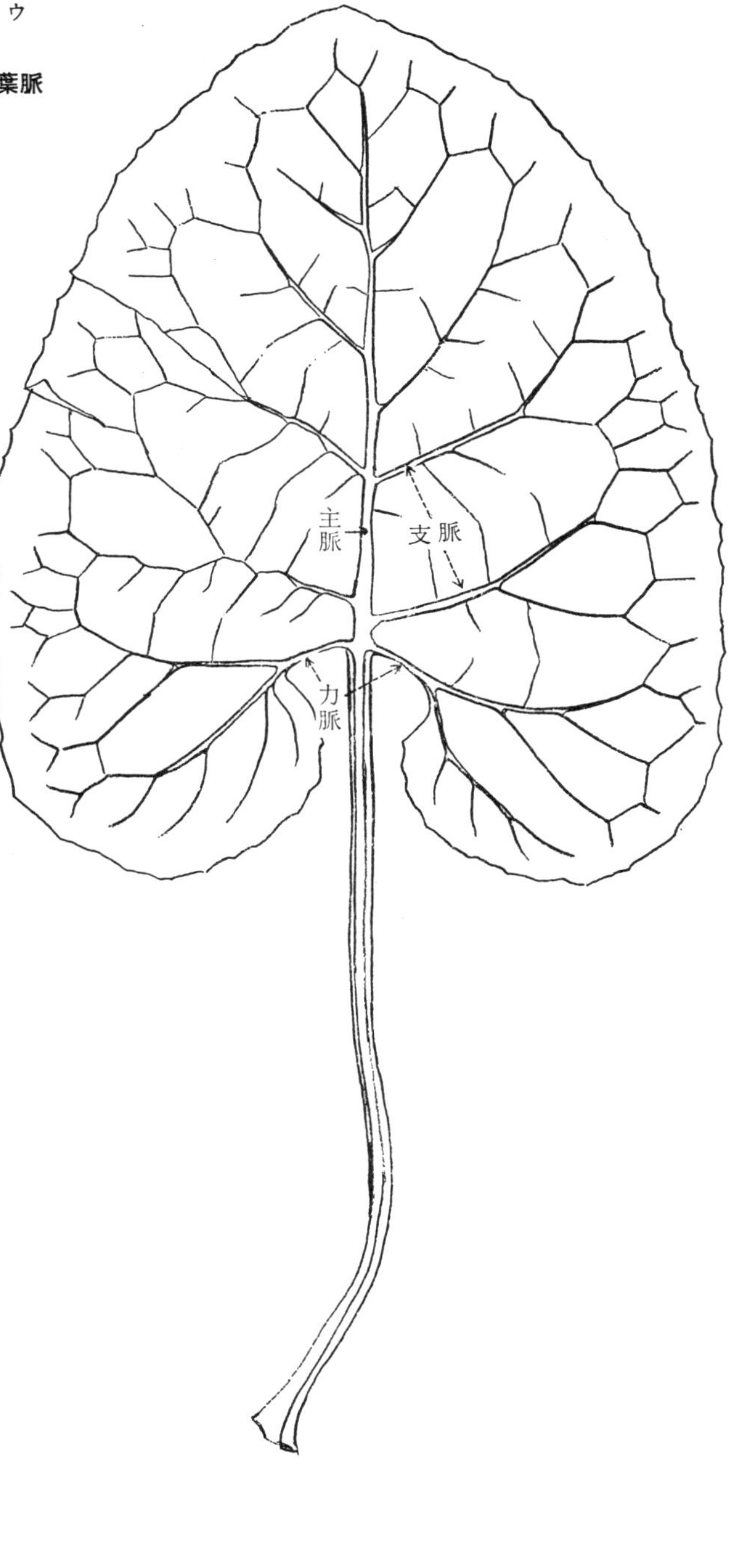

に打たれると、葉は∧状になって、しかも、リーチング現象によって、疲れが大きくなり、病害が発生しやすくなる。その後の高温乾燥にも抵抗性がなくて、けっきょくゴボウ根の発達がわるくなる。こういうことでゴボウは、間引きに秘訣があるといわれている。

栽培の目的が太いゴボウをねらうばあいと、よくそろった細めのゴボウがよいとするときとで、間引きの仕方は、いくらかちがってくる。太いゴボウは、少なくとも五〜六回の連続的な間引きが必要である。このごろのように細めのゴボウが好まれるときは、間引きも要所で重点をおけばよい。その要所は二つある。

まず第一回めの間引きの要所は、双葉のときである。同じように見える双葉でも、よく見ると図4のように、双葉の開張度がちがっている。ま横によく開いている双葉は、第一本葉がお日さまをよく受けるように展開する前兆である。双葉の開きが少ないと、第一本葉の展開もわるく葉質も軟弱になる。それで双葉の立っているものは間引いて、株間は三センチほどの等間隔にする。こうして健全な第一本葉が、同じ条件で生育を開始するように調節することは、ゴボウの太さをそろえるコツである。

もうひとつの要所は、図5のように三枚めの本葉がネズミの耳くらいの大きさになったときである。すでにこのとき、糸のような直根が一人前の長さに伸びている。そして、根がよく通ったものほど、地上部の草姿が立性に生育している。さらに葉身は長めに伸びて、葉脚が上に向いている。こんな株がよいのである。

岐根になっていたり、根の通りがわるいと、草姿は開張性になって、葉も横幅が広くなる。しかも葉脚は上を向かず、むしろ下向きがちである。このような株は間引きして、だいたいが株間一〇センチぐらいにしておけばよい。

この二回の間引きの段階で、葉形、草姿に重点をおけば、ゴボウは良品ができるものである。

その後においては、最初に説明した葉の本性を観察して、見逃しのないようにときおり間引く。やたらに大葉になったり、葉色が濃くなったり、葉がたれ下がったりするものは、容赦なく早めに抜きとるほうが、全体のためによい。このへんがゴボウつくりの奥儀であろう。

＊　＊　＊

昔は〝ゴボウは人がつくるのではなくて、土地がつくるもんだ〟と教えていた。

今は「無造作に化学肥料を使ったら、増収どころか、絶対に品質のよいゴボウができない」と反省している。ゴボウは、デリケートな野菜といわれるゆえんである。

いずれにしても、野菜としてのゴボウの本性を知ることによって、ゴボウはもっと広くつくられ、そして日常、もっと食べる価値のある野菜である。

図 4 双葉の開張時

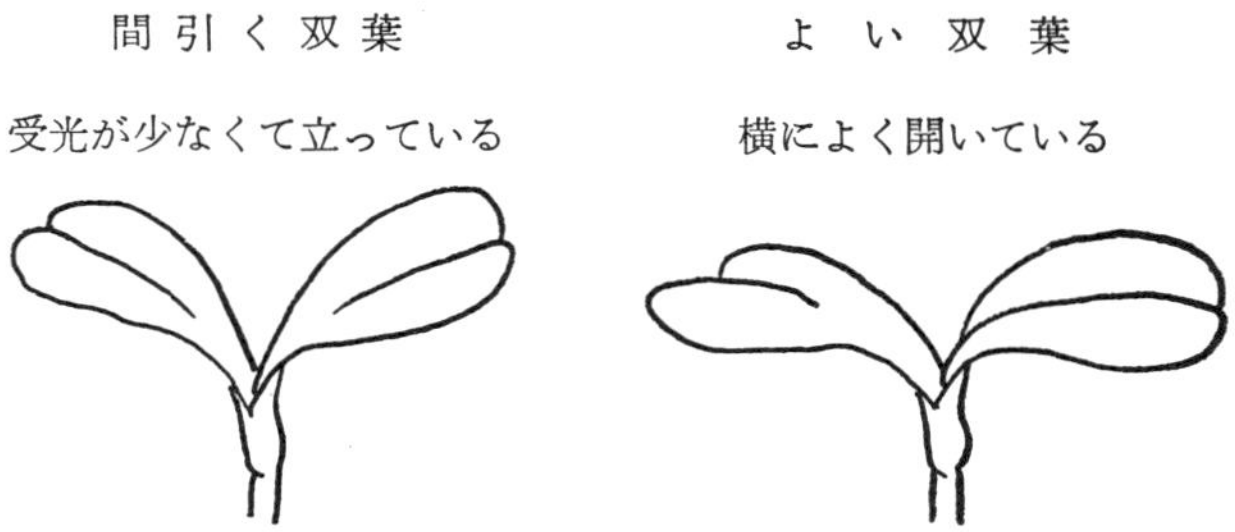
間引く双葉
受光が少なくて立っている
よい双葉
横によく開いている

図 5 本葉3枚目の間引きどき

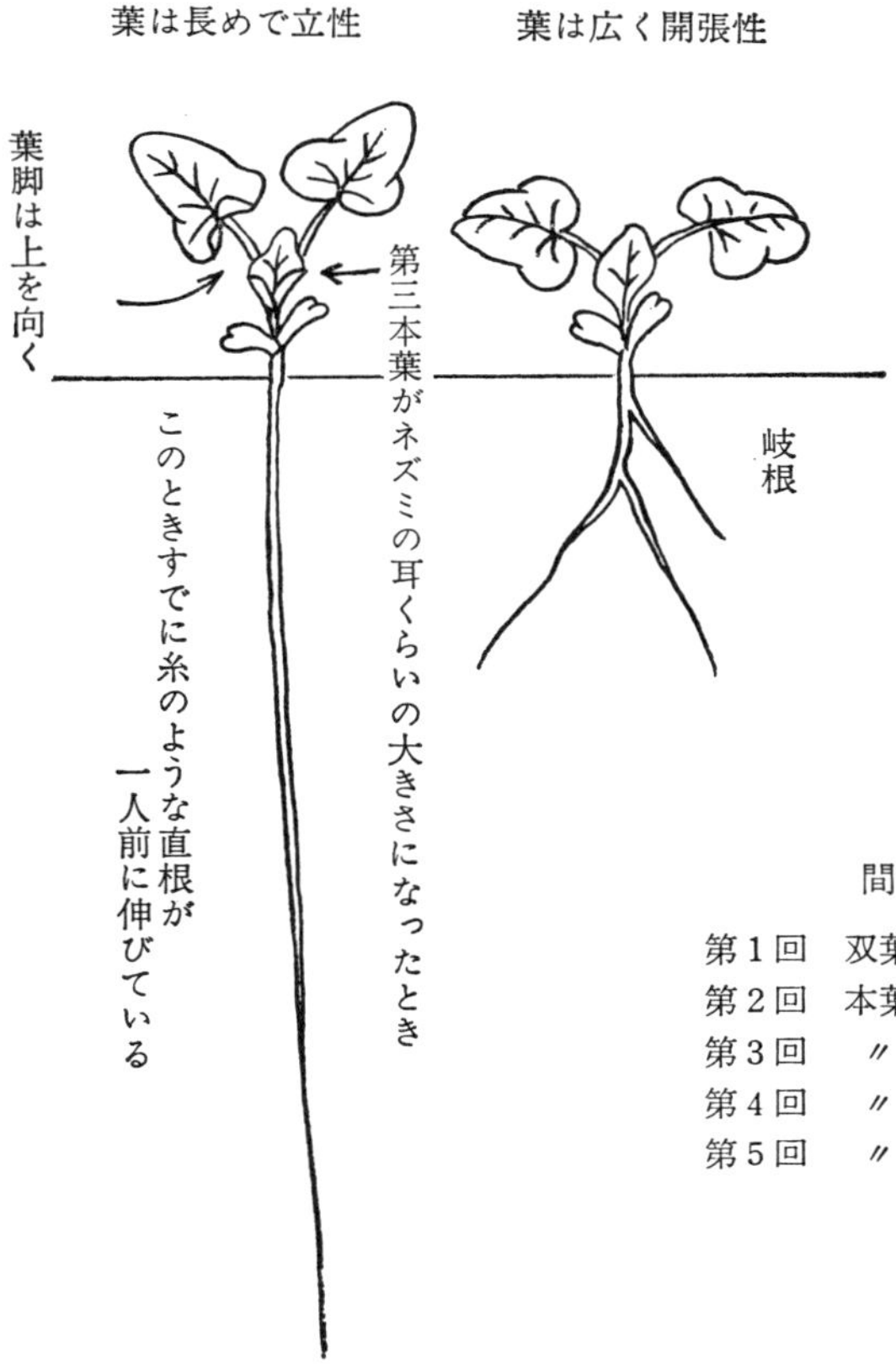
葉は長めで立性
葉は広く開張性
葉脚は上を向く
第三本葉がネズミの耳くらいの大きさになったとき
このときすでに糸のような直根が一人前に伸びている
岐根

間引きの目安

第1回	双葉	株間3㎝
第2回	本葉1枚	6
第3回	〃 2～3枚	9
第4回	〃 4枚	12
第5回	〃 5枚	15

第八章　水田に育つ＝田イモと水ナス

◎湛水性野菜

日本列島に水田稲作があるかぎり、水に強い（湛水性）野菜は、水田の土壌改良をする役割として、切りはなせない輪混作用の作物であったはずだ。

にもかかわらず、水田稲作の広域専作化は稲だけの長期連作を続行してきた。そのために湛水性野菜は、見捨てられてしまった。

本来、水田は冬の間といえども、心土までカラカラに乾燥させるものではない。ザル田（水もれ田）にしないためでもある。

それで水稲の跡作は、ソラマメやナタネのような好湿性の野菜がつくられていた。そして水田の水は、いつもその〝うわのせ〟量で維持していたものである。いったん乾田化すると、水はなかなか溜《た》まらないのだ。

つまり、日本列島の水田では《田畑輪換》を安易に考えることはできないであろう。

もちろん、水田の裏作は、畑作のようにして、乾田化することがよいのではない。たとえば、水稲の跡作に麦をつくることが、施肥技術を呼んだのである。麦は、畑作物であるからだ。

稲と麦の関係には、ダイコンとゴボウのような互恵の関係は、なにもない。それでも〈コメ―ムギ〉の輪作は、ずいぶん長期間つづけてきた。

今は、水田にはコメだけがつくられ、跡作はつくらない。もう、どんな湛水性作物があって、そこにどのような互恵が存在していたのか、わからない。

でも、今もまだ、田イモと水ナスは、いちおう水田に育つ野菜として、脈々とつくりつづけられている。

◎地場品種の特性

田イモや水ナスは、古くからつくられてきた野菜だけに、その地域の風土や食生活に深くねづいた品種がある。

それらの品種は、今日の市場の要求による品種の規格化にも負けず、今なお生きつづけて、はやりすたりがない。そこには、地域にねざす野菜の強みがあるからだ。

もともと、作物の品種は、農家の暮しにねづいて風土色をなしているものである。だから土地柄に向く、という地場品種は、土質や気候だけできまるものではなく、農家の暮しととけあっているものである。

つまり、地場品種とは、長年かけてつくりあげた土地柄への適応性と栽培の合理性とが、もちまえの特性になったものである。

サトイモ
——親イモつくりから子イモつくりに

古くからつくられているサトイモは、ほかのイモ類とはちがった素性をもつ。その素性を知らないで押しつけがましい栽培をすると、かえってひどい目にあわされる。

長年の間に、サトイモは土地柄への適応性を身につけ、他方、人間は、水田にサトイモをつくるという合理的な栽培法をきずいてきた。

大阪のサトイモで「泉南の田イモ」がある。これは、京都の「唐芋」のエビイモつくりが泉南地方に伝わってきたものである。

山形県に「山形田イモ」がある。これは、苗代跡の水田に植える品種で、これも唐芋系である。つまり、唐芋系に依存した田イモつくりの主体は、良質のズイキとうまい親イモの生産である。サトイモは、土地が乾燥しないことを栽培の条件としているが、水びたしになっていては、子イモの着生がわるいからである。

そこでサトイモは、水田の親イモつくりから、畑の子イモつくりに変わってきた。

◎イモの形成・生長のしくみ

サトイモのイモは、他のイモ類——サツマイモやジャガイモなどと違った構造で発達する。サトイモの蓄積生長は、イモじたいの肥大はややおそいが、生育初期から開始する。

まず、葉での同化物質（養分）は、葉柄基部（芽の基部）の蓄積部にストックされる。ここのストックポイントで、同化物質中の一部は、生長、呼吸などに消費されるが、残部は、さらに下の所へ貯蔵される。

こうした物質の転流によるイモの形成は、第一葉からはじまるので、種イモの植付けは、図1のように葉の展開前にする。

この葉柄基部の蓄積部は、親イモとなり、その形成がすすむにつれて、五分の二の旋回性を示す葉序(図3参照)にしたがって、子イモが着生する。この子イモ着生の節位は、だいたいが親イモの中ほどより下部のデンプン貯蔵所の部位である。

そして、子イモ着生相は、図2上段のように品種によって差異がある。この差異——子イモ着生数とイモの肥大状態で、通常、親イモ用、親子イモ用、子イモ用と品種は三つに大別されている。

そこで、栽培面からの推察によって、三つに大別されたそれぞれの品種について、イモ形成の原理を模式化したのが図2下段である。

図1　植付け時の種イモ

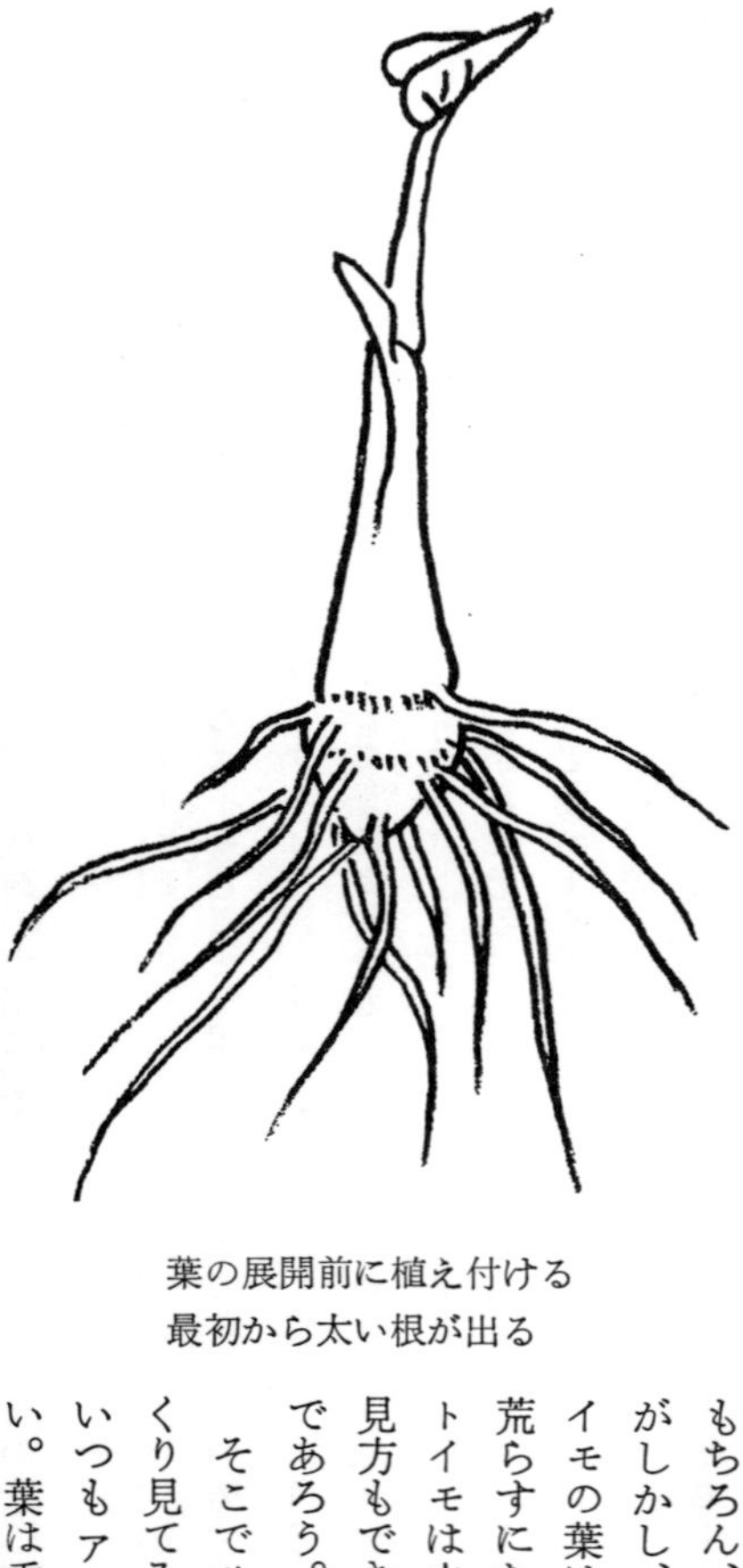

葉の展開前に植え付ける
最初から太い根が出る

サトイモの葉の機能は、根で合成される物質(ホルモン)の影響が大きい、といわれているだけに、最初から太い根が出る。

根で合成したホルモン様物質は、葉へ転流して、葉は光合成の働きを活発にする。この相互作用がうまくいくこと(立性草姿の生育状態＝図4)によって、親イモはぐんぐん肥大するのだ。

一方、新葉の展開生長は、葉柄基部のチッソタンパクを消費して行なわれるので、この部位が大きいほど、地上部の生育は旺盛になる。それで親イモ用品種が生育旺盛で、子イモ用品種は、草丈も低く、生育も弱いものである。

ところで、サトイモ塊茎の「芋吹き現象」(子イモ着生)は、親イモの貯蔵性デンプンの移行によって再生されるものである。それで、子イモ着生数が多いほど、また、子イモが肥大するほど、デンプン貯蔵部がほそまり、さらにその部位＝親イモの品質が悪化する。

俗にいう〝親が子供にスネをかじられた〟という現象である。

◎雑草に囲まれて育つ生理

実はいま、イモの形成について、なにげなくストレートに説明した。そして生長のしくみも、現代風に解釈した。もちろん、これは間違いではない。だがしかし、その通りだとすると、サトイモの葉は、ハスモンヨトウ虫が食い荒らすにちがいないのだ。だから、サトイモは水田でつくったのだ、という見方もできるのだが……やや説明不足であろう。

そこでサトイモの葉を、もっとじっくり見てみよう(このへんから図4をいつもアタマに入れておいてください。葉は垂れるほど、光合成作用の能率がわるくなるのです)。

図2 サトイモの品種生態

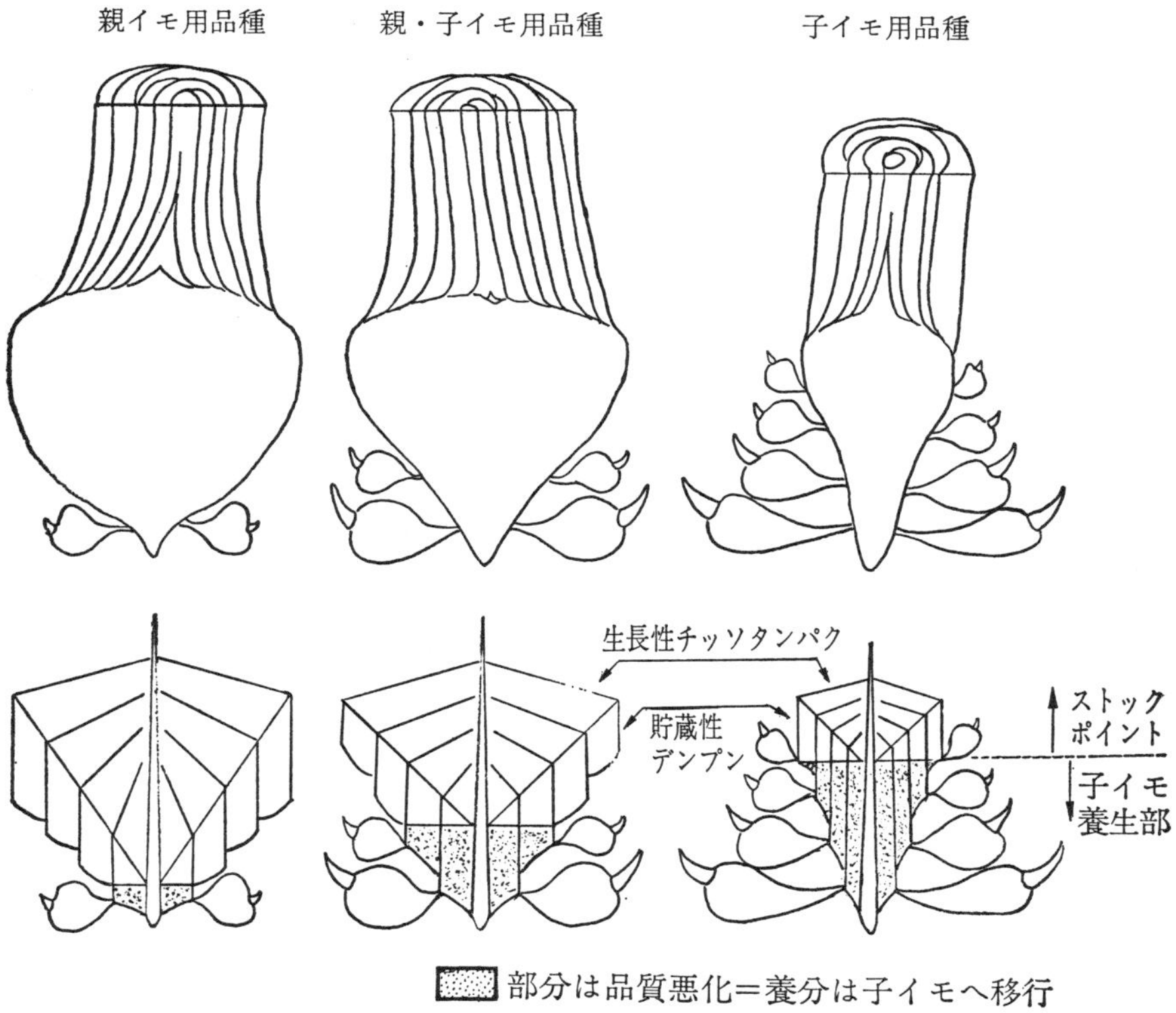

サトイモの葉には、よく露がコロコロところがっている。それは正常な生育（立性草姿）のときである。

それすなわち、サトイモの葉は、リーチングされにくい葉である。炭水化物を貯蔵するイモ形成では、体内物質の流亡を防止するために当然のことであろう。

しかしそのことは、葉肉に栄養物質が多くなるので、虫害（とくにハスモンヨトウ）も多くなる。ちょうどキャベツの葉が網の目に食害されるように……。それにリーチングがないということは、有効な栄養の再吸収がないということである。

今のように肥料を使うことのなかった時代には、〈吸収—溶解—流亡—再吸収〉は、作物といえども、生育の最大要因であった。だから、リーチング現象は、生育の続行（とくに長期化）にはゼヒとも必要な作用になる。

といって、根からの吸収だけを考えて、土壌中の有機質を多くすることは、有機酸のガス害で、かえって根が弱くなる。エンドウに有機物がよくないのと、まったく同じである。

だとすると、サトイモは、ずっと昔は雑草に囲まれて生育していたものであろう。というのは、周囲の雑草がリーチング作用することによって、サトイモは、たけだけしく育つということである。そのうえ、雑草の中なら、ハスモンヨトウが発生しないので虫害もない。

こんなことは、サトイモに限らない。エンドウでも、キャベツでも、またブロッコリーやフダンソウなど、リーチングされにくい葉の作物は、雑草の中で、思わぬ生育ぶりで育っていることがよくある。それはみな、周辺植物のリーチング作用の影響である。

わたしは《混作の原理》を、そこに見ようと目下追究中である。

従来、栽培技術の基本は、作物と雑草との共存を認めなかったので、サトイモは、水田に適応していったのであろう。

いっぽう、畑でのサトイモは、敷草（マルチング）によって、地表の温度や湿度の調節が栽培技術になっている。なかでも、梅雨直後からの十分な敷ワラや敷草のマルチは、乾燥防止と、ハスモンヨトウの発生予防になっていた。

また、サトイモは乾燥に弱いから、畑作では灌水の効果が大きい。うまく灌水すれば、無肥料栽培でも、施肥栽培よりも収量が多くなる。それにはいつも《立性草姿》（図4）で、生育しているほうがよいのである。

ところが、このごろのマルチングは、有機物でなく、ビニールシートが使用されるようになった。——それでは、ビニールマルチでは、どうなるのだろうか。

◎マルチがクズイモを多くするわけ

こうしたサトイモの肥大生長は、他のイモ類が温度や施肥などに影響され

図 3　マルチと露地のちがい

1～5は子イモの着生順序（葉序2/5の旋回性を示す）

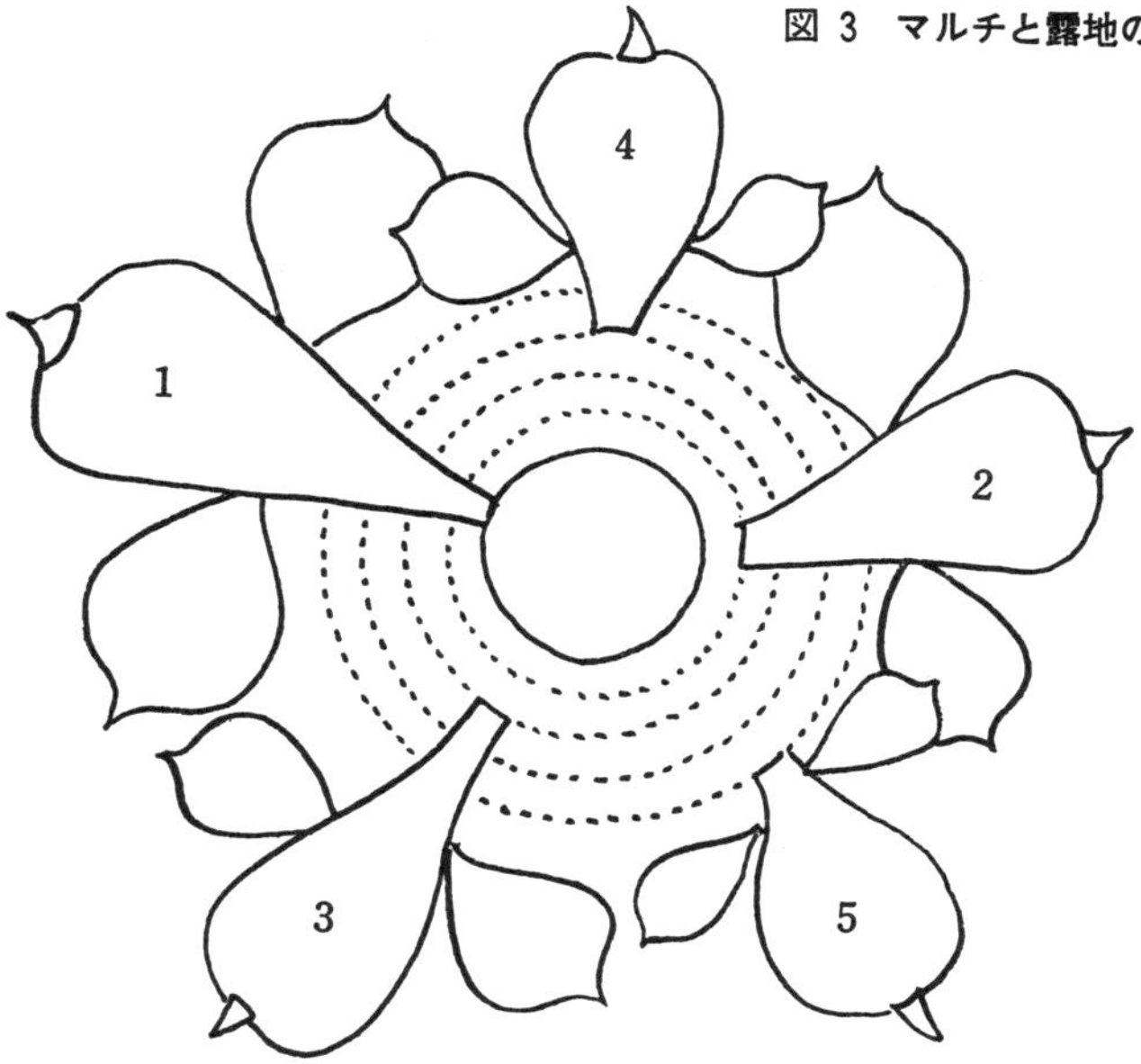

マルチ栽培の子イモ・孫イモ（孫イモつくり）

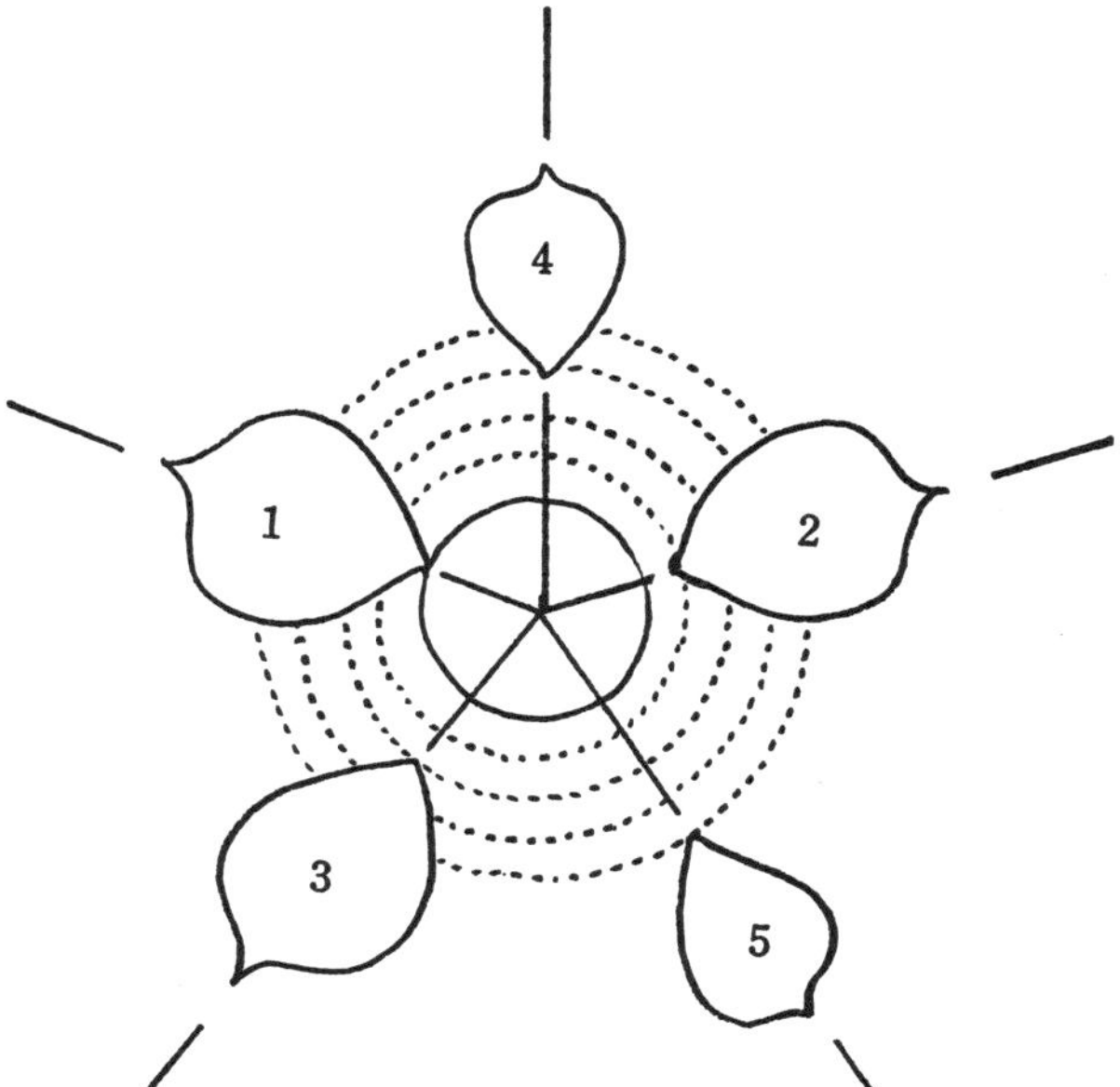

露地栽培のコロコロとした子イモ（イモコロつくり）

やすいのに対して、立地条件、とくに土壌条件に大きく左右されやすい。

太い根とリーチングされにくい大きな葉をもつサトイモは、土中や空中の多湿を好むものだ（ただし土が過湿状態ではイモの形成がわるくなり、しかもイモは長くなる）。それに、イモの形成には、同化物質を蓄積する葉柄基部（芽の基部）が暗いことが必要である。炭水化物の流亡は、光の中で多く、暗いときは少ないからである。

このようなことで、サトイモつくりは個々の理論はともかくとして、いろいろの対策が総合して「マルチ栽培」が実施されるようになった。そして結果的にマルチ栽培は、水分と酸素の割合に効果の決め手をみつけて予想以上に増収した。

だが他面で、光と温度の問題は、子イモの形状と品質とをわるくして、結局マルチ栽培は「孫イモ」つくりになっている。それが図3である。

つまり、現行のマルチ栽培は、ビニールシートを使って、生育初期の地温を高めて芽生えを早くしている。第一葉から同化物質を蓄積するサトイモにとって、低温期からの生長開始となったのであるから、物質の高分子化（デンプン形成）による蓄積生長の契機がより早くなり、親イモ形成は高能率化する。

この高能率化を子イモ形成にまで結びつけるために、マルチ材は黒ビニールを使って、子イモの肥大をはかった。しかしビニールマルチは、土壌の過湿により乾燥害こそ受けなかったが、子イモの形を長くすることになった。

ところが、子イモは、芽生えが抑えられている（光不足と抑制ホルモン）から、子イモじたいに同化物質の生成能力がない。子イモには葉がないのだ。それで、時期的に早すぎた子イモ着生は、親イモの貯蔵養分が子イモに移行するだけでなく、再生産として、孫イモを吹き出す（着生する）。

こうして子イモの養分が孫イモへ移行するから、マルチ栽培は、イモの総重量では数倍の増量効果があっても、子イモは品質をわるくし、孫イモは数が多くなって、イモの大きさが不ぞろいになる。それだけ「クズイモ」（規格外）が多くなるということである。

結局、マルチ栽培の要点は、生育初期の生長と天候（とくに雨量）とがうまく組み合わさるように考えて、できるだけ早くマルチを取り除くことである。でも、もし生育初期に雨が多いと、ビニールマルチは、株元の過湿を防ぎ、思わぬ好結果をみることがある。

栽培は、理屈だけではわりきれないものだ。とくにサトイモは、雑草にも負けない強さがあるものだ。

マルチング
本来は刈敷（敷草）のこと。地表の雑草の防除と温度変化の緩和および地面よりの水の蒸発を防ぐ。そのために敷込みの厚さは、厚いほど目的にかなう。

図 4　土壌水分と生育葉姿

ナス

——蒸し暑い夏を越す花と根と葉の働き

ナスのふるさとも川である。ナスは、川沿いの沖積地帯に育ってきた。そしてナスは、養分の吸収力が強く、水分が豊富にあれば、少肥でもよく育ち、品質もよくなる。

たとえば、水田につくられていた「泉州ミズナス」は、夏場の水不足（コメに水の優先権があるので）には、畦間に水を流すようにして土中へ十分浸透させることが、灌水のコツである。この灌水は「ハダミズ」といって、毎日、朝食前にする〝あさま（朝の間）の仕事〟であった。ハダは、畦間のことである。それでみずみずしいミズナスは、全国で唯一の生食用の品種だった（図1）。

このごろのように、ナスが畑やハウスでつくるようになっては、往年の生食は、とてもできなくなった。このことは、品種を見る上において、重大な問題である。

◎ナス品種の地方分布

従来、日本のナスは、図2で一部を紹介したように、九州地方に長形種、中部地方に中長形種、関東地方に短形卵円種という品種分布があった。

これは葉の本性と関係が深い。南の暖地では、地上の熱気のため、長葉で立性の「長形果」の品種が育ちよい。北へいくにつれて、丸葉で開張性の「短形果」の品種になる。それは、葉の本性が温度と光と地形とに対応しているからである。

また、葉形と地形とも関係が深い。細い長葉はくぼ地に、広い丸葉は、平坦地に適応している。

品種分布は、その地方の土地に合ったものが根づき、いわゆる《在来種》としての土地柄品種は、健在してきた。

だから在来種は、風土の中から生まれてきた古い品種である。当然、つくりやすい時期と、つくりやすい条件は、制限されているものである。それは、古い品種のつくり方は、旬につくるということである。つまり、ナスの栽培時期は、夏なのである。

ナスは、日本の夏に負けない野菜である。それでは真夏でもどんどん収穫できるか、というとそうでもない。その原因は、今の栽培方法が、ナス本来の生育特性にさからっているからである。

〝ナスの花は千に一つのムダがない〟といわれていたのに、今では開花数の半分ほどしか着果していない。

では、その理由は……そしていったいナスじたいは、どんな状態で生育するのだろうか。

↓171ページ

図 1　泉州ミズナス

果色は淡い青紫色，花落ちが大きい果形は巾着形でやや偏平

（実物大）

の果形変化　（　）内は府県名

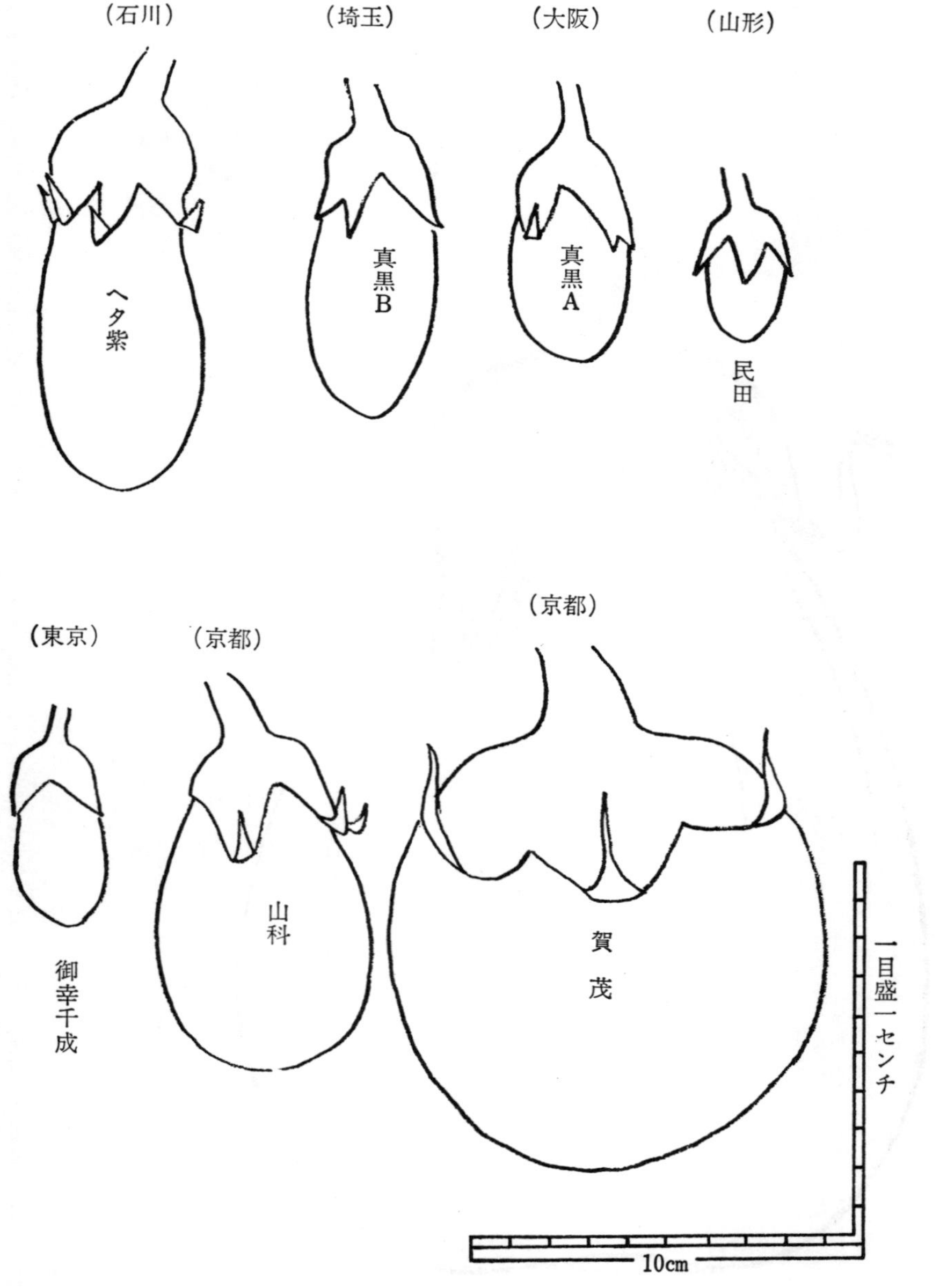
（石川）
ヘタ紫
（埼玉）
真黒B
（大阪）
真黒A
（山形）
民田
（東京）
御幸千成
（京都）
山科
（京都）
賀茂
一目盛一センチ
10cm

図 2　ナスの地方品種

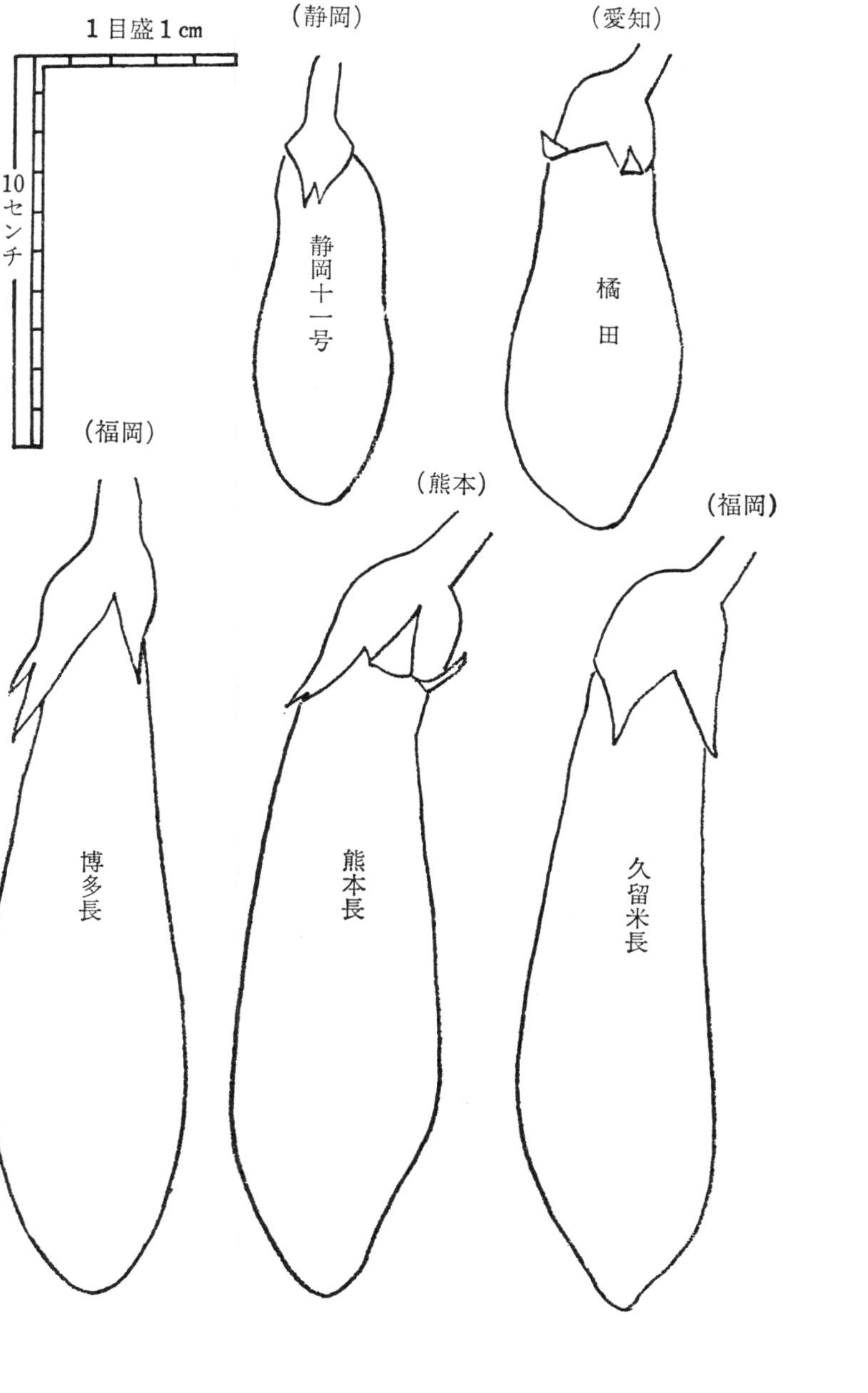
1 目盛 1 cm
10センチ
(静岡)
静岡十一号
(愛知)
橘田
(福岡)
博多長
(熊本)
熊本長
(福岡)
久留米長

図 3　ナスの花

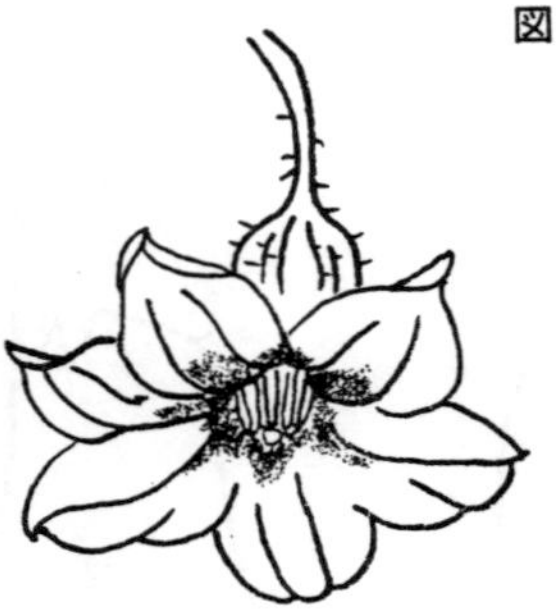

○平開する花弁は日がさの役目
○明るい紫色は強い紫外線を弱めている

図 4　ふたまた生長の姿

○葉には同じ形がない……みなちがった葉型

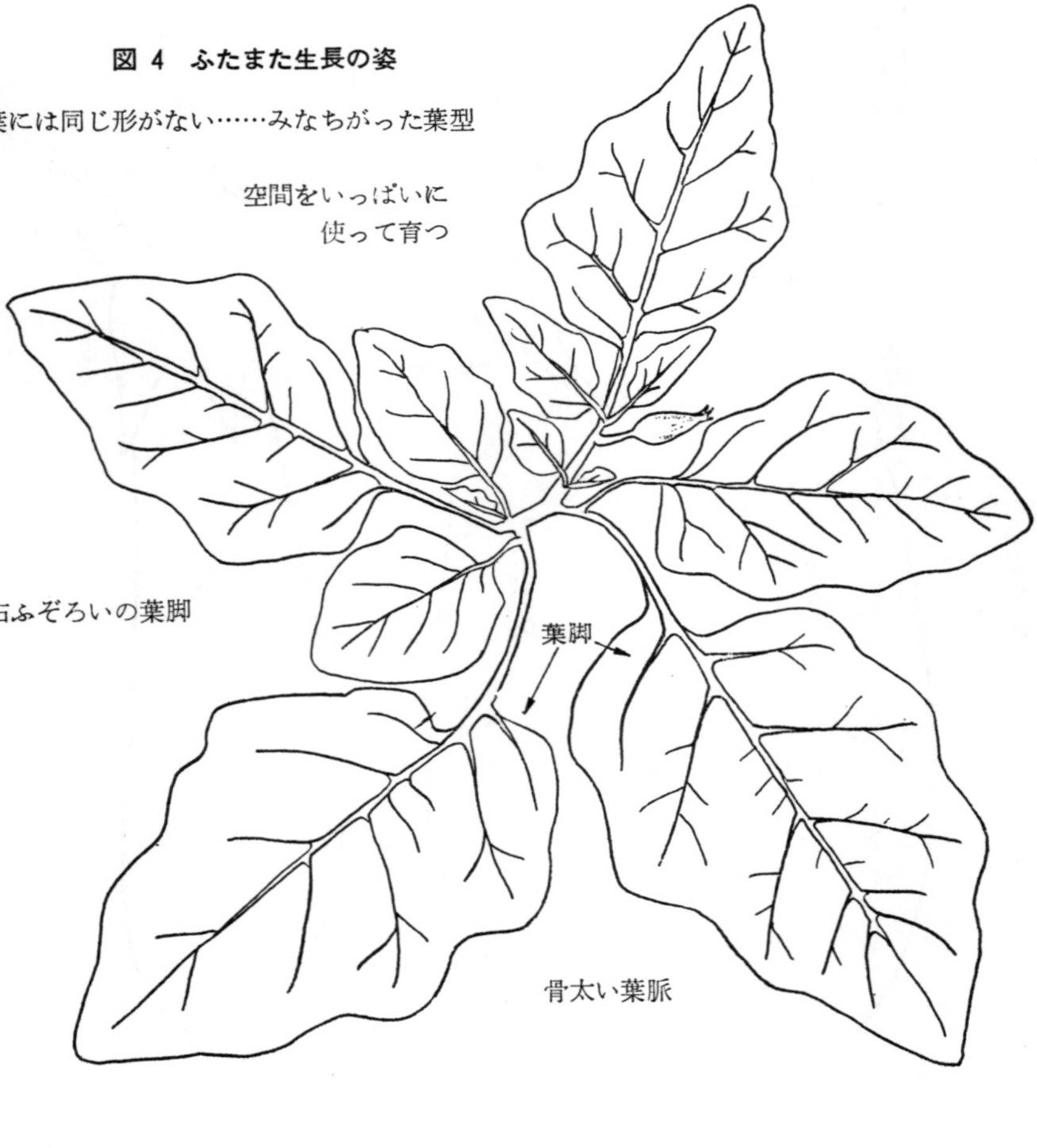

◎平開する花弁は日がさの役目

まず、ナスは高温を好む（高温性の野菜）。といっても、三〇度を越すと「短花柱」の花が多くなって、受精に障害が起こるから、落花しやすくなる。

また、ナスの花は、日当たりを好む。日当たりがよいと、果実の色がよくなるということだけでなく、はじめから立派な花が咲いて落花も少なくなる。それでも、ギラギラ輝く夏日に平気、ということではない。

図3をごらんいただこう。ナスの花のばあい、あの〝さわやかな夏の大気を思わすような明るい紫色〟の花弁は、花の諸器官を守る覆いの役目をしている。つまり、平開した花弁は日がさであり、紫の花色は、強い紫外線を弱めているのだ。そして花弁が落ちると、ガク片が花弁の代替物となって、ナスの果実は、ガク内から〝繰り出す〟ようにして肥大してくる。

この花の操作——開花現象が狂うと「石ナス」や落花の原因になる。たとえば、草勢が弱いと花弁は平らに開かない。ハウスでは、花が下向きになる。このようなときは、花弁の覆いが仇となって、花中の湿度を高め、受精をわるくする。たとえ、ホルモン処理をしても、全部が正常には太らない。

◎夏の暑さと根の張り方

もっとも、ナスが夏の暑さに強いのは、ナスの根は、夏作に適した《タテ型横行性》を示しているからである。そこで図5を見てください。

一般に、夏作物のタテ型横行性という根張りは、春の短日期には、根が地中深く伸長しないで、横行性である。しかし、夏の高温長日期には、地面が高温で、地下が低温になり、根は、地中深くタテ型に伸長する。これが、夏作物の耐暑性である。

それで夏までに、この根張りができなかったらアオガレ病がでたり、夏負けの原因になる。

また一般に、ナスの夏どりには、有機物の施用が習慣になっている。もちろん、夏負けしない根張りを仕上げるために、土壌の物理性を高めることは当然である。

だが実は、土の有機質化は、夏のナスにとっては「据膳《すえぜん》」になっているのだ。そのわけはこうだ。

ナスの葉面は、ざらついているから、いわゆるぬれやすさが高く、リーチング作用が大きいのだ。それに夏は、にわか雨のレインシャワー（夕立）がある。葉の上に降る雨水は、通常、かなりの塩類を含んでいる。ふつうカリ塩やナトリウム塩を含んだ水は、蒸留水と比較して、物質の流亡（リーチング）を増大する。そしてリーチングされたアルカリ溶液は、土中の有機酸を中和して、養分の再吸収をはかる。

またこの際、カルシウム塩の吸収を良好にしている。そして、カルシウム塩を含んだ体液は、流亡の程度を減ずる傾向がある。

図 5　ナス栽培のポイント

土は適度に湿っていること
過湿はワタエキ病，カツモン病がでる
多雨は落花を多くする

∘朝露にぬれた取りたてのナスの味は，自分でつくらないと味わえない

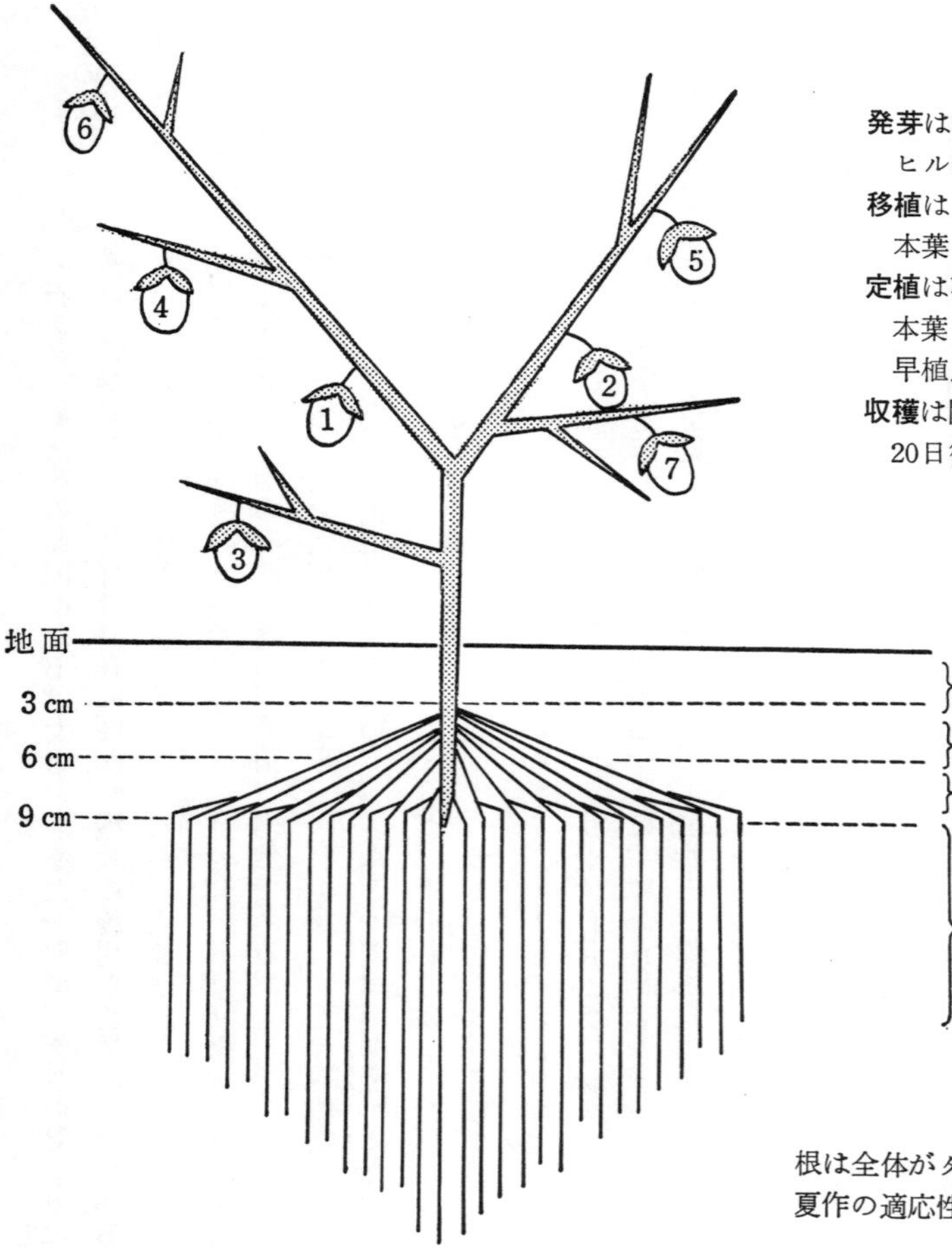

発芽は変温で
ヒルは30度，ヨルは10度
移植は１回
本葉２枚で，株間12cm
定植は花を見てから
本葉６～７枚
早植えは生育停止する
収穫は開花後18～20日まで
20日後は品質が低下する

白く乾くとアカダニが発生する
ここまで乾くと夏負けする
ここで分岐横行する
下向性

根は全体がタテ型横行性である
夏作の適応性を示している

図 6　露地とハウスの生育のちがい

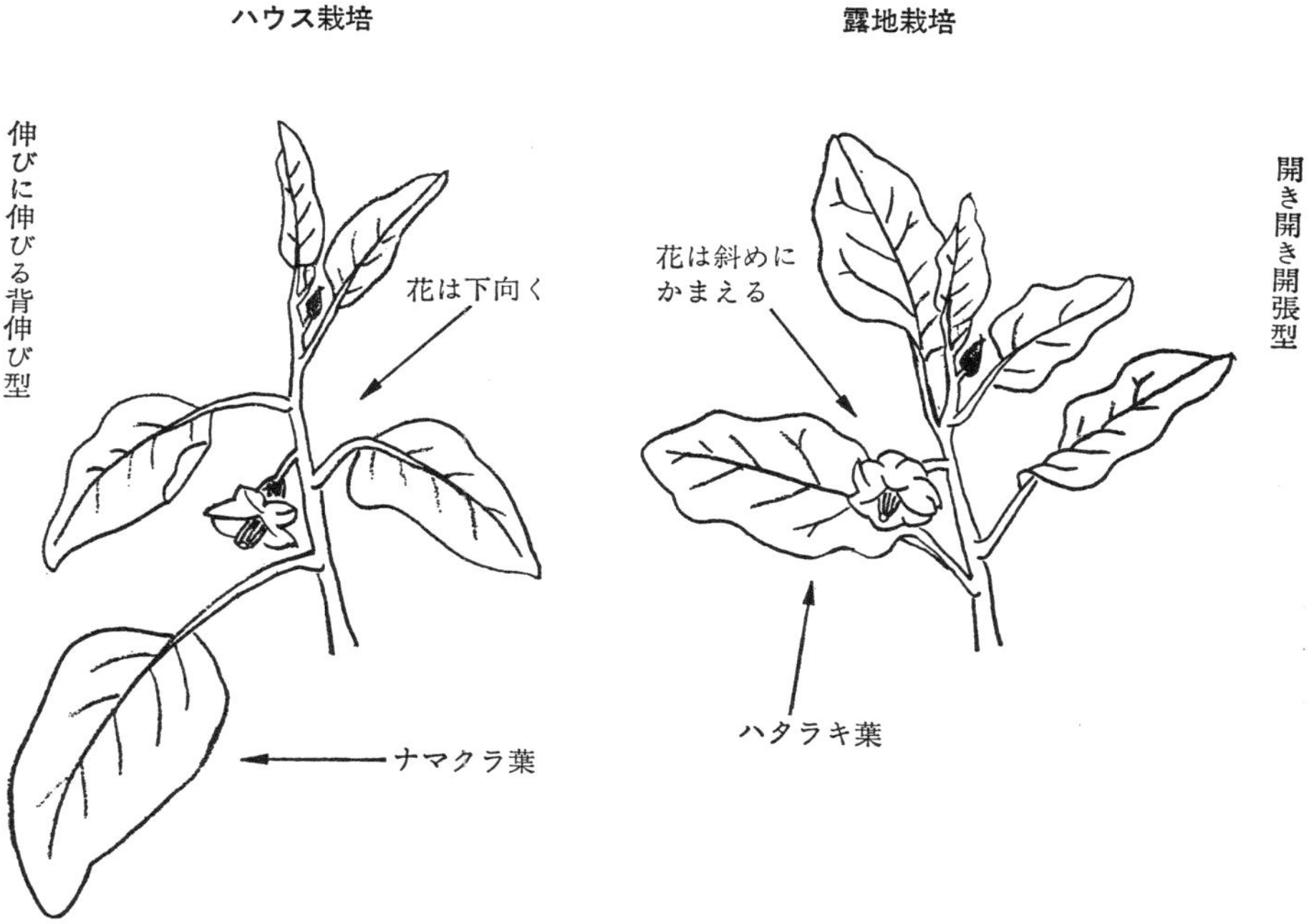

結局、ナスは、夏の夕立をうまく利用して、カリの再吸収をはかり、施用された有機物内のカルシウムを吸収して、体力を強化しているわけだ。

事実、ナスは、夕立があるたびに、ぐんぐん生長している。

◎高温多湿に対応する葉の働き

さて次に、高温と日当たりで育つナスは、常に地上の空気の対流がはげしい。それでナスの葉をじっと見ると、葉の縁が、おおなみこなみにゆれ動いている。だからナスの葉は、不規則な大小の波状縁になっている。ところがハウス内では、とかく高温多湿の飽和状態になる（ムッとしている）から、葉は長くなり、葉の縁ものっぺらである。

通常、ナスの葉は、卵状楕円形といわれているが、よく見ると一枚も同じ形をしていない。強健な生育をしているほど葉の形はまちまちである。

では、その原因は――それぞれの葉

は葉脚が左右不整形であるからだ。しかし、このごろの多肥栽培や密植したハウス栽培では、葉が徒長して葉脚が左右同形になっているが……。

図4は、生長点を真《ま》上から見た図である。

ナスの枝は「ふたまた」に開きながら伸長する。だが、その伸びは案外短い。それなのに新葉は、意外な大きさで、しかも早く展開してくる。そのために、外側の葉（下葉）は葉柄を立てて、左右不同の葉脚で空間をつくり、光線をみちびく。その空間が広いほど新葉は丸みをもち、狭いほど細くなる。

若葉のときは、葉脚のちがいは少ないが、葉が大きくなるにつれて葉脚の形に差がついてくる。そしてまた、新葉は葉脚のすき間に育ってくる。だから、いつだって同じ形の葉がないわけである。

こうして日当たりを好むナスは、光を十分利用できるようにそれぞれの葉が互助の作用をしているのだ。

さらに、葉の互助がまんべんに作用するために、葉は骨太い葉脈で、葉身を開いたり、立てたりする。そしてこの葉の運動は、葉間の湿度を調節している。この《葉が動く》という葉の開立運動は、ナスの特技である。

こうした葉の働きがあるから、ナスは蒸し暑い夏を越すことができるわけである。

◎葉の本性を生かすには

ナスは、葉間の空気湿度が高いとワタエキ病やカツモン病が多くなる。逆に、空気が乾燥すると、葉の裏や新葉にアカダニやスリップスなどの害虫がつく。

露地栽培では、葉に湿度調節の開立運動があるので病気は少ない。また夏の乾燥期にアカダニはつきものだが、ときどき、畦間に水がたまるほどのにわか雨があるので、そのときにアカダニは一掃される。

ところがハウス栽培では、ナスの本性を発揮する操作はなに一つない。葉はのっぺりと長大化し、葉柄は長くて弱くなり、ナマクラな葉になっている。それに湿度が高いから、新葉だけが立ち上がって、草丈はどんどん高くなる。つまりハウス栽培では、気候的な環境要素に対応することができないのである。

図6は、一枝の容姿を比較したものである。こんなにちがっているのだからハウス内では、どうにもならないものだが、せめて枝振りだけでも開くように仕立てることである。それに換気は横窓をあけて行ない、室内の空気を動かすことが大切である。

露地では、開きすぎた枝は大果の重みで枝が引きさけるから、こころもち吊りあげるようにする。

とにかく蒸し暑い夏を越すナスは、ナスじたいに対策があるのだから、ナスの生育にさからわないことが上手な栽培技術である。

第九章　田端のもの＝あぜ豆とそば瓜

◎夏大豆と秋大豆

端作（畑作）よりも水田の近くに、そして水田へ好ましい影響をおよぼしている作物（野菜）が、やはり、なければなるまい、と思う。

しかし、湛水性野菜が切り捨てられたように、水田のそばちかくの野菜も、いまは不明瞭である。ここでは「あぜ豆」と「そば瓜」を考えてみた。

あぜ豆とは、水田の畦畔がゆるまないように、土を締めつけながら〝アゼ守り〟してきた《豆》である。その豆には、エダマメとミソマメとがある。そしてエダマメとは夏大豆、ミソマメとは秋大豆のことである。

◎そば瓜の特性と栽培型の分化

そば瓜とは、水田の水がにじむ所で、地下の停滞水をくみ上げて、ポンプの作用をしている野菜である。もちろん、水田のそばのウリ類のことだ。

そこで、ウリ類が共通性としてもっている特性をあげてみよう。

①発芽に際しては、十分な水が必要であること、②子葉は、真昼に展開すること、③根は、水を集めるのに好都合な横行性であること、④多湿が開花を促進すること、⑤風ぎらいであること、⑥地下水が高く、夏でも地温があまり上がらないこと、などである。こうした条件をかなえてくれる土地は、水田のそば（近く）でしかない。

さて、特性の共通性を基本にして、ウリ類の各品目について《栽培型の分化》を具体的に検討してみよう。

ウリ類の当初的な品目であるカモウリは、果面に毛が生えていることから〝ケモウリ〟が訛《なま》った名称である。葉カゲで、毛におおわれた大果は、それでさえ風をきらった証拠である。

カモウリは、種子が発芽しにくいので、播種前に数日間、水につけて水分を十分に含ませる必要がある。

キウリは、土壌中に適湿があり、風のあたらない所が、最適条件である。

マクワは、地下水の高い粘質壌土に良質なものができる。だが、シロウリは、マクワの条件に高温で空気が乾燥する気候条件がプラスされて、ウリにも乾生形態が働きはじめる。そして、スイカの栽培型ができあがる。スイカは、水田のそばから離れて乾燥地で育っているので、葉は、葉縁が深く切れ込み、蒸散量を少なくしている。その瓜果は丸く、果面はつるつるである。そして空毛の水田に戻ってきた。

この章では、そば瓜の代表として、キウリをえらぶことにした。

エダマメ
——本葉第三葉までの要点を知る

日本ほど、ダイズを大量、多彩に利用している国は他にない。なにはともあれ「大豆文化」は、日本の食生活にあたえた影響が大きい。

また、日本列島の水田では「あぜ豆」が、畦畔維持に大切な役割をしてきた。初期の稲作は、三月まき、八月収穫で、その水田ではあぜ豆が「エダマメ」として青豆で利用されていた。いわゆる「夏豆」型である。

稲作が五月まき、十月収穫となって、あぜ豆は「ミソマメ」となり、さらにこれが「秋大豆」型として、多目的に利用されるようになった。

ところが、水からはなれたダイズの畑作は、生育中の障害が多いため、収量に安定性のない作物である、とされている。すなわち土壌条件には敏感で、そのうえ品種選択が、夏型と秋型とをあやまると、生育障害をおこして、ツルボケになる。

要は、その土地で、昔からずっと栽培されている品種が無難である、ということだ。

◎初期生育で勝負する

エダマメにせよ、ミソマメにせよ、それが育っていた畦畔の土壌条件の特徴は、保水力があって、通気が少ないことである。これが立地条件の基本になっているのだ。そこで、あぜ豆は、太くたくましく育てなければならないのである。

まず、図1を見てもらおう。

マメ類には、二つの発芽タイプがある。一つは、アズキやエンドウのように、発芽時に子葉が地下に残る《地下型発芽》である。もう一つは、ダイズやインゲンのように、子葉が地上で展開する《地上型発芽》である。

概して地下型発芽は、胚軸がひょろひょろするので、巣まきして発芽当初は、密生しているほうが無難な生育をする。

地上型発芽は、発芽の当初から一本立ちがよいので、タネは一～二粒まきか、幼苗の移植栽培がよい。太くたくましく生育するためにである。

そこでエダマメの栽培要点は、発芽から花芽発達までの栄養生長期は、適湿、高温がよく、その後、開花までの生殖生長期には、多湿を好み、とくに開花期の灌水は、着莢率を高め、多収への効果がある。しかしその後の成熟期には、降雨や湿気が直接、莢からの流亡（リーチング）を大きくするので、乾燥することが実入りをよくする条件となる。

さてそこで、図2を見てください。

図1 マメ類の発芽

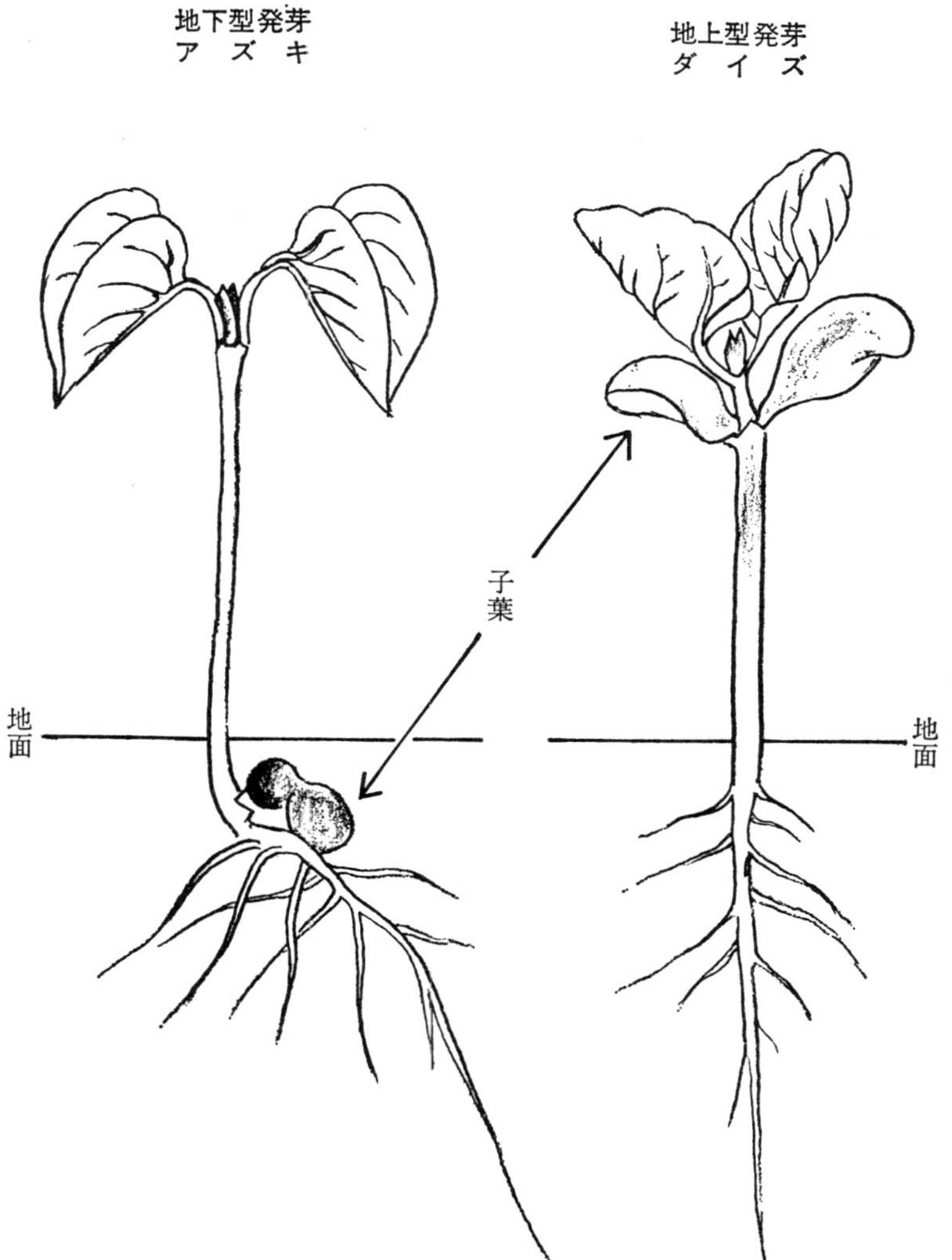
地下型発芽
アズキ
地上型発芽
ダイズ
子葉
地面
地面

エダマメは、初期生育が大切で、とくに、初期の生育形態と収量とのあいだには、深い関係がある。

単独で発芽してきた地上型発芽の行動は、まず、よく張った初葉を展開する。初葉は、ま横に展開するほど受光率がよい。そして、そこの茎が太くなる。この部分の茎は、直径が太いほど収量が多くなる。

次に、第一節間は、短いほど収量が多い。徒長していないからだ。だから、エダマメは、初期の密植が直接、減収に結びつくのだ。密植のわるさは、後日に間引きをしても、その効果は少ない。とにかく草状の仕上げは、早くも本葉第一葉で、ほぼ決定する。

◎本葉第三葉の役割

草状は、規則的な葉序でしくまれる。その基本形は、本葉第三葉が完全に展開したときに見当がつく。

本葉第三葉は、葉面積が広いほど、収量が多くなる。この第三葉は、虫に食害されて葉面積が減少したときでも、葉の被害率と収量との関係には、約九五パーセントという密接さがある。

ところで、ここに品種間差異が問題になるだろう。それは密植程度、つまり株間の問題である。

図3を見て、両品種の第三葉の葉形を比較してみませんか。

このごろ使用されているエダマメの品種は、極早生系で、それの密植栽培で増収効果を上げようとしている。この際、密植性の目安は、本葉第三葉のまん中の小葉にある。この小葉が細長いほど密植性があるわけだ。

たとえば「玉すだれ」よりも「早生緑」のほうが密植できるのである。つまり《品種》として「玉すだれ」は、エダマメとしては、株間が広いほど特性を発揮する。一方「早生緑」は、栽培時期に応じて、適当な株間を知ることである。でないと、株間を広くするほど、それだけの減収はまぬがれない。

とかく品種選択には、こうしたむずかしさがあるから、何を目安にするかは重要なことである。

そこで、一般的な移植栽培にふさわしい苗つくりの基準を示しておこう。

まず初期生育をよくするためには、広いめの苗床をつくり、六〜八センチに一粒ずつの割合でタネをまく。覆土は、二センチぐらいで、育苗日数は一〇〜一五日間ほどである。本葉第一葉が展開すると、活着は困難になるから、それまでに定植する。疎植にすることが大切であるが、前記のような品種特性を知って、畦幅や株間を決めることである。

参考にいうならば、エダマメでも、ミソマメでも、つまりダイズは、完全な無肥料、無農薬で、放任しておいても一人前に育つには、畦幅は、八〇〜九〇センチ、株間は五〇〜六〇センチで、一本仕立てにすることである。

最近の「密植栽培」は、多肥料、多農薬が前提になっている。それは正しい栽培方法であろうか？

図 2　エダマメ生育初期のよい姿

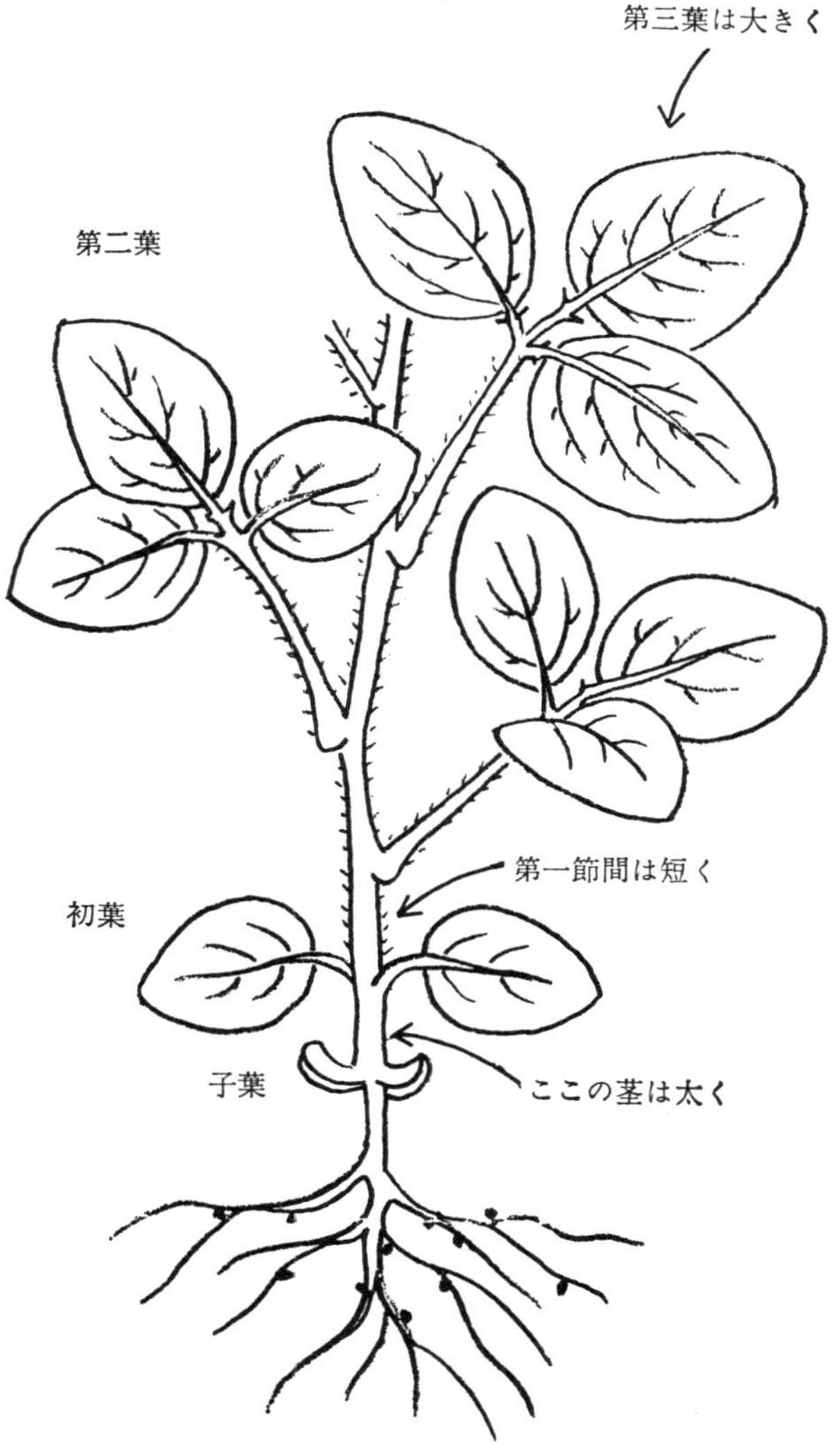

の第三葉

（両品種とも日本農林社より導入一作め）

品種：早生緑

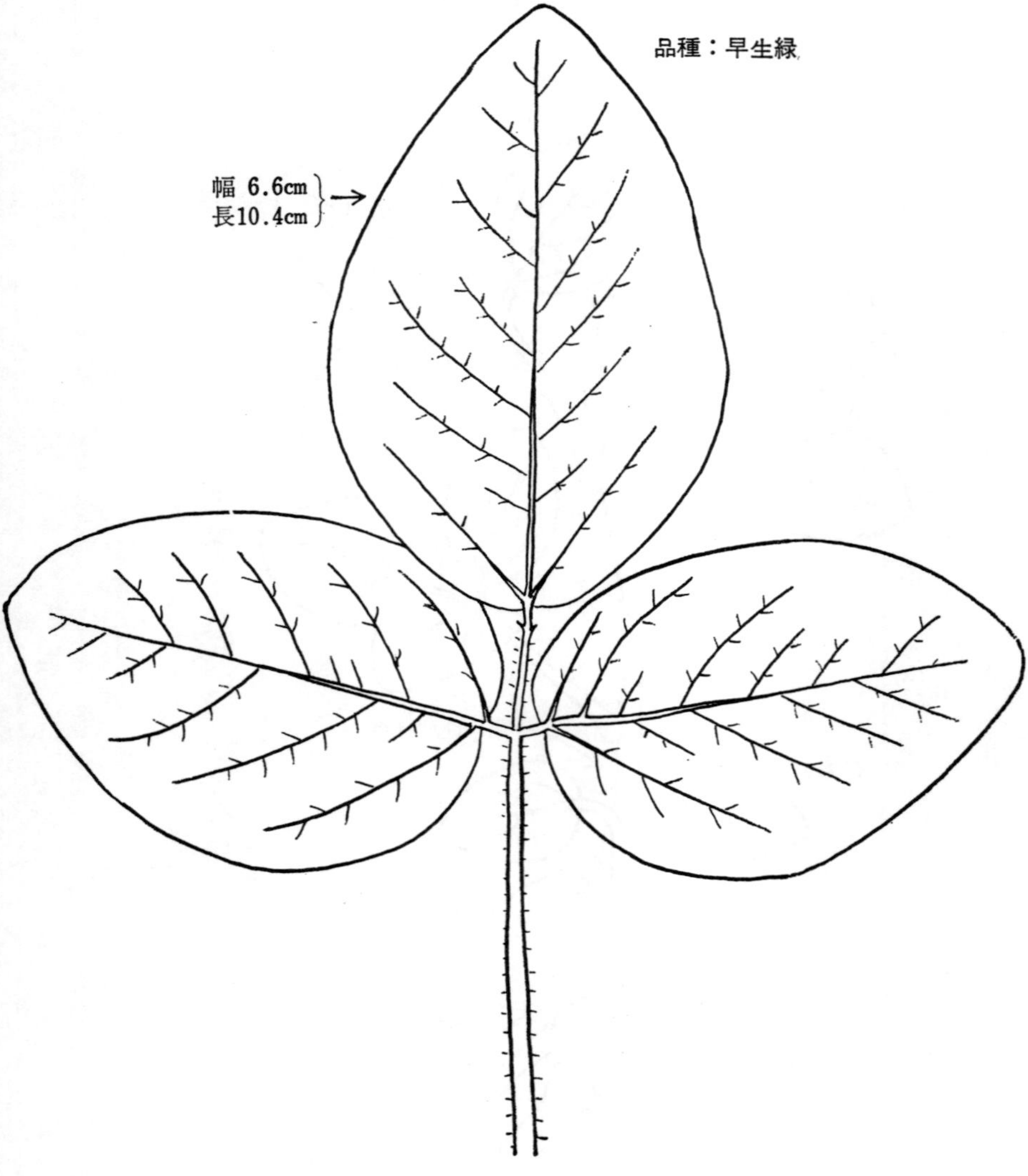

図 3 エダマメ

品種：玉すだれ

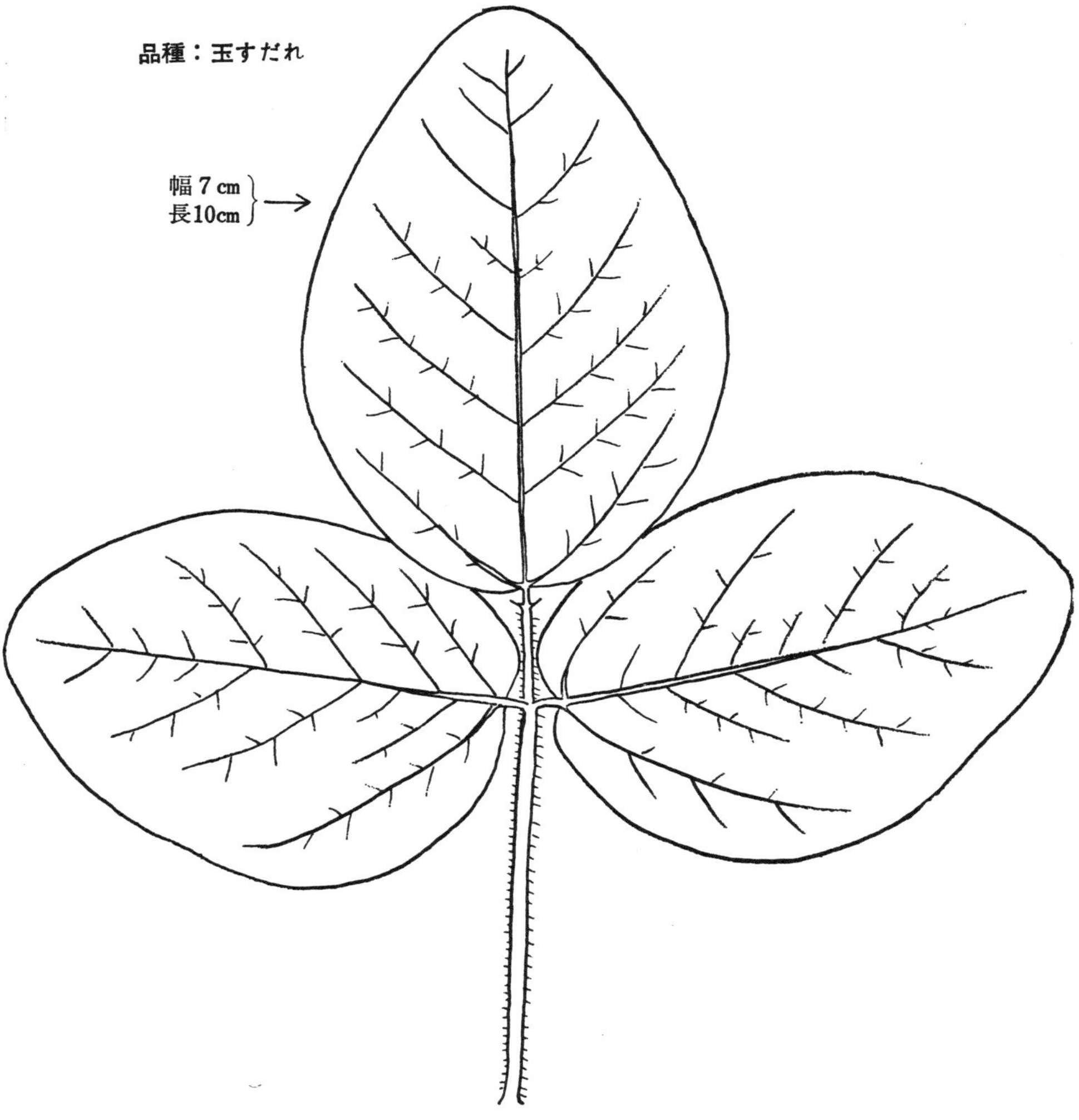

キウリ
—本葉四枚までの苗つくり

◎本葉四枚までの苗つくり

水田の周辺は、田の水がにじむ湿地である。この湿地の「ソバウリ」は、根が横行性で、葉からは水の蒸散量が多い、という特性がある。これは湿地の水分を吸い上げるポンプの作用だ。それが地下の停滞水をくみ上げることになって、水は腐らない。キウリは、この作用を効果的にする作物である。

そのキウリが、たとえ畑でつくられても、キウリの本性には、大きな変わりがない。その点で、同じ田端の作物である「エダマメ」と、本性がよく似ている。エダマメは、本葉三枚で生育草姿が決定する。キウリは、本葉四枚で必要な着果相が決定している。共に〝初期生育で勝負する〟ことは、田端で育った作物の共通した本性であろう。

そこで、キウリも〝ふさわしい苗つくり〟に眼目をおいて、その生育を見てみよう。

◎ゆっくりと発芽する

平凡ないい方をすれば、苗は、がっちりと育てなければいけないという。

ところが、高温（二五～三〇度）多湿で発芽させると、三日ほどで発芽して、ぐんぐん伸長する。がっちりどころか、徒長苗にならざるをえない。これは、もう失敗しているのである。

昔からのしきたりで、モモの花が咲くと、ウリ類のタネまきがはじまる。キウリも例外ではない。モモの開花は、最低の気温が五度になったことを知らせている。そのころは、昼間の気温が一二度くらいであるが、日ならずして一五度以上になる兆候だ。モモの開花期は、一年中で、いちばん気温の上がり方の大きい時期だからである。

まだ降霜の危険性があるから、タネまき後は、キャップを使う。キャップの中は夜間は六～七度、日中は二五度くらいになる。これでキウリのタネは、七～一〇日かかって、ゆっくりと発芽する。発芽後の生長はおそい。だから苗は、がっちりと育つのである。

そこで図1を見てください。

ふつう高温で発芽させると、弱いタネも、強いタネも、ほとんど区別なくいちように発芽する。だから、発芽後の生育の強弱を発芽状態で知ることができない。だが、ゆっくりと発芽するときには、正常な発芽と異常発芽とが、はっきりわかるものである。強くて、正常な発芽は、種皮を地中に残して、子葉が地上で展開する。

種子の充実がわるかったり、中身の弱いタネは、種皮をつけたままの異常

図1 キウリの発育

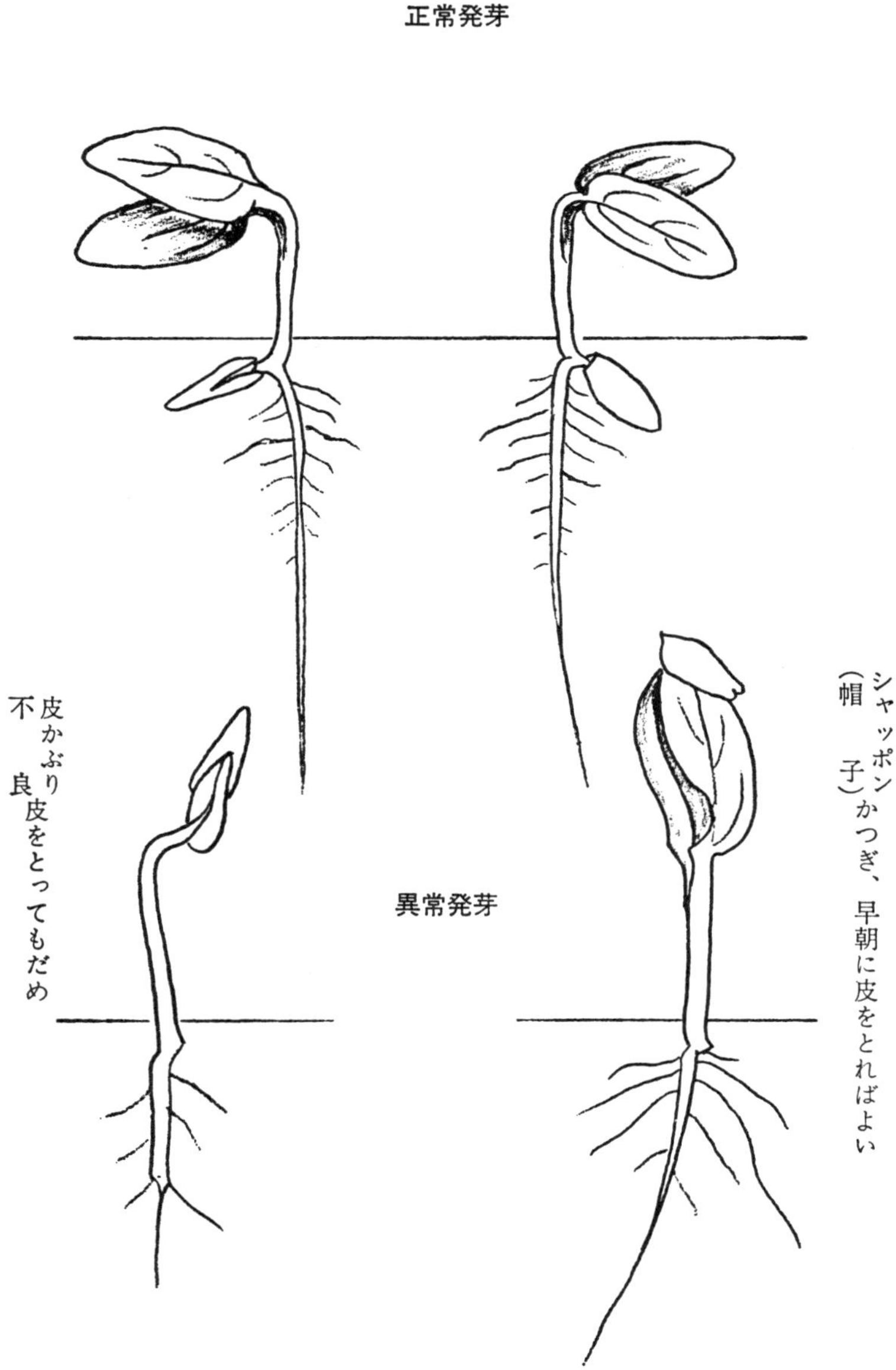
正常発芽
異常発芽
皮かぶり　皮をとってもだめ
不良
シャッポン(帽子)かつぎ、早朝に皮をとればよい

図 2 第1回移植苗

キウリの一生で，最も植え傷みしないとき

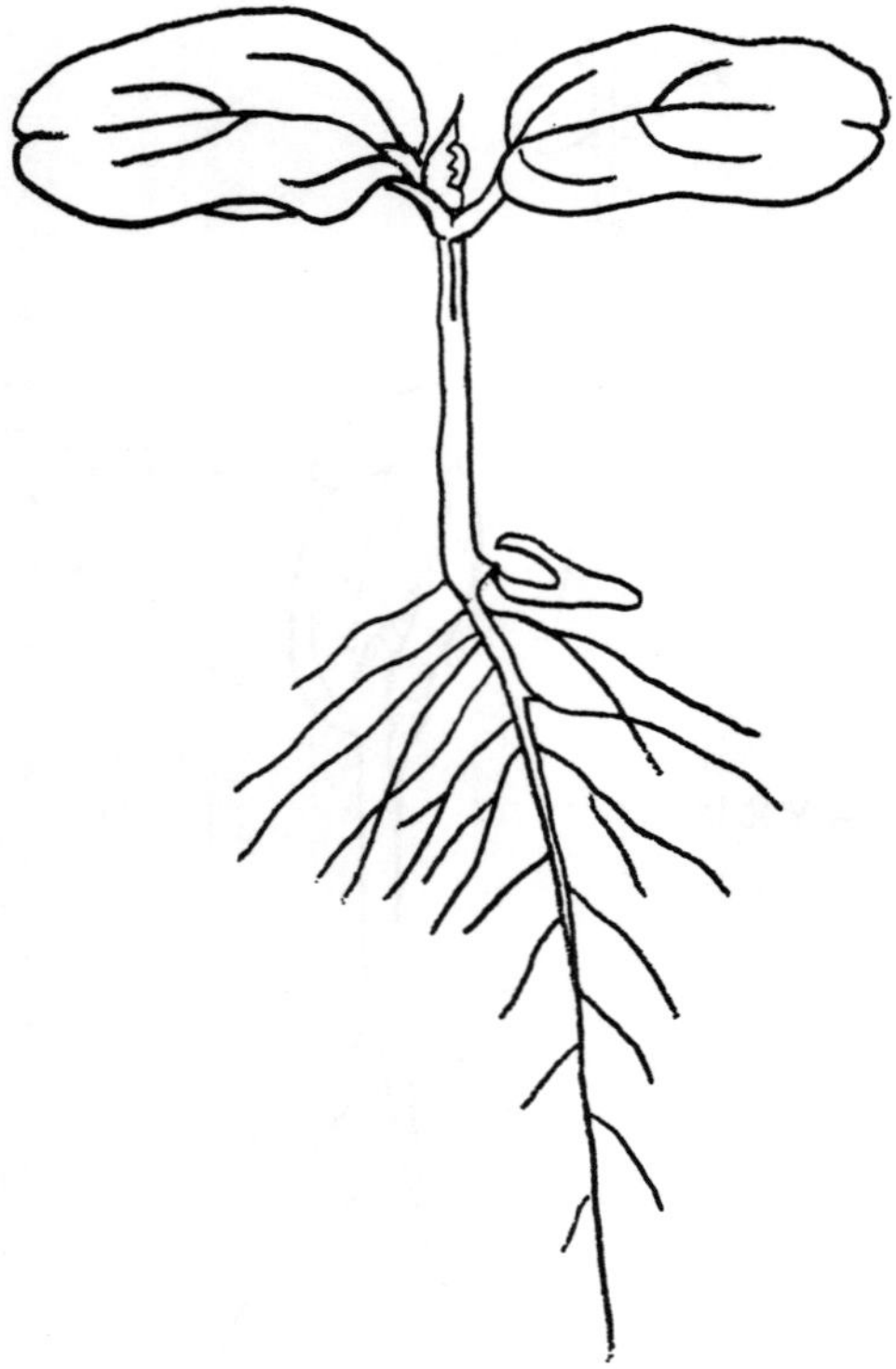

図3 第2回移植苗

自給態勢にはいり，花芽分化が始まっている

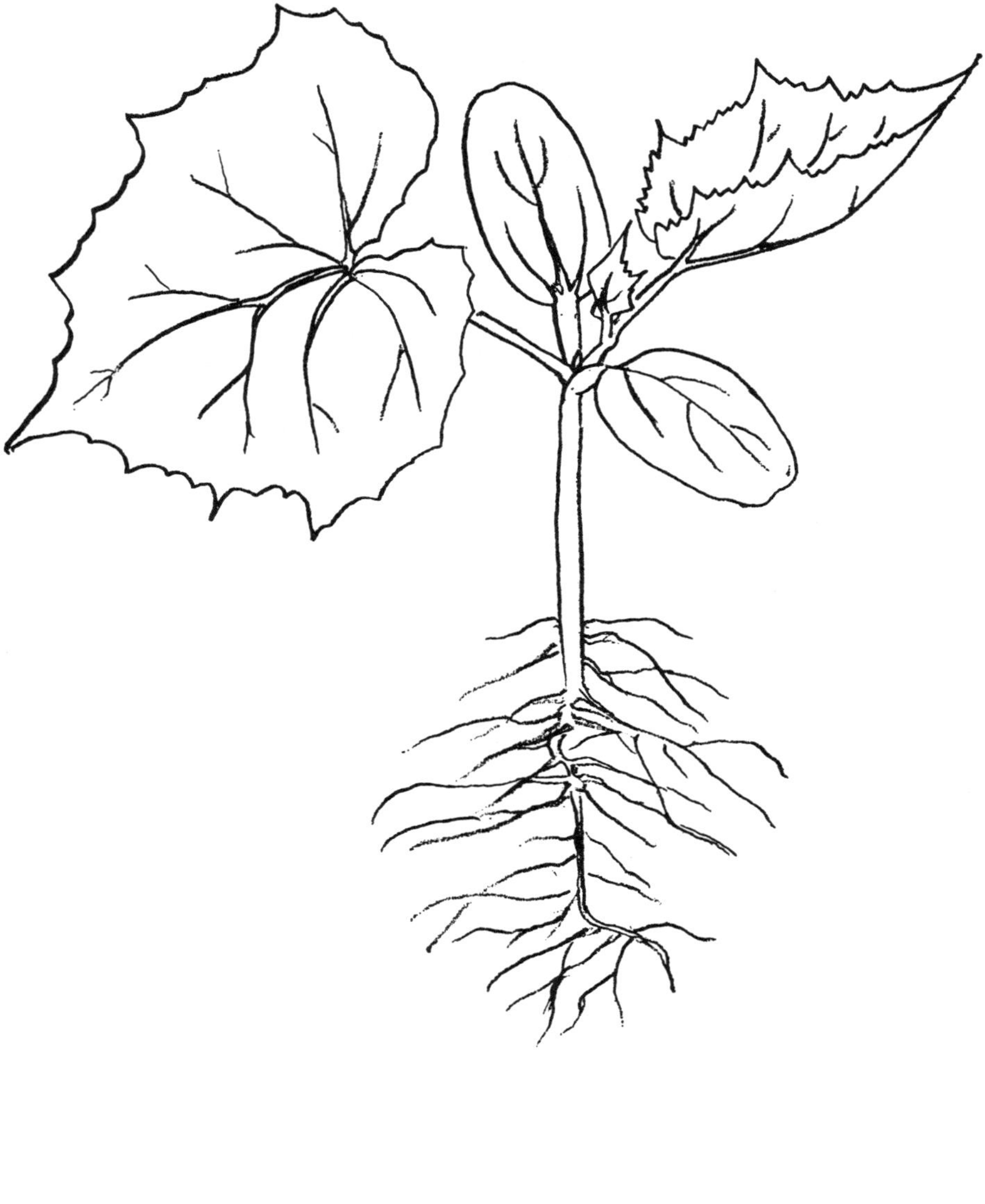

発芽をする。その異常発芽のなかでも〝ジャッポンかつぎ〟は、早朝に子葉を傷つけないように種皮を取れば、なんとか使いものになる。しかし〝皮かぶり〟は、発芽能力が低下しているのだから、種皮をとってもダメである。キウリの子葉は、生長をスムーズに開始するための栄養体としての重要性があるからだ。

◎子葉は育苗のバロメーター

発芽当初は、子葉からの栄養補給によって、根の生長がうながされ、地上部では、茎と葉の生長が元気よくスタートする。それで、幼苗期に子葉が傷ついたり、落ちたりすると、苗の生長は、極度におくれる。

いま、キウリの育苗を生長の順序にしたがって追ってみよう。

図2は、子葉が完全に展開し、根の生長が促進しているときである。このときは地上部よりも、地下部（根）の力が強いときであるから、第一回めの移植をする。キウリの一生で、最も植え傷みしないときである。

その後、もう一度移植するならば、図3に見る本葉約二枚のときがよい。本葉二枚めからの葉は、葉縁の欠刻(小さな鋸歯)が発達してきて、そのころからリーチングの作用が効果的（無機栄養分の溶解と再吸収）に働きはじめる。つまり、自給態勢にはいるわけである。そして、ぼつぼつ成り花（雌花）が、体内で分化しはじめる。

さらに図4のように、本葉が四枚半で、定植苗が仕上がる。このとき、まだ子葉は、いきいきと上を向いてついている。この子葉のはりきり方で、定植苗には、すでに十数花の雌花がはらんでいることがわかる。それで、子葉は、育苗のバロメーターといわれているものだ。

このときすでに、子葉が落ちていたり、ついていても黄化しているようでは、体内の雌花数は、どれだけがどうなっているのか約束できない。

◎根をかばう葉の出方

一方、直まきのばあいには、間引きをしながら一本立ちにしなければならない。キウリは、葉が広大であるから、間引きは、おくれないようにする。

それには常に、ま上から見て、株元(根ぎわ)に直達光が当たらないように配慮しなければならない。そして、図6の大きさのとき、すなわち本葉二枚半で一本立ちにする。

もうひとつ、キャップ栽培で、植付株数が多いときには、キャップのとりはずしが面倒なので、途中の間引きができない。その場合、タネは前もって箱まきしておいて、図1の「正常発芽」と同じ双葉苗を、一本ずつキャップ内へ植込むようにする。この際もキャップは、なるべく大きめを使って、キャップ内では、いつも〝根をかばう葉の出方〟をしているように、葉が展開していることである。

このような初期生育(苗つくり)が、

図4 定 植 苗

すでに十数花の雌花をはらんでいる

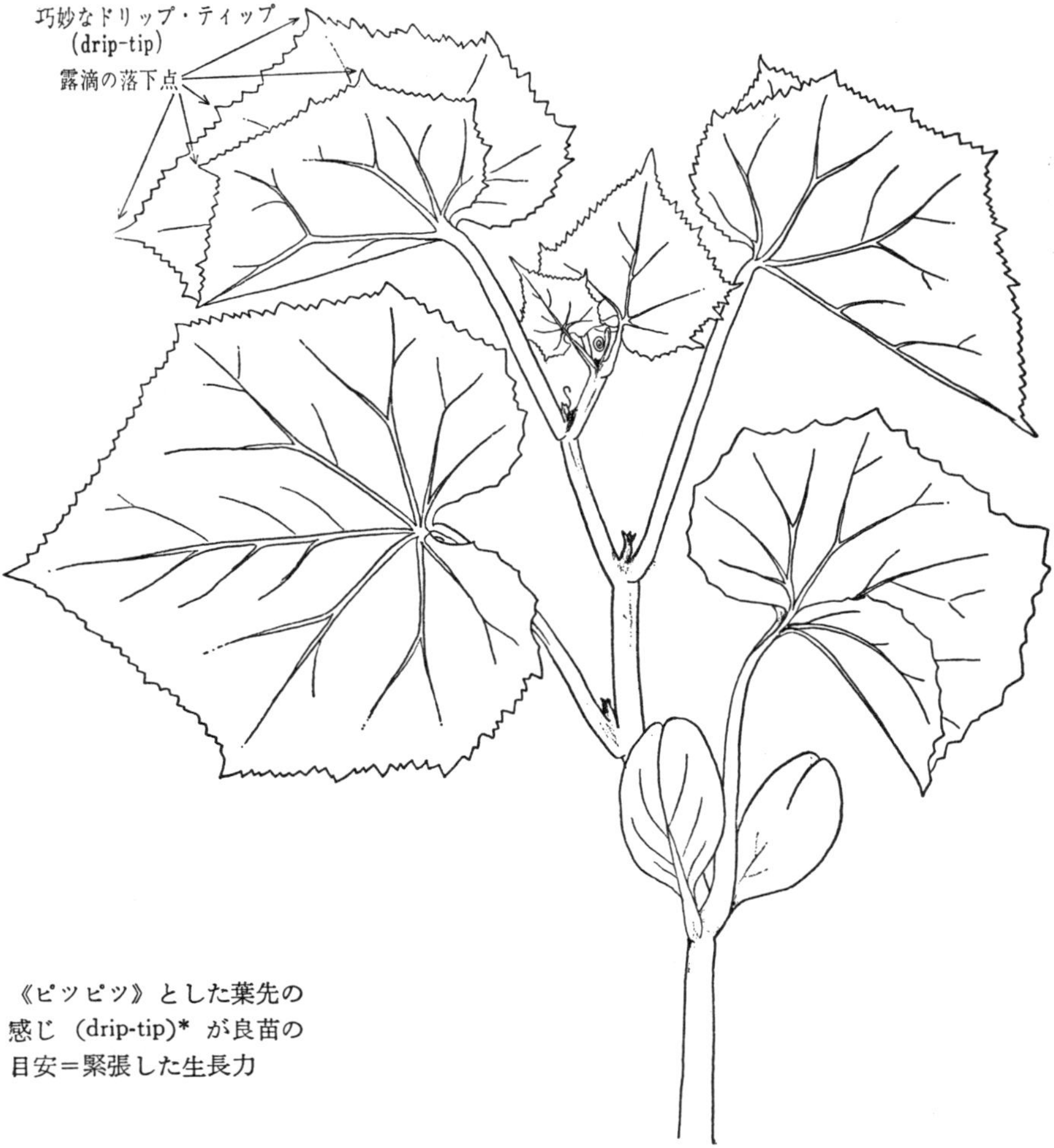

《ピッピッ》とした葉先の
感じ (drip-tip)* が良苗の
目安＝緊張した生長力

* drip-tip は，湿った葉面を早く乾燥させるための先端構造

失敗なくできると、キウリつくりは成功である。あとは〝多湿が開花を促進〞して、良果多収を約束している。

よく「苗半作」というが、キウリでは《苗九分作》である。しかも、あとの一分は、人間が余計な世話をしないことだ。

◎巻きヒゲはゆれ止めのスプリング

余計な世話の一つ。わたしがハウス栽培の現地指導していたときのことだ。ハウスの中へはいった途端に〝あれっ〞と思った。よく見ると、このキウリに「巻きヒゲ」がないのだ。

三日前に野菜の専門技術員が「ハウス内では巻きヒゲは邪魔になるから切りとってしまえ」といったので、やっと切りとったところだった。

わたしは、したたか叱りとばした。この人は不足面をしていたが、数日後には、はやキウリのほうから面当てがあったので、やっと気がついてくれた。

そのキウリは、なりやみだして、ヘボ果が多くなったのだ。巻きヒゲは、良果生産の役目をしているからだ。図5を見てごらん。巻きヒゲが邪魔物なら、なんでこんなに巧妙にできているのだ。

昔から〝風はナリモノをいびつにする〞といっている。葉が動くと良果はとれないし、果の太りもおそくなる。大きな葉と長い葉柄――そんなキウリの葉は、動きだしたら止まりにくいだろう。それなのに実際は、案外はやく止まっているのだ。葉のゆれ動きは、巻きヒゲがスプリングの作用をして、止めているからである。

キウリは、支柱仕立てにせよ、這いづくりにせよ、巻きヒゲが何かしっかりしたものに、つかまっていれば良果が多収しているのだから、もう何の世話もいらないのである。

どんな生物でも、カラダに不要な部分はない。どんなに小さな器官でも、大きな役目がある。その存在理由を知ることは、栽培原則の一つであろう。

図5 キウリの巻きヒゲ

○葉が動いていると良果はとれない
○太りもおそい

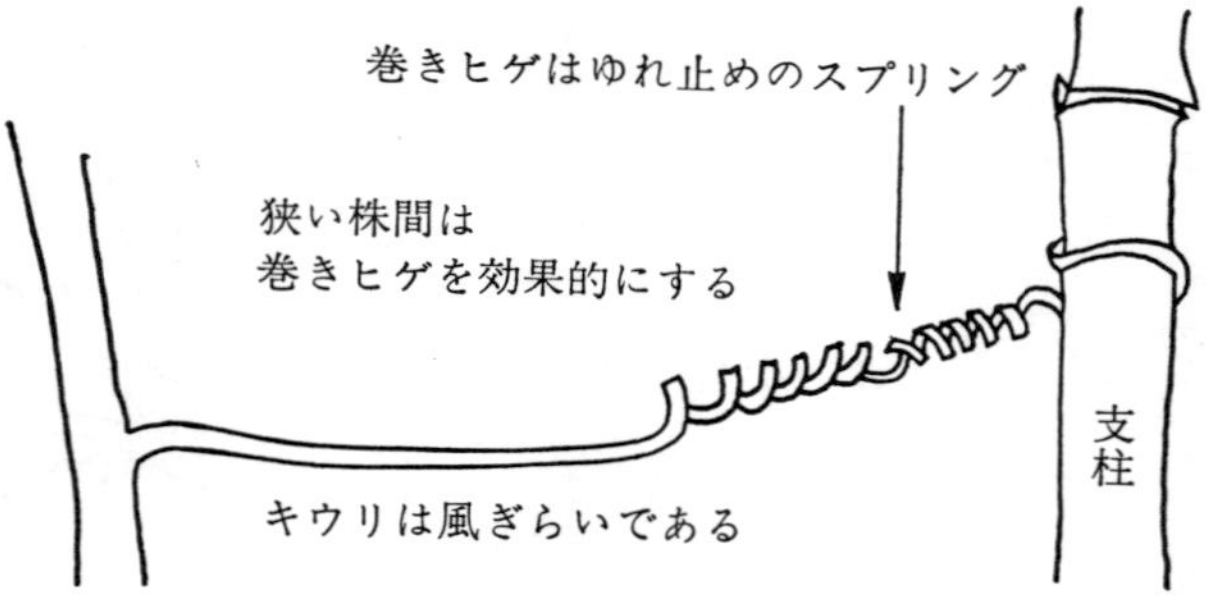
巻きヒゲはゆれ止めのスプリング
狭い株間は
巻きヒゲを効果的にする
支柱
キウリは風ぎらいである

図6　根をかばう葉の出方

大きな葉が地面に日かげをつくっている

○このとき1本立てにする

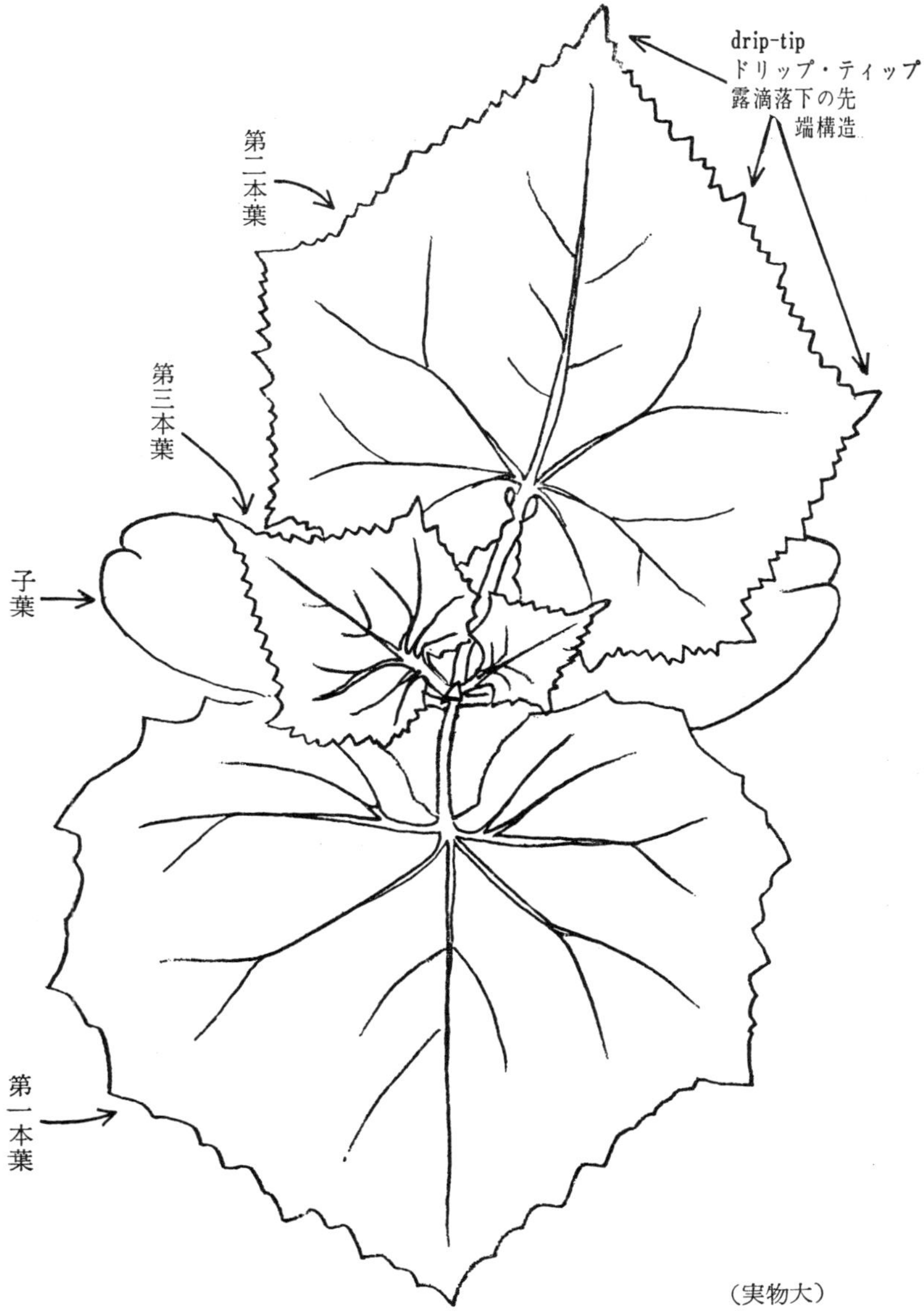

（実物大）

育状態

露　地　栽　培

（ツバメロ）
の新葉
徐々に開く
垂れない

と葉柄のつき方
仕方がちがう
葉柄は短くて
突き上げている
直達光だから
葉は水平に開く

集積害を受ける

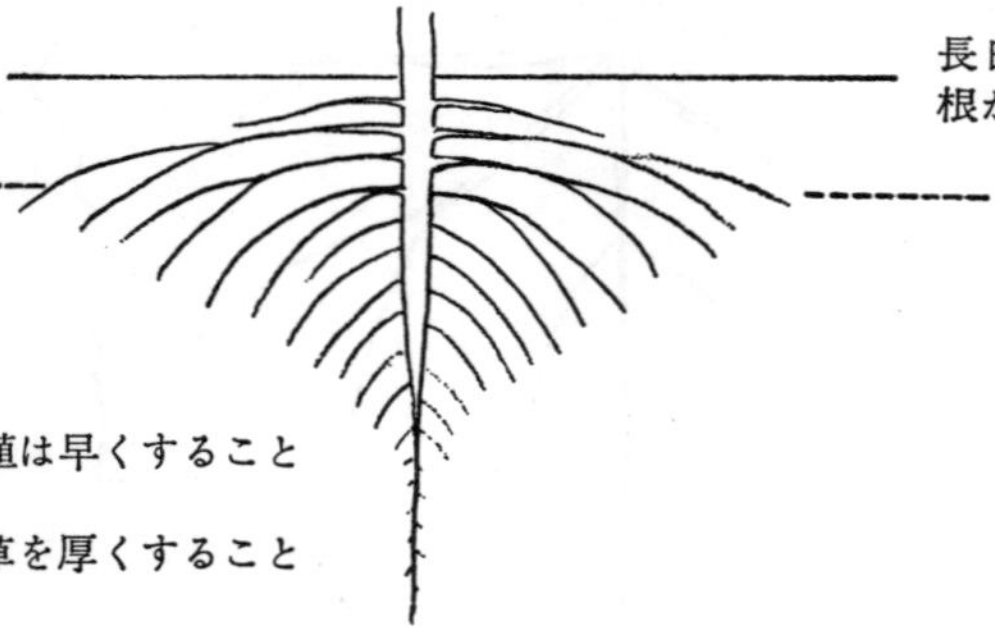
地表
10cm
長日期の高温だから
根が深く伸長も旺盛

ポイント
- ○定植は早くすること
- ○敷草を厚くすること
- ○ムリにツルを動かさないこと（葉の傾きがかわるから）

図7 キウリの生

ハウス栽培

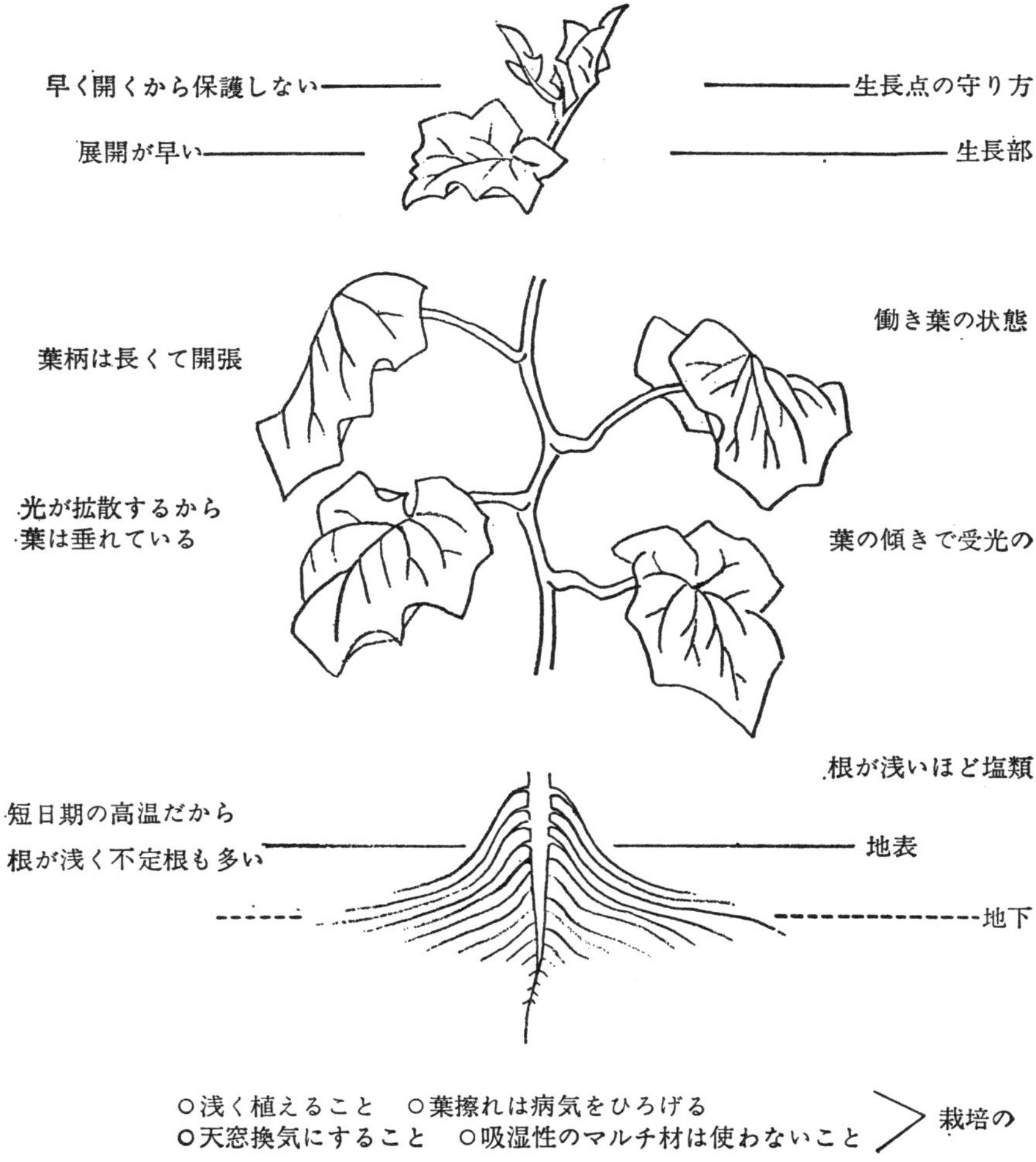
早く開くから保護しない
生長点の守り方
展開が早い
生長部
働き葉の状態
葉柄は長くて開張
光が拡散するから
葉は垂れている
葉の傾きで受光の
根が浅いほど塩類
短日期の高温だから
根が浅く不定根も多い
地表
地下
○浅く植えること ○葉擦れは病気をひろげる
○天窓換気にすること ○吸湿性のマルチ材は使わないこと
栽培の

◎大きな葉でハウス育ちはムリ

ところで、ハウス栽培のキウリは、誰の目にも〝よくできている〟と見える。それは、ずう体が立派だからだ。でも、強健に育っているのではない。常時、薬餌（肥料）に親しんでいる。図7の左右を見て、とくと比較してごらんなさい。

キウリも葉面がざらざらしていて、当然、リーチングされやすい。しかし、あの大きな葉で、体内の物質を流亡していてはたまらない。そこで葉面を、はやく乾燥させて流亡を少なくする。そのために、葉縁の鋸歯がイチゴの葉よりも、さらに巧妙にできている。

つまり、ドリップ・ティップが発達しているのである。それは、小さな鋸歯に、長く突出した鋸歯が葉の角ばった所にあって（図4と6）水滴、露滴をはやく滴下させている。

キウリは、湿地を好み湿度を楽しみながらも、葉は、乾燥している。そして、光合成も大きいが、葉面の蒸散量も多い。こうした関係のなかで、適度なリーチングが必要なのである。

結局は、水と光を受けて、無機要素の再吸収が、体力を強化している。

ハウス栽培は、ひとくちにいって、こうした合理的な関係を全部が全部、拒否しているのだから、多肥料と多農薬が必要になるのだ。そして、リーチング作用のない葉は、体内の高塩類濃度で、見かけが〝肥《こえ》張って〟見えているのである。それは「よくできている」のではなく《病状》である。現に奇病がぞくぞく発生している。だからといって、ハウス内で人工的なレイン・シャワーがリーチング作用を合理化できるであろうか……それは問題だ。

事実、実際に露地栽培でも、キウリがいちばん困っていることは、日中、日が照っていて雨が降る（キツネの嫁入り）というレイン・シャワーである。

大きな葉は、夏の日中には、萎れていないようでも、あるていどは萎凋している（たとえ土が湿っていても）。そして萎凋している葉のリーチング現象は、健全な葉と比較して、おそらく五倍以上もカルシウムの流亡がある。

だから、キツネの嫁入りは、カルシウム不足をまねくから、キウリにとって禁物である。ハウス内で下手なレイン・シャワーをすることは、キツネの嫁入りにひとしい愚行であろう。

＊ ＊ ＊

ハウスにかぎらず被覆栽培では、まだまだ考えなければならない栽培技術の問題がたくさんある。

ほんの一例をあげれば、塩類濃度は、土だけの問題ではない。作物の体内にも塩類濃度の障害が起こっている。それなのに、肥料はエサだと考えている栽培技術は、根底から間違っている。

作物も、れっきとした《生きもの》である。自ら生きる力をもっている。今の栽培技術なんて、まったく余計なお世話だ、と作物はいっているにちがいない。

あとがき

〈一九七三年十月の出来事〉——農文発第九〇三号、一九七三年十月一日付で〃図解・自給野菜食べごろ食べ方〃の連載執筆の依頼があった。栽培の過程、生育の過程を追いながら、味をいかす食べごろと食べ方を図解することである。これが農文協との出会いであり、わたしが絵を描くきっかけにもなった。

爾来五年間、月刊『現代農業』誌へ毎月記事を書かせてもらった。時には絵もそえていたので、それらの絵がもう一〇〇枚ちかくにもなっているであろうか。そのうちから五〇枚ほどと、さらに五〇枚ほど描き加えて、この本が、できた。ただし、ごらんいただいて、おわかりになるように、この絵は、素人の描いた絵である。

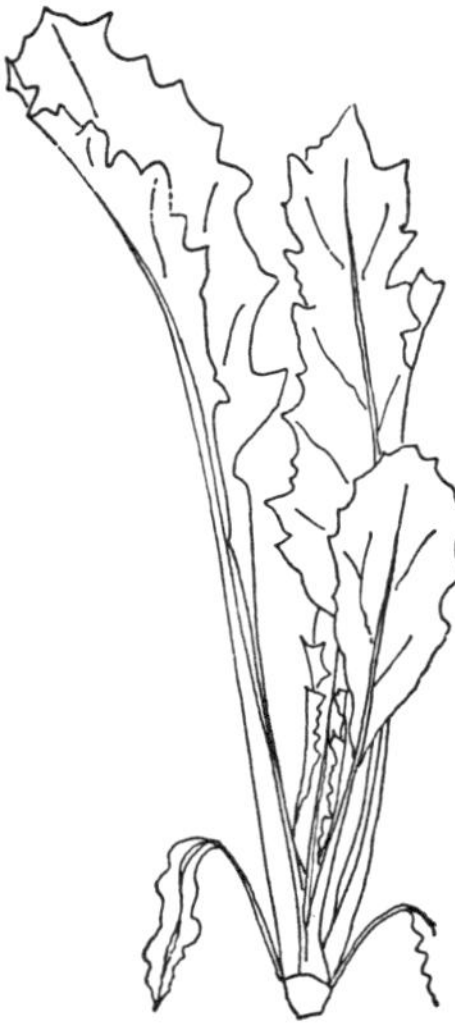
書きはじめたころの作品
(小姫カブ菜の図)

最初は、絵を描くなんて、はずかしいので〃絵は苦手ですので文章だけにしてください〃と、わたしはお願いした。だが編集者は「ねらいが図解中心なものですから〃苦手〃でも、なんとか下絵を書いていただきたいと存じます」と言ってきた(十月九日)。やむをえないので、第一回めにはハクサイの絵をかいた(十月十五日)。そして送った(十月二十日が締切日)。まったくはずかしい絵であった。

そこでさっそく、わたしの叔父さんでグラフィック・デザイナーの《山名文夫》に泣きついたわけである。

山名先生は、イラストを描く場合の基本的な条件を二五項目について、ご丁寧なアドバイスをしてくださった(十月二十五日)。そのなかに「形を写すのに玄人が一〇分間かけるところを素人は二時間かければ同じ結果が得られよう」とあった。わたしは奮起した。二時間どころか、この手指が動かなくなるまで……目がチカチカするまで、わたしは、このはげましを一途に守って描き通した。

〈その結果〉——だから、この絵は、読者の想像以上に、時間がかかっている。たとえば、「キウリの定植苗」(一八七ページ)は、苗のもつ生理や能力が線のリズムで表現できるまで、まる三日かかっている。また、一つの器官が作用している実態を、長期間の観察を通して、自分じしんが、納得して完成するまで、何度も描き直した絵もある。

一枚の「トマトの葉」(一〇六ページ)が、生きもののように動く様は一年もかかった。さらに「ゴボウの力脈」(一五四ページ)などは、ここだと確かめるのに、ほとんど毎日見ていて二年かかっている。それでも絵は上手に描けないが、野菜の生育中を伝えるのに〝ここが必要だ〟というポイントがつかめるようになってきた。

こうして描いているうちに、書籍編集部から「絵も月ごとに、さえてきているように思います」(一九七七年七月八日)と、わたしの苦労をなぐさめてくださった。

そんなこともあって、今回農文協でこの本の編集をしてくださった。この本ができた今、山名先生、それに編集をしてくださった方々に私はなんとお礼を言ってよいのか言葉がない。ただ感謝しているばかりである。

また、一九七八年の夏、この本の執筆中の後半は、記録的な猛暑と干天が六五日もつづいた。この異常気象は、わたしもはじめての経験である。つぶさに観察中だった野菜の生育は、わたしに貴重な示唆をして、野菜じしんは干魃に負けていった。雑草でさえ枯れた。そこで、わたしに教えてくれたことは、《リーチング》の重要性であった。

それで木村和義氏の論説を、わたしは多く引用させてもらった。下記に謝辞を掲載する次第である。

〈謝辞〉岡山大学農業生物研究所の木村和義氏は、一九七八年の農業気象学会誌第三四巻第一号に〝雨と植物――リーチングを中心として――〟と題したご労作の論文を講座発表されている。体系的研究の少ない分野であるにもかかわらず「参考になれば幸である」として、まとめてくださった。たいへん参考になり、わたしもその原文を随所で引用させていただいた。

ここに厚く御礼申し上げる次第である。

著 者 略 歴

藤　井　平　司（ふじい　ひらし）

1924年大阪府岸和田市生まれる，旧制岸和田中学校卒業。

「わたしが野菜の品種改良を始めて30年を過ぎた。このうち，当初の６年余りは，大阪府農事試験場品種改良部に勤務した。その後20年は，野菜農家の現地指導をしながら品種の育成と研究を続けた。その間，人間の自給生活を追究して，私自身，自然人的思想基盤をつくった。そして，人間が生きることと野菜とは，ただならぬ関係にあることを知った。」

2002年歿。

著書

『本物の野菜つくり』1975年　農文協
『共存の諸相－食べものと人間』1977年　農文協
『栽培学批判序説』1980年　農文協
『甦えれ・天然農法―暮しの思想をたどる　天然農法講座 1』1983年　新泉社
『食生産の原理―食べもの栽培学　天然農法講座 2』1985年　新泉社
『台所大事―からだを満たす料理』（共著）　1985年　新泉社
『旬を食べる－からだの四季と野菜の四季』1986年　農文協
『老いと健康の生命科学－65歳以上は老人という前に』1991年　農文協
『野菜で老いを美しく－水と生命の健康学』1996年　農文協

新装版 図説 野菜の生育
――本物の姿を知る

1978年12月５日　第１刷発行
1986年２月25日　第６刷発行
2005年８月31日　新装版　第１刷発行

著　者　藤　井　平　司

発行所　社団法人　農 山 漁 村 文 化 協 会
郵便番号　107-8668　東京都港区赤坂７丁目6-1
電話03（3585）1141㈹　振替　00120-3-144478

ISBN4-540-05217-9　印刷／藤原印刷
〈検印廃止〉　製本／笠原製本

定価はカバーに表示
乱丁・落丁本はお取り換えいたします